我的教育主张

陈立群 著

华东师范大学出版社
上海

图书在版编目(CIP)数据

我的教育主张/陈立群著. —上海:华东师范大学出版社,2015.5
ISBN 978-7-5675-3512-1

Ⅰ.我… Ⅱ.陈… Ⅲ.①教育研究—中国 Ⅳ.①G52

中国版本图书馆 CIP 数据核字(2015)第 099940 号

我的教育主张

著　　者	陈立群
策划编辑	彭呈军
审读编辑	许引泉
装帧设计	陈军荣

出版发行	华东师范大学出版社
社　　址	上海市中山北路3663号 邮编 200062
网　　址	www.ecnupress.com.cn
电　　话	021-60821666　行政传真 021-62572105
客服电话	021-62865537　门市(邮购)电话 021-62869887
地　　址	上海市中山北路3663号华东师范大学校内先锋路口
网　　店	http://hdsdcbs.tmall.com

印 刷 者	南通印刷总厂有限公司
开　　本	787毫米×1092毫米　1/16
印　　张	18.5
字　　数	292千字
版　　次	2015年7月第1版
印　　次	2024年9月第8次
书　　号	ISBN 978-7-5675-3512-1/G·8263
定　　价	39.80元

出版人　王焰

(如发现本版图书有印订质量问题,请寄回本社客服中心调换或电话 021-62865537 联系)

前言

学校教育,一头挑起民族的希望和未来,一头挑起千百个家庭的幸福与期待。教育工作,关系到学生之发展、家庭之幸福、民族之未来。置身其中,我时常问自己,教育是什么?为什么教育?怎么去教育?

每个人都需要教育,不论智商高低,家境富贫;每个人口相对集中的地方都需要学校,不论城市农村,经济强弱。教育使人摆脱愚昧,走向文明;教育使人摆脱贫困,改变命运。

如何评价教育,似乎是教育与生俱来的一个难题。学校教育是发生在人与人之间的事,由于不得不借助于分数来检验教育的成果,这就很容易使教育落入"外道",见"分"不见人。如果以分取人,不可避免地会出现极度的应试倾向。而且应试问题的解决,不是靠提倡号召就能够做好的,美国《不让一个孩子掉队》法案推出以后所造成的负面影响,已多少说明了一些问题。如果不以分取人,如何让人们相信这世道的公平?招生用人过程中的暗箱操作、营私舞弊现象屡禁不止,说明以分取人要比以权取人、以钱取人更能让人接受。教育,既令人期待,又让人纠结。

我们当下所采用的,就是以分取人而同时积极倡导素质教育的方法,以此尽可能减少极度应试的可能。在一项政策无法两全的时候,弊的最小化与利的最大化一样重要,甚至前者更为重要。但30多年来的实践证明,这似乎也是一条死胡同。因为我们处在社会主义初级阶段,心灵的提升跟不上科技的发展,人们总是见物不见人,急功近利,科技的发展大多被用于利益的最大化。在这样的社会大背景之下,很难办出真正的教育来。

在我们等级观念异常强烈的社会里，要让人们客观对待招考升学问题、淡化高考的作用尚需时日。何况如果人们觉得读书无用，将是一件多么可怕的事！强化责任、崇尚法治、实行定量与定性相结合的取人方式，也许值得探索。因为人的综合素质，实在不是都可以用卷面分数反映出来的。

全国有那么多的教育工作者，不可否认，他们当中的绝大部分是爱教育、爱学生的，但遗憾的是，大多数学校所办的教育，仍不能被称为真正的教育。教育是一种培养人的社会关爱活动。而我们的学校大多倾向于培养"考生"，而所谓的"关爱"也大多是爱孩子的聪明、成绩好、听话……面对为考而教、为考而学的教育现实，这种忧思尤甚，我那种要为发展而教、为成长而学的主张尤其强烈。

教育首先是精神成长，关注学生在理智、道德和审美等领域的发展，其次是科学获知。而现实的教育中，正好相反，首先是科学获知，其次才迫于压力开展一些活动来满足学生精神成长的需求。甚至把应该是目的的精神成长，一味当作手段，来促进学生的求知欲的提升。道理很简单，因为我们"考"的是"其次"的科学获知。对于一个社会而言，精神的物化是十分可怕的。孔子认为，先成人，后成才；不成人，宁无才。"杏坛"开讲以来的绝大部分时间里，我们的教育都聚焦于做人，当下无疑走向了另一个极端，一味地关注学生的"求知"，也因为我们"考"在"求知"上。

教育的最基本功能是要在尊重学生先天禀赋的基础上，帮助学生完善自身并实现社会化。这一过程的核心，就是要遵循学生自身的发展规律，立足学生自身的成长步伐，有选择、有步骤、有针对性地提供教育服务，使得学生发展更稳，成长更优。但当下大量的为考而教、为考而学的教育，是没有选择的教育，是不讲个性的教育，充其量是一种"应试训练"。有多少教育者罔顾学生的精神生活，一切只为增加分数，把为了学生考上好大学当成自己辛辛苦苦工作的唯一追求，把它视为最重要的责任？殊不知自己只是在培养考生，却忽视了对学生健康人格的培养和对其精神生活的眷顾，没有在真正意义上实现对人的全面培养。

为考而教，为考而学，教师是权威。因为通过考试，教师可以牢牢地控制住话语权，学生只能服从、听从和跟从。考试把学生分成了三六九等。考试成了总结性的工具。一考定终身，大量的学生都因为一场考试而遭淘汰。考试由此也成为学校考核教师、教师控制学生的"法宝"。

为发展而教，为成长而学，学生是主体。教师所施加的一切教育行为都必须服从学生的发展。通过考试,学生能够测查到自己离国立或省立标准的差距。考试通过反馈帮助学生进行知识的修正和补充。因此,考试的结果完全是个人的、隐私的,不值得如贴大字报那样被人人围观。为此,师生间的对话、沟通将成为常态。在这样的平等对话的语境之中,学生就某一问题质疑、挑战,甚至引领教师的现象都会非常普遍。

为发展而教、为成长而学意味着教育的终极目标是促进孩子的成长,而非出人头地的成功。促进孩子的成长,是一种过程性导向,而希望取得人人艳羡的成功,则是一种结果性导向。过程导向的努力会比结果导向的努力带来更多意想不到的成功。

为发展而教、为成长而学意味着我们的教育,应该是立足于努力寻找孩子胸中的小火星,帮助学生点燃那一簇簇生命的火焰,而不是自以为是地向孩子强灌着一桶桶的水,不管这一桶桶的水是否是孩子现在所需的。

现阶段,一方面是大学生毕业找不到工作,另一方面是企业找不到合适的人才。这是教育的又一个问题——我们的教育培养不出社会需要的人才。但这种问题,不是当下发生的,而是多年前就已经埋下了祸根,直至现在才爆发。不重视教育的预见性,不实施有预见性的教育,那么眼下这种充满功利性的教育所招致的不良后果早晚都要到来。究其因,还是缺乏问责系统,主管教育的政府部门和实施教育的学校系统不需要为学生的未来买单,只需要堵得住当下的悠悠众口。

世界的各种变化在企业和职场中是最为敏感的,也是最为迅速的。什么时候,政府能够和企业领袖、教育专家一起坐下来研究未来人才培养的模式,实施有预见性的教育,着眼于未来职场核心竞争力的培养,也许就能解决人才的培养与使用的矛盾。

一个学生、一名教师、一所学校的发展,存在着各种可能性,我们总是希冀着往最好的方向去努力。这说明教育是充满理想的事业。当下教育还是缺少一点想象力,缺少诗一般的激情。人人都一头扎进分数里出不来,太过现实。在我们还要在这样的现实中继续前行的时候,也许教育最为关键的是要培养学生一颗强大的内心。是非对错、得失成败、毁誉浮沉都是相对的,只有保持一颗随遇而安、荣辱不惊、持平守常和致虚守静的心才能从容面对所有的世俗、冷暖和无道,才能以礼看势,超越凡俗。修炼内心从哪里开始?也许名著、经典等都是需要的,但我以为,当下教育给孩子的东西过于"精细",在孩子的成长过程中,应该从一双筷子、一把扫帚、一块抹布、一把菜刀开始,农村孩子还有一把锄头、一根扁担。从生活能力、社会底层开始养好心态。能够自理生活，进而自食其力，才是一个人变得强大的起点。我们没有办法允诺学生一个幸福的未来，唯有帮助学生修炼谋取幸福的能力。

人类道德的基点是爱心和责任感。爱是个体对自身及外部世界的一种关怀。在精神层面，表现为一种思想情操；在实践层面，表现为一种关怀行为。具体表现为理解、关心、体贴、呵护、帮助、给予、宽容、责任等等。这应该是教育人的永恒追求。教育是爱与责任的事业，在爱与责任的旗帜下，致力于人的培养。基于这样的理解，我把这些年来自己的所思所得，分为爱心编、责任编和育才编呈现给大家。

陈立群

目录

爱心编 / 1

1. 教育的真爱、假爱与错爱 / 3
   一、教育爱的三种表达形式 / 3
   二、人类道德的基点是爱心和责任感 / 4
2. 感动,丰富了我的人生阅历 / 7
   一、来自信念的感动 / 7
   二、来自学生的感动 / 8
   三、来自社会的感动 / 11
3. 寒门何以能出"贵子" / 14
   一、生存张力强 / 14
   二、危机意识强 / 15
   三、承载能力强 / 15
   四、自主能力强 / 16
   五、适应能力强 / 17
4. 对"寒门难出贵子"的思考 / 19
   一、农村教育投入不足 / 19
   二、家庭期望值偏低 / 21
   三、学生个体竞争能力减弱 / 21
5. 对"寒门难出贵子"的再思考 / 23
   一、关于宏志招生的障碍 / 23
   二、关于学校撤并的反思 / 26
   三、社会价值观导向的问题 / 27

6. 人—孩子—学生 / 30

　　一、教育中,"他"首先是"人" / 30

　　二、教育中,"他"只是个孩子 / 32

　　三、教育中,"他"是我们的学生 / 34

7. 学生管理中若干关系的处理 / 36

　　一、扬长与避短 / 36

　　二、显性与隐性 / 39

　　三、治标与治本 / 42

　　四、宽松与严格 / 48

　　五、管形与育神 / 51

　　六、认知与行为 / 54

　　七、竞争与合作 / 58

　　八、基础与目标 / 61

　　九、"有为"与"不为" / 63

　　十、"走得出"与"走得远" / 66

8. 善待学生,乃为师之底线 / 76

　　一、善在尊重 / 76

　　二、善在理解 / 77

　　三、善在信任 / 77

　　四、善在帮助 / 78

9. 管,是为了不管 / 79

　　一、班级管理的概念 / 79

　　二、班级中的管与理 / 80

　　三、班级中管与理的比重 / 80

　　四、班级管理的三种类型及其思考 / 82

10. 做一名智慧型班主任 / 83
    一、班级管理的常见问题 / 83
    二、智慧型班主任应有度的把握 / 85

11. 爱之有理 行之有道 / 88
    一、"仁"是人与人之间的一种关系 / 89
    二、"仁"是一种彼此亲厚的真挚情感 / 89
    三、爱的形式是多种多样的 / 90

12. 再富也要苦孩子 / 93
    一、物质上的苦须有度的把握 / 93
    二、身心上的苦是一种历练 / 94

责任编 / 99

13. 我的考试主张 / 101
    一、重在考察思维能力 / 101
    二、定量与定性相结合 / 104
    三、探索精神成长的量化机制 / 107

14. 教育应多一点棋类思维 / 113
    一、棋与牌的不同之处 / 113
    二、规则与创新都是永恒的 / 114
    三、教育应多一点棋类思维 / 116

15. 教育应学会等待 / 119
    一、效率,从工业生产到生物技术 / 119
    二、效率疯狂的隐忧 / 120
    三、强调效率对教育的警示 / 121
    四、教育是慢活 / 123

16. 教育应追求"终身保质" / 125
    一、为了学生的终生健康 / 126
    二、为了学生的终生学习 / 129
    三、为了学生的人格完善 / 131

17. 教育"中段现象"之辩 / 136
    一、德育中的"中段现象" / 136
    二、教学中的"中段现象" / 138
    三、管理中的"中段现象" / 140
    四、生命教育中的"中段现象" / 141
    五、"中段现象"的哲学探源 / 142
    六、教育克服"中段现象"的探索 / 143

18. 莫让孩子"被理科" / 146
    一、重理轻文是一个普遍的社会问题 / 146
    二、每个人的智能组合是不一样的 / 147
    三、人本质上是一种精神的存在 / 148
    四、学校教育要以"文"化"人" / 149

19. "家文化"与责任感教育 / 151
    一、学生层面：安全感和内驱力 / 151
    二、学校层面：文化课和德育课 / 153
    三、家族层面：厚重感和凝聚力 / 154
    四、社会层面：责任感和稳定器 / 156

20. 社会责任感教育：让学生走得更远 / 158
    一、对自我负责是承担社会责任的前提 / 158
    二、担当责任，让一个人从平凡走向卓越 / 159
    三、从知到行，是一个很大的问题 / 161
    四、多元价值冲击下的责任感教育 / 162

21. 学校德育:必须直面四大冲突 / 164
    一、教育的追求与现实的取向 / 164
    二、西方流行文化与东方传统道德 / 165
    三、教育理念与操作实施 / 166
    四、育人的较高要求与教师的实际素质 / 167

22. 学校德育的文化学思考 / 169
    一、德育的内容问题 / 169
    二、德育的形式问题 / 171
    三、德育的方法问题 / 172

23. 教育即心灵唤醒 / 174
    一、人的潜能中是善恶并存的 / 174
    二、心灵唤醒的前提是尊重学生 / 175
    三、心灵唤醒的关键是学生主体性的确立 / 176

24. 眷注精神,完善人性 / 179
    一、生物性是一种客观存在 / 179
    二、要重视精神性的力量 / 181
    三、教育要促进三性的统合发展 / 183

25. 重树教育信念 / 187
    一、教育应保护学生的自信 / 188
    二、教育应关注学生的生活 / 188
    三、教育应唤醒学生的潜能 / 189

26. 转换育人模式的思考 / 190
    一、传统育人模式及欠缺 / 191
    二、时代的召唤:从传统到新型的转变 / 192
    三、教师的智慧和心量:转换育人模式的前提 / 196

27. 让学生对自己的未来有想法 / 199
　　一、家庭、学校包办过多 / 199
　　二、要重视责任感教育 / 200
　　三、让学生明白自己能够做什么 / 202
　　四、让学生明白自己可以做什么 / 203
28. 破解教师管理之难 / 205
　　一、教师管理难在何处 / 205
　　二、学校的有为之处 / 207

育才编 / 211

29. 我的教育主张 / 213
　　一、从"为考而教"到"为人而教" / 213
　　二、从"有教无类"到"有类无等" / 216
　　三、从"知识增长"到"精神成长" / 218
　　四、从"全才培养"到"人才培养" / 220
30. 识得、习得与悟得 / 222
　　一、什么是学习 / 222
　　二、衡量学习质量优劣的标准 / 223
　　三、学习的三重境界 / 224
31. 鱼·渔·喻：教学的三重境界 / 230
　　一、授之以鱼——三流的教师教知识 / 230
　　二、授之以渔——二流的教师教方法 / 231
　　三、授之以喻——一流的教师教思想 / 233

32. 教育应始于"童蒙求我" / 236
　　一、倡导"自主当家" / 236
　　二、倡导用心学习 / 238
　　三、倡导先学后教 / 240
33. 探索男女生学习差异 / 242
　　一、男女生学习差异的影响因素 / 242
　　二、对策与思考 / 244
34. 高中创新人才培养之殇 / 246
　　一、课堂教学问题 / 246
　　二、教师素质问题 / 248
　　三、课程设置问题 / 250
　　四、学程衔接问题 / 251
　　五、社会协同问题 / 253
35. 从高分"五步法"到创新人才培养 / 255
　　一、"五步法"解读 / 255
　　二、"五步法"的吸收与批判 / 258
　　三、超越与创新 / 261
36. 轻负高质课堂的探索 / 267
　　一、备课是动态生成的关键 / 267
　　二、讲解是思维过程的外显 / 268
　　三、理解是轻负高质的前提 / 269

37. 以理服人　以趣促情　/ 271
　　一、理的重要性　/ 271
　　二、趣的必要性　/ 273
　　三、教之秘诀在于度　/ 274
38. 做一名研究型教师　/ 276
　　一、勤于思考　/ 276
　　二、勤于动笔　/ 277
　　三、勤于求教　/ 278

爱心编

　　教育是一种培养人的社会关爱活动。只有真爱的呼唤、真心的化育，才能真正让我们的学生把"爱"扎根在头脑里，默化在生活中，落实在行动上；才能让学生在感受"爱"的同时，心存感恩，心怀感激，带着一颗"爱心"走出校门，并积极地创造爱、付出爱，构筑起代代相传、生生不息的和谐社会。

1.

教育的真爱、假爱与错爱

当今世界,风云变幻,潮起潮落。在岁月的淘洗中愈显稳健厚重的仍然是贯穿了整个民族发展的传统精神与道德,其中的儒家文化更是不断被提起与重新认识。儒家文化的核心是"仁",是博爱,对教师来说,在这个心灵家园经受着多重冲击的社会里,需要真正凝聚儒家文化的底蕴,树立爱心,践履仁道,传承一种真爱。

一、教育爱的三种表达形式

教育人都知道没有爱就没有教育,而我以为有了爱也未必就有教育,要看这种爱的出发点与指向是什么。尊重学生的个性,接纳学生的差异,爱学生这个"人"本身,是教育的真爱;爱聪明、爱高分、爱长相好、爱听话、爱家长的权势地位、爱财、爱物,是教育的假爱;溺爱、强制的爱,是教育的错爱。

丰富的人性,决定了教育任重而道远,也因此折射了爱的各种类型或各种包装。真爱无痕,其他的爱则都有"衡"。付出爱的衡量标准若是所谓的学业优秀,往往是那些聪明、听话、善学者能得到更多"关爱";衡量标准若是家世良好,常常是那些位高权重而又左右逢源的家庭出来的孩子能得到更多的"关爱"。这些都是假爱。假爱实质是一种算计。计算着多少"爱"可以换回多少价值,惦念着这些"回报"能换来怎样的名和利,这些名和利要么是学生的成绩,要么是家长的礼物、财富或者其他能折换成名和利的回馈。在这样的算计中,学生成为教师取得业绩的载体,家长成为教师获得某种便利的凭借,而教育,无非是一条教师借以飞黄腾达的路而已。另有教师衡量言行举止、个性喜好是否与己相投、得己欢心，于是外表出色、能言善道者也能分享到一些"关爱"，看似师生融融，其实离真爱尚远。

人生而平等，生而为人，即应被"以人看待"，没有歧视。但平等不是"相同"，不是"一样"。人有智愚之别，世所公认，这种差异使得人的接受力各不相同。真爱，是不论学生品行优劣、成绩好差、外形俊丑、家境富贫，只要是学生，是个"人"，老师就永远在其需要的时候给予关爱，主动为其成长提供更为安全和温暖的环境。面对成绩优秀、品行高尚者，老师当然不吝肯定、赞美之词，而对发展相对落后者，老师更是言辞恳切，充溢希望之情。犹如面对着一帮中流击水之人，教育并非仅仅立于岸上，为那些善游者、先行者加油，更是置身河中，帮助那些不善游者或暂落后者，授之以术、导之以向、倾之以爱，共渡滔滔江河。得此真爱者，必定信心满怀、心存感激、心怀感恩、心念社稷，也必能传承真爱。

真爱无痕，大爱无疆。著名的特雷莎修女在1979年获得诺贝尔和平奖致辞时曾提到这样一件事：她们从阴沟里救起一个半个身体都被蛆吃掉的人。这个人在被带到救济所时说："我在街上过着猪狗不如的生活，但是我将像一个天使一样死去，去接受上帝的爱和呵护。"这样的一个人，在临死的时候，没有怨恨、没有诅咒，心中所念的是可以尊严地死去，因为拥有了爱而拥有的尊严使得原本卑贱的生活终结得犹如天使的归去、犹如去接受上帝的召见般高尚纯洁。这就是真正的爱心，这就是真爱的力量。

人世间，能够真正愈合心理伤痕的唯有爱，而大量的心理疾病的产生往往源于缺少爱，更确切地说是源于缺少真正的爱。跟其他生物一样，人类个体的成长需要有利的环境，需要一种温暖的气氛，既能给予他内在的安全感，又能给予他自由，使之能够拥有自己的情感、思想并将它们表达出来。如果人能够在爱中、在相互交往中与他人一起成长，就能够最大限度地成长为真实的自我。但倘若生活中没有真爱，有的只是假爱、错爱，并且得不到真正的心灵眷注，也无从获得精神滋养，那么人就不能形成一种归属感，不能与周围的世界形成一种同在感，因此而形成一种深深的不安全感和莫名其妙的恐惧感，各种心理疾病就可能由此产生。

二、人类道德的基点是爱心和责任感

教育是一种培养人的社会活动，人的成长不可能没有爱，没有爱就没有教育。因此，教育是一种培养人的社会关爱活动。我认为，关爱是教育的本源和灵魂。缺了关爱，一切教育活动都会变得机械、呆板、教条和形式主义。有了关爱，教育的创新才有活力、有生命。教育的目标、内容、方法、手段、评价等都可以不断发展变革，但教育的灵魂是永恒的，真爱是永远都不能遗忘、不能忽视的。2002年，我提出"人类道德的基点是爱心和责任感"，并把这句话刻印在学校最醒目的墙面上，在教育教学工作中处处落实和体现这种教育理念。

爱，就是在别人需要的时候看到自己的责任。这份责任，我们的学生需要，我们的社会需要，我们的文化需要，我们的民族需要，我们自身的发展、完善更加需要。同时，爱在负责任中得到体现。责任完全是一种自愿的行为，是对他人需要的反应，负责任意味着能够并准备"反应"。对个体来说，强烈的社会责任感、使命感、事业心、创造性等，正是独立的、健全发展的个性所必须具备的基本特质。人对自我和社会责任的履行表现着其个性发展程度。一个人只有认识到需要对自己、对家庭、对他人、对社会负责的时候，才是真正成熟的时候。对社会而言，责任是其良性发展的基础，尤其是在人际交往的广度及深度方面都快速发展的现代社会更是意义深远。

爱心与责任感共生，在负责任中体现。责任感因有爱而起，因有爱而动力十足。我们的真爱付出和教育引导，就是要让学生既有民主、法制、平等这些现代公民应有的精神元素，又富含仁爱、宽容、责任这些传统文化的精神细胞。

我校以"爱心和责任感"为主线，要求教师用爱心垂范，先育人后教书，重育"神"轻管"形"，让学生既成"人"又成"才"。在校园内，我们塑起孔子像，并配以"五常六艺"；设立"孝经"墙，并配以"二十四孝图"。学校开展了"人生百道孝为先"等系列活动，充分挖掘中华民族传统美德的德育内涵，如设立"孝敬日"，组织评选"十佳孝星"活动，有针对性地对学生布置亲情作业。以社会实践活动为抓手，让孝敬之风走出校园，吹向社会，组织学生到敬老院和孤寡老人家中开展"助老帮困"活动以及志愿者活动；大力倡导"互敬、互亲、互爱"的新时代孝道，培养学生推己及人的情怀，从情感的激发和意志的强化入手，逐步实现道德认知与行为的统一，让爱心和责任感更富有社会意识。与时俱进但决不随意抛弃传统文化中坚实稳重的精神内核，决不因外在竞争的激烈而放弃内心的原则和坚守。

我们无法选择自己生活的时代，更不能逃避所处时代赋予的责任。在社会转型时期，在分数、业绩数据、物质追求与回馈充斥于视线的时候，教育必须站出来引领社会，教师必须有建立在爱心基础上的高度的社会责任感，真爱应该也必须播撒在每一个成长的生命个体上，播撒在每一个将来要担负起社会重任的学生身上。因此，对教师而言，正确认识我们所处的社会发展阶段，正确认识教育在社会转型时期的作用，正确理解社会分配中的一些暂时的不公平现象，正确处理好内心的坚守与放弃的抉择显得尤为重要。我们这一代人，甚至几代人，需要有高度的职业精神，勇于作出自我牺牲，从民族振兴、人类进步的高度来尊重和理解教育这一份神圣的事业。在大爱、真爱面前，也许一个人的力量看起来是那么的微不足道，但那一份付出的爱不会因为只照亮了一个角落而渺小，只要能滋润一棵心苗，就能在不远的将来开出美丽的花朵，结出令人欣喜的果实。所有的教师若都能关注教育的真爱，共同努力，就会形成社会进步的强大动力。

　　教育的神圣使命即在于此！

2.

感动,丰富了我的人生阅历

我想对我的学生说:自己就是自己的上帝。
我想对家长说:不要轻言放弃,孩子是我们的未来。
我还想对社会说:只要给孩子一点光亮,他们会还你一片天空。
我要对自己说:选择"教育",今生无悔。

一、来自信念的感动

如果把教育看作是培养人的社会关爱活动的话,那么我们应该用什么来提升教育的这种品质呢?用我们的理想、信念和行动。每当萌生这样的感悟,我就会心存感激,感激社会赋予我们这份责任,感激教育把我们塑造成了一个能够理解、能够奉献、能够关爱别人的人。教育有关爱人的品质,没有爱就没有教育,有了爱这个世界才会更美丽,有了爱我们才会成为一个"捧着一颗心来,不带半根草去"的真正的教育工作者。

当今的中国是教育的中国,是民族素质高度提升的中国,是一个充满理想的年轻中国。而这样的中国寄希望于我们的教育,付重托于我们这些教育工作者,我们能为我们的国家做些什么?我们能为我们的人民做些什么?我们用什么来体现教育"为人民服务"的宗旨?唯有用我们的爱和行动。

"同在蓝天下,共同成长进步。"总理的讲话言犹在耳。的确,我们今天已经从教育穷国迈向了教育大国,正向教育强国挺进,但这种前行不应是一枝独秀,而是要满园春色,不是只让部分孩子受到教育,而是要实现全体全面发展。在这个过程中,不需要口号式的承诺，需要的是脚踏实地的工作；不需要悲天悯人式的叹息，需要的是"上善若水"式的付出。

改革开放带来了物质财富的极大丰富与人民生活水平的大幅提高。与此同时，我们不能不现实地看到，还有那样一部分群众由于历史的和现实的原因而处于暂时的困难之中。当一部分人先富起来，准备享受优质教育时，我们还有一些孩子却因为上不起学而苦闷彷徨。望着那些"高玉宝"式的大眼睛，看着这些渴望用"知识来改变命运"的孩子，我们何思何为！

二、来自学生的感动

人人生而平等，每个人都应该得到公平的对待，每个人都应该有平等发展的机会。联合国教科文组织在《面向二十一世纪的教育宣言和行动纲领》中提出要实现教育机会的均等，并强调"扩大接受高质量基础教育的机会是促进教育平等的有效途径，不应使穷人、农村和边远地区的一些社会地位相对低下的群体在获得学习的机会上受到歧视"。教育的均衡发展任重道远。看着一个个面临窘境的家庭，看着一个个站在辍学边缘的学生，看着一封封饱含求学欲望的来信，我深感匹夫有责。我们只有去做，去做当初想来简直是不可能完成的、现在对我们来说仍是非常困难的事。2001年，在杭州市教委、一些企业及省市十多家新闻媒体的大力支持下，本着"关注百姓困难，倡导刻苦精神，完善健美人格，体现教育公平"的理念，我们决定开办全省首个面向家庭贫困、学业优良学生的班级——"宏志班"，以帮助这些孩子圆一个求学梦，成就美好的人生，体现生命特有的崇高价值。十多年来，在我们所招收的951名学生中，有38名孤儿，160多名来自单亲家庭，还有130多名学生家有残疾人。我们已走访了他们中的部分家庭，有些家庭连基本的吃、住、穿都还成问题。一位家长说："仅有的两斤面粉，用水一糊蒸起来，可以顶好几餐，好在孩子在你们学校读书。"每年的高一新生军训，部队官兵都会提出一个问题，为什么这一列学生的个子特别矮。的确，与同龄孩子排在一起，这些学生明显肤色偏黑，个子矮小。他们太需要营养，他们太需要阳光，他们太需要得到社会的关爱。这些学生生活上遇到了困难，但品行优良，学习刻苦。用他们的话说，"给我一个机会，我会回报爱我的社会"。

请看几个我经历过的教育视频。

视频一：2001年6月底的一天，我与《杭州日报》记者胡海燕一起，冒着大雨，来到张钧（化名）家。大门上方的泥墙裂缝足有5厘米宽，拾级而进，真让人心有余悸。到了屋内，空空的一张桌子上放着张钧翻开着的书，环顾四周，体会到什么叫"家徒四壁"。家里空无一人，邻居说，知道可能有机会读"宏志班"，张钧在竹编厂打工，希望外出时不至于身无分文。多懂事的孩子啊，虽然才刚初中毕业。

同年12月29日，气温零摄氏度，晚上9点20分左右，下着雨，风很大。我在男生宿舍门口看到张钧在吃一个菜饼，人微微发抖，我顺手在他手臂上一捏，才知道里面一件短袖汗衫，外面一件校服。"衣服呢？"我脱口而出。旁边的同寝室同学说："一件线衫洗了没干。"我这才明白。一种心痛的感觉与失职的自责让我掉下了眼泪，连夜赶回家拿了几件毛衣。第二天晚上的全校教职工大会上我说了这件事，没几天，大家纷纷捐衣捐鞋，毛衣就捐得300余件，不少还是老师们新买的。毛衣放在班主任处，学生们一个一个来领。学校还给每位学生加了一条毛毯。这些孩子终于可以温暖地度过这个寒冷的冬天了。寒假开始，我又一次来到张钧家，房子已经倒塌，剩下一堆泥瓦，张钧站在废墟上拍了一张照片。父母离异，法院把他判给了嗜赌成性、终日不回家的父亲，这个孩子怎么过年呢？

视频二：走进冯敏（化名）的家，又是一个让人心酸的故事。冯敏现在的爸爸是一位铁路上病退的老工人，单身的他从派出所抱来了刚出生不久即被人丢弃在路边的冯敏，拉扯到初中毕业着实不易。老工人因车祸头骨一大片凹陷，至今已有多年，无钱修补，仅有的病退金只够两人勉强维持日常生活。随行的浙江教育电视台记者丁红萍、谢军摄下了饭桌上放着正准备用的咸菜与豇豆。面对记者"你为什么还要读书"的问题，冯敏的回答毫不犹豫："为了报答我爸爸"。在她心目中，因为有了这位老人的收养，才有了她今天的存在。因而对这位老人的报恩，成为她在这个世界上唯一也是一定要完成的任务。

考虑到其家庭的实际困难与特殊，冯敏以全班最低分被录取进入"宏志班"。由于太想学好了，她给自己施加了较大的压力。而她原有基础较薄弱，沉重的包袱使本就体质较弱的她身心憔悴而病倒。一度连走路也要两个人架着，手脚发抖，真让人担心她能否继续读下去。在困难时刻，班上的同学把每日三餐买来喂给她吃，帮她洗脚穿衣，并不断地与她谈心。老师们一次次陪她去医院，耐心细致地开导、鼓励她，帮她从源头上释负减压。班长陈水珠主动要求与她坐一桌，从思想、学习、生活上开展互助。

是"宏志班"集体的氛围与力量唤醒了迷茫中的冯敏,她露出了爽朗的笑容。"放心吧,我已经客观地认识了自己,再不会有什么事想不通了。""老师,我没有钱,没有身份,没有地位,只有考出好成绩,才是报答你们恩情的最好方式。但这不会成为我的精神负担,永远不会。我将以一种良好的心理状态去迎接每一次挑战。"听着这些话,我感觉比她考几个满分还甜蜜。"宏志班"学生喜欢把来到我校获得就学机会称作"再生",其实,在我们今天这个社会,基本上不存在物质上的"再生",我以为,人只有精神上的"再生",我们也以帮助"宏志班"学生获得精神上的"再生"为己任。

视频三:高考报名在即,宏志生嘉琳(化名)没有身份证,经进一步查询,她连户口也没有。原来嘉琳的父亲在杭州有妻女,外出做生意又带回一个姑娘,并非法生下了嘉琳。不久,嘉琳的父亲因涉及金融诈骗案件,被判处无期徒刑,嘉琳的母亲跑回老家后至今音讯全无。一位好心的邻居收养了嘉琳,不料长大后,这位邻居自家的孩子对嘉琳很排斥。自此,嘉琳就成了一名无家可归者。在就读"宏志班"后的一年春节,由那位邻居出面,安排其与没有回老家的外地打工女孩一起过年。

派出所的户籍民警说,如果按照正常的程序走,仅户口的办理,就赶不上高考报名。我想,无论出于什么原因,嘉琳没有错,她来到了这个世上,就该有个合法的身份,就该有接受教育、参加高考的权利。思考了一个晚上,我提出了三个解决户口问题的方案:一是按正常程序走,但必须在时程上以超常的速度推进;二是由嘉琳出面给市长写一封信,提出自己的合理诉求;三是借助于媒体,让公众来作出评判。我要求学校的具体操办人员严格按三个方案的前后顺序走,因为越往后,就越容易对嘉琳本人造成心理伤害。幸好当地派出所帮忙,特事特办,成就了嘉琳的高考梦。可喜的是,嘉琳在高考中,以超出重点线60多分的成绩被北京的一所重点大学录取,现在在读大四的她,已经获得了另一所重点大学的保研资格。

此后几年,嘉琳都到我家过年。记得曾有一次,有五个宏志生在我家一起过年。有些宏志生叫我"老爸",起初,我还是有些不习惯,但我想,如果这能够弥补他们一生中那缺失的父爱,还是很值得的。

视频四:就读"宏志班"的首要条件是家庭贫困。而形成贫困的原因是多种多样的,主要为自然灾害、生病、突发事故,也有人为因素。将来这些学生,如何看待这一段经历,尤其是由各种人为因素造成的家庭困难,学校应该为此补上这一课。学校教育的终极目标就是使人社会化。

省第六届班主任工作研讨会在我校召开时,第一届"宏志班"召开了"爱的升华"主题班会。活动从播放杭州人民广播电台记者孔靖的采访录音"好爸爸,坏爸爸"开始。冯敏的养父无疑是"好爸爸"的代表。张钧的父亲长年不务正业,屡教不改,母亲一气之下离家而去,张钧一年难得与父亲见上一面,将来张钧是否有赡养父亲的义务?对此会上大家众说纷纭,学校还请来了专职律师以供咨询。令我们感到欣慰的是大多数学生认为血浓于水,父母是生命的给予者,无论有多少理由,将来都要赡养他们,宽容心与责任感已扎根于他们心底。葛兰(化名)的一席话更是让人心酸落泪:"我羡慕你们还有这样的机会,我很想赡养……,可……"葛兰早已泣不成声。是啊,葛兰从未见到过爷爷奶奶,上幼儿园时母亲去世,小学四年级又失去父亲,就读"宏志班"不久,外婆去世。如果还可以算有个"家"的话,那么家中只剩年迈的外公与她俩人。像赡养这样的问题对她来说还有什么意义?人间亲情对她是何等的珍贵!所有的学生一片沉默,所有的争论都显得苍白。

这样的事例相当普遍,大多"宏志班"学生的家庭有过病、灾的经历,有的家庭甚至因此而残缺不全,学生从小受到的家庭教育也不够完整健全,心理问题较多。学校努力营造与同龄人交流融合的生活环境,鼓励他们面对现实,化生活上的暂时困难为人生的精神动力,让这些懂事的孩子能够获得精神上的成长、学业上的成功。"老吾老以及人之老,幼吾幼以及人之幼",看着这些孩子,同时又是身为人师者,身为人父母者,你还想说什么?你还能说什么?我想说的和我能说的就是陶行知先生说的:"教育就是生活的改造。我一提及教育便含了改造的意义。教育好比是火,火到的地方,必使这地方感受它的热,热到极点,便要起火。'星星之火,可以燎原',教育有这样的力量。"让普通百姓因我们的点滴行动而看到希望,让众多孩子因有了更多的关爱而把这种爱传递到社会,我多想:安得"学校"千万间,大庇天下"学子"共欢颜!

三、来自社会的感动

与接触"宏志班"学生、家长同样令我感动的是积极支持我们创办"宏志班"的领导、企业、媒体等许多社会热心人士。著名美籍华人、美国国际合作委员会主席陈香梅女士,亲自为我校"宏志碑"题写"宏志"碑文。在杭访问期间,她还特地来校为"宏志碑"揭幕,发表了热情洋溢的讲话,并欣然接受邀请,担任学校名誉校长。原浙江医科大学退休教师任熙云,通过广播了解了"宏志班"学生的感人事例。在得知自己身患绝症后,主动与街道、司法部门联系,立下遗嘱,表示身后要将房子卖了捐给"宏志班"。浙江华业控股集团有限公司董事长华水芳资助了第一、二届宏志生的生活费用,使我们的"宏志班"得以开办。台商林光清先生资助了完整的一届"宏志班",还在高考前在西湖边的"西湖新天地"请全班学生就餐,为学生减压;2008年12月,我们还一起赴四川地震灾区,为灾区学校的教师开设讲座,林先生还为三所学校的教师走出灾区释放压力提供资金支持。《美术报》副总编张谷风女士,策划了多年的"宏志精神报告会",还主动与一些宏志生结对,给予他们生活上的帮助和心理上的疏导。私营企业家张祖权先生,数年来一直为宏志生送中秋月饼、水果。一些市民匿名为宏志生汇来了款项。杭州市疾病控制中心防疫科每年都免费为宏志生接种防病疫苗。中国人寿保险公司滨江支公司为他们免费办理平安保险。每年高考后,都会有一批企业和社会热心人士主动资助特困宏志生的大学学费,宋梅女士等人,在结对资助完一届四年后,又接着结对资助下一届学生。他们的举动让人感到了什么是关爱,什么是慈善,什么是义举!

原杭州市教委党委书记、主任(后担任浙江省教育厅副厅长)张绪培,原滨江区党委书记(后担任杭州市民政局局长)赵申行等领导对我们"宏志班"的创办十分支持,非常关心。2001年7月1日,两位领导还亲自参加了省首个"宏志班"夏令营的开营仪式。原杭州市教育局党委书记、局长(现担任杭州市人民政府办公厅主任)徐一超参加了此后"宏志班"于每年7月1日举办的夏令营开营仪式……这些充分体现了党和政府是不会忘记处于困境中的人民的,我们的社会不但会锦上添花,更会雪中送炭。

所有这些,编织成了一张济危扶困的关爱之网,铺就了一条植根于儒家传统文化、佑护我们民族生生不息的仁爱之路。他们或同情"宏志班"学生的家庭困难,或受感于"宏志班"学生的刻苦精神,或受造就一代新人的民族责任感驱使。人的眼界有多宽,人的路就有多远。我坚信,教育是一个民族最根本的事业,是一项全局性、基础性和先导性的事业;我坚信,教育机会平等是社会公正与平等的基石;我坚信,没有爱就没有教育。

自创办"宏志班"以来,我一直对宏志生充满着感激之情。因为他们丰富了我的人生阅历,提升了我的办学理念,充实了我的办学思想。也许有人会揣测我创办"宏志班"的各种动机,坦白地说,创班之举是源于自己小时候艰难的求学之路,是由于看到了乡下那些小时候玩伴的后代如今的艰难生存。人生,有时只需要一个机会。

　　让生命因我们微不足道的行动而张扬,让我们的行动成为社会善流中的一条小溪,让我们祝愿我们的孩子永远充满着向上生长的力量,祝愿我们的教育永远是充满关爱的教育,祝愿所有有爱心的人一生平安!

3. 寒门何以能出"贵子"

"寒门出贵子",一直是中国传统的励志名言,从古至今,寒门学子通过自身的努力,改变自身并进而改变家族命运的经典事例还是很多的。相近的还有如"穷人的孩子早当家"、"山窝里飞出金凤凰"等名言。当下社会物质生活水平不断提升,但贫富差距在加大;教育关注和投入较之以往有加强,但教育失衡现象也极为突出,众人纷纷感叹"教育不公平","寒门难出贵子"。

那么,"寒门出贵子"在如今还能成立吗?其内在机制是否因外在环境的变化而崩塌?重温这些传统名言,仍觉其现实意义的重要。在我看来,"寒门出贵子"的内在机制,大体有以下几个方面。

一、生存张力强

贫寒家庭出身的孩子,一来到这个世界上,就面临着与生存直接相联的压力。首先是维持基本生存的物资匮乏带来的生存压力,在基本生存需要得不到满足的时候,人所产生的改变自身的命运的动力是超越人的想象的。其次是人格尊严。马斯洛的需要层次理论认为,人的需求依次由较低层次到较高层次排列,分为生理需求、安全需求、社交需求、尊重需求和自我实现需求,人只有满足了低层次需要之后,才会递次向高层需要发展。但我以为,对于贫寒家庭的孩子而言,马斯洛需要层次理论中五个需要的层次感并不那么清晰,它们是交织在一起的。只有最上层的自我实现需要得到了满足,才有基本生存和社会尊严的保障。

体面而富裕的生活,是贫寒学子的最大心愿,超越贫穷,活得体面,是他们奋斗的动力,这种动力可以产生巨大的张力,让他们在困难、挑战和机遇面前爆发出惊人的能量。他们把吃苦、奋斗、付出看作是生存的必然,所以当困难和挫折来临的时候,他们从来不叫苦,不叫累,也不怨天尤人,反而呈现出惊人的能量。

高考相对公平的以分取人,为贫寒学子摆脱困境、实现自我提供了唯一的路径,因而他们才会在对未来的憧憬下学得如饥似渴。

沉重的生存压力逼出了他们超强的精神意志,让他们以积极的心态和顽强的耐力去战胜困难,取得成功。

二、危机意识强

民间俗语有"龙生龙,凤生凤,老鼠的儿子打地洞"。当下社会上还有所谓的"李刚是我爸"等现象,一大批"官二代"、"富二代"、"星二代",利用着各类家族背景,占据着各种有利资源。而贫困家庭的孩子,自知除了自身努力外,没有任何"关系网"可以凭借。

强烈的危机意识促进了他们顽强的精神意志,他们知道"生于忧患,死于安乐"的道理,穷则思变,目标明确,崇尚凭实力打天下,学习、工作格外勤奋刻苦。《周易》"乾卦"有载:"天行健,君子以自强不息。"他们自求日有所进,不祈求外力。成功时不居功自傲,戒骄戒躁,顺势而上,高歌猛进;失败时不灰心丧气,哪里跌倒就从哪里爬起,而且力争爬起来的速度比跌倒时更快,勇猛顽强,逆势而为,不停不息。

学生的学习内驱力来自何方?我以为应该是自我实现、家族升华、民族振兴和人类进步这样几个层面。寒门之子刻苦学习以求能够出人头地来报答父母、报效国家的愿望特别强烈。而他们深知,所有这一切源于自身的努力,源于自我实现的愿望的达成。

三、承载能力强

寒门之子从小就与柴米油盐打交道,尝尽了生活的酸甜苦辣,受到了生活的历练和磨砺,懂得了生活的道理。吃不饱、穿不暖的日子都挺过来了,在校园里穿着打过补丁的衣裤,被人瞧不起看不上的日子也挺过来了。在学习、工作、生活上遇到困难,在常人看来不可逾越的时候,贫寒家庭的孩子觉得这是生活的常态。在他们看来,成功与失败,都是对人生真理的形象描述,它们共同构成了矛盾的统一体,两者"同出而异名"。失败乃成功之母,苦难为幸福之源,挫折系顺畅之基。要想由"失败"转为成功,就必须"虚而不屈",从失败中获取教益,在挫折里透悟人生。不论遇到多大的挫折都得心意不动,保持"不屈"的奋斗精神,扫除心中的一切杂念,一心去追寻自己矢志不移的目标。在实现梦想的路上,他们特别能吃苦耐劳,逆商高,抗挫折能力强。

一个人在成功的时候的喜悦兴奋和失败的时候的痛苦煎熬是需要厚德来承载的,正所谓"地势坤,君子以厚德载物"。我看到一位宏志生的日记中就摘录了司马迁《报任安书》里的名言,"文王拘而演《周易》;仲尼厄而作《春秋》;屈原放逐,乃赋《离骚》;左丘失明,厥有《国语》;孙子膑脚,《兵法》修列;不韦迁蜀,世传《吕览》;韩非囚秦,《说难》、《孤愤》",以此告诫和激励自己。对寒门之子来说,所有的苦难、失败和痛苦都是一种心灵的洗礼。

四、自主能力强

朱熹十分重视学生生活习惯的培养,在《童蒙须知》中提出:"夫童蒙之学,始于衣服冠履,次及言语步趋,次及洒扫涓洁,次及读书写文字及杂细事宜,皆所当知。""凡读书,整顿几案,令洁净端正。讲书册整齐顿放。正身体,对书册,详缓看书,仔细分明读之。……"在他看来,人的学习习惯是由他的生活习惯决定的。寒门之子从小就学会了生活上的自我打理。自小早上醒来,大人们都在自留地上操劳,他们就得自己穿衣起床。稍微大一点了,大人出去干农活了,傍晚的时候他们需要动手为全家人熬稀饭,炒蔬菜。学习上、志愿上、工作上的选择都需要自己做主,家长不懂,没有能力来帮助他们。他们把生活上的自理,迁移到学习上的自觉、思想上的自主、行为上的自律。

相对于现在独生子女太多的"被设计"、"被补习"、"被培训"、"被过度照料",寒门之子的成长是自主的、纯天然的。由于家境贫寒,由于父母的能力不及和无暇顾及,他们少了一份应有的家长的关怀,也少了一份成长路上的羁绊。他们买不起电玩,上不起培训班,少了一份生活上的乐趣,制约了爱好,也少了一份分散注意力的诱惑,能够相对专注地集中精力于学习上。

张谷风女士发起、《钱江晚报》举办的"宏志精神报告会"在省人民大会堂举行,作为校长,我仔细倾听着这些孩子的发言,希望能用最原朴的方式和最简洁的语言来提炼和归纳"宏志精神"。五位宏志生发言完毕,我的归纳是六个字:"理解、主动、勤奋"。这些孩子感恩父母对自己的生养,感恩父母在贫寒中对家庭的坚守与操持。在学习上总是"自主当家",用心学习,立足于无师自通的预习,立足于观点碰撞的听课,立足于真正理解的巩固,立足于全面掌握的纠错。他们走进教室一坐下来,就知道要做什么和怎么做,有较强的自我调控能力。闲暇时间能合理地安排学习和休息,无人督促时也能忠实地执行自我的计划。

五、适应能力强

寒门之子,自小没有娇生惯养的受宠经历,由于营养的缺失、过多劳动的承担,他们个子往往不高,但生活的磨砺,常常使得他们体魄强健,意志力强大,从而具有较强的工作、生活适应能力。一般人做不了的,他们能做,一般人坚持不住的,他们能坚持,常以昂扬的斗志面对一切,这也增加了寒门之子的成功机会。

我校某位班主任曾经深刻体验过这种强大的适应能力。他所带的班级向"宏志班"发起篮球挑战,结果生长于城市、娴熟于各种篮球技能和规则、身材高大的篮球少年输给了来自农村、技能笨拙、身材瘦弱的宏志学生。

"比赛当日,我们班的学生早早地在篮球场热身,一身行头都是阿迪达斯、耐克,手中的球还不时地玩出一些花样,赢得围观女生的阵阵喝彩。'宏志班'的队员也来了,穿着普通的汗衫、球鞋,身材显得瘦小,似乎还有点胆怯。看着他们的模样,我们觉得胜券在握。开始我们班一路领先。从个体而言,我班队员的球技远超宏志班,他们更想在同学的欢呼声中淋漓尽致地表现一番。但是到了中场,我班队员渐渐体力不支,失误频频。'宏志班'队员却体现出一种韧劲,死死地盯住我们。渐渐地,双方比分胶着上升。后半场的比赛,我班队员完全没有了开始时目空一切的气势,'宏志班'队员却渐入佳境,他们每球必争,配合也越来越默契,将比分反超。终场哨响,'宏志班'以16分的优势胜出。之后,我专门安排了一次主题班会,题目是'是什么打败了我们?'我提出问题:为什么在身高、装备、球技都占优势的情况下还是输球了?学生们进行了热烈的讨论,最后总结出宏志生在身体素质、坚强意志和团队精神上超越了我们。渐渐地我发现,学生变得踏实了,理性了,真得感谢那场带给我们'精神热身'的篮球赛。"

　　这样的适应能力,让诸多寒门学子极为乐观地面对生活、学习、工作上的问题,并能快速作出反应,坚持、昂扬、反思、再坚持,最终夺取各种成功。

4.
对"寒门难出贵子"的思考

有媒体报道,近年来,清华大学和北京大学的农村生源所占比例连续下滑,已经从改革开放之初的三分之一,下降至一成左右。人们的普遍感觉是,三十多年来,农村学生上好大学的机会逐渐变少了,梦想与现实之间的天堑不是用十多年的苦读就能勾连的,曾经的"寒门出贵子"已演变为"寒门难出贵子",知识已经难以改变命运。相反,一个人的家庭背景对这个人的未来越来越重要,社会流动性有越来越低的趋势。造成"寒门难出贵子"现象的原因是复杂的,依我所见,直接的原因主要有以下几点:

一、农村教育投入不足

1. 师资力量先天薄弱,流失严重

取消大学毕业生分配制度以后,农村的师资力量越发薄弱。城里人不愿去农村任教,从农村出来考上大学的,在"跳出龙门"之后,也不愿再回农村工作。因此,一边是师范院校毕业生找不到工作,一边是农村学校不得不"一师多教",或者找村里稍有点文化知识的高中毕业生或者初中毕业生代课。在首先要保障"一个萝卜一个坑"、"不开天窗"的无奈选择中,教育教学只能粗放式地安排,学龄年段越低,越容易凑合,师资力量也越薄弱。如两个年级放在同一教室上课的"复合班"还是存在;如一位老师要兼所有学科的教学,虽力有不逮却只能勉强应付。这样一来,即使孩子的智商条件再好,也会因为未能在启蒙阶段得到良好的开发而"输在起跑线上",进而可能失去得到良好的后续教育的机会。

社会在飞速发展,农村的师资力量流失情况却越来越严重。

首先,"城市让生活更美好",城市学校的物质待遇比农村高,孩子入学等生活配套服务相对完善,从而吸引着教师由农村往城市跑,由小城镇向大城市流动。而城市学校接收教师的门槛较高,能够进得去的一般都是优秀教师,因而农村学校的优秀人才流失越发严重。这还造成另一种现象,一些相对偏僻的县市教育行政部门对评定特级教师热情不高,理由很简单——几乎是"评一个,走一个",因为一边是城市学校在"挖人",一边是教师自己想走,留的人人在心不在。

其次,在快速推进的城市化进程中,城市房地产的"崛起"也对农村师资的稳定性造成了冲击,一些以走出农村为望、及时获知信息或胆大灵活的农村教师,敏锐把握了机会,在城里买了住房,千方百计地往城市调动。

《科学》杂志曾刊登佛罗里达州立大学行为遗传学家珍妮特·泰勒和其同事的研究结果,证实好老师的作用很大,差老师影响也很惊人。差老师能使全班学生都降到一般水平,甚至能给有天赋的学生造成不良影响。从启蒙到初高中的教育,农村学生都不能保证得到优秀甚至正常水平的教师的教学,大部分的潜力也得不到很好开发。而农村师资的流失,并不仅仅是人员流失,还是某种氛围、精神、文化的流失,它还动摇着农村教师对教育坚守的信念,动摇着农村学校作为精神文化家园的地位。

2. 教育资源相对贫乏

农村学校的教育教学资源比城市学校少,信息闭塞,开展教育教学活动的数量和质量都与城市学校有较大差距,高质量的报告、讲座几乎没有,校园文化氛围相对较淡,导致学生的心胸、眼界受到局限,精神成长少。面对高考,获得的有关信息量也少,教学针对性相对较差;对考题上呈现的一些社会新知识、观念,农村学生至多停留于理性认识,缺乏深层次的理解。限于客观条件,农村学生的特长少,能够享受的招生加分因素基本没有;自主招生的相关信息少,指导也往往不够到位;重点大学的招生名额分配比较多地向大城市倾斜。

这些因素的组合,造成了农村学校现有教师的教育教学能力整体上与城市有较大差距,对课改、高考改革的理解与执行能力不足,极大降低了农村学生通过学校学习改变命运的可能。

二、家庭期望值偏低

一项对学生学业水平影响因素的国际研究认为,家长的学历和工作背景对孩子的学业成绩有很大影响。在英国,白人工薪阶层和黑人家庭的孩子学业相对较差。专家的结论是:家庭的经济状况、家长的受教育程度、工作性质、教育能力,将决定家长对孩子的期望值,而这又直接影响着孩子的在校表现和自我期望值。

当代中国,与城市家长相比,大多数的农村家长因自身认识所限,对孩子的期望值普遍不高,这直接影响了孩子的抱负水平。

传统农村在宗族力量的影响下,尚有"耕读"之风,但在当下经济大潮的冲击下,新一代的农村家长,更多地把目光投向赚钱。有很多的家长,看孩子的学习成绩一般,就让其早早放弃了。更多的农村家庭,因父母外出打工,小孩由祖父辈养育,那更只是满足其吃饱穿暖的需要,早期的启蒙仅限于认几个字、数几个数,至于规划人生、构建精神家园等则往往一片空白。农村家庭即使可以生出智商较高的孩子,但往往缺乏把智商转化为智慧,进而培养出高层次人才的能力。零扶助的孩子要成长为高素养的优秀人才,完全靠其自发自为,其难度可想而知。

三、学生个体竞争能力减弱

随着城市化的推进,学校大多向城镇集中,农村学生特别是小学、初中的学生每天花在路上的时间比城市多。步行的,路程较远,学习时间被压缩;坐公交车的,交通费用增加,上学成本提高。实在太远选择住宿的,往往住宿条件较差,特别对小学生来说,过早寄宿,个人生活尚不能自理,影响了身体发育和心理健康。同时,真正的寒门之子往往还要承担一定的家务劳动,加之生活清苦,营养差,学习精力也会受到影响。

同时,相对富裕的农村家庭则想方设法将孩子送往口碑较好的学校,各县市的民办初中的"掐尖"现象已经与城市没什么区别。这些生源向大城市流动,从数量和质量上,导致农村学校的竞争层次、氛围以及学生的竞争能力受到影响。随着整体竞争实力的下降,农村优秀学生没有了"水涨船高"的依托,考上一流大学便就难上加难。

除了以上的客观因素导致农村学生在个体生理成长、学习时间和精力投放受到影响外,还有因农村家族的文化背景和氛围所产生的对学生个体的心理、性格、精神等方面的影响。

一直成长在农村的学生,虽有着吃苦耐劳等很多优点,但也存在一些弱点:如胆子较小,不够自信,心胸不够开阔,对生活、对前途充满了忧虑,与人交往时表现出群体意识淡漠,学习动机相对单一,有较强的自卑感,焦虑过度以及相对封闭的心理状态等等,即使是流入城市的部分农村生源,其原有的文化背景,仍阻碍着他们融入城市文化,并在与城市文化的对峙中越发凸显其固有的缺陷,很容易在身心内外的冲突中迷失自我。而此时的农村家长又总是以他们固有的育儿养女的传统经验来面对现实中的新问题,即便是已在城市中暂得一落脚之地的新城市人,亲子关系往往僵化紧张,也在一定程度上影响了学生的成长与发展。

5.
对"寒门难出贵子"的再思考

一个社会,阶层的分化并不可怕,可怕的是阶层的固化,因为那将导致各阶层的对立,将激化各种社会矛盾,社会的稳定与发展就将受到严重威胁。只有创造条件,让社会中的每个人,不论贫富、贵贱,都有向上流动的机会和希望,整个社会才能充满生机和活力,社会的长治久安与和谐发展才会成为可能。

科举制度从隋朝大业元年(605年)开始实行,是中国古代封建统治者为选拔人才而设置的一种考试制度,让读书人参加人才选拔考试,学而优则仕,促进了社会各阶层的有序流动。在当时,得到了全世界的广泛推崇。到了宋代,面对人才地区失衡问题,司马光提出"逐路取人",即按地区分别考试选才,此法进一步完善了科举制度,并沿袭了几个世纪,促进了不同地区、不同阶层的人才的脱颖而出。

现在的高考制度自然不同于封建时代的科举,但仍然具有相对公平地实现个人梦想、促进社会各阶层有序流动的积极社会意义。处于社会较低阶层的人们,特别是学生,依然需要社会给予关注,并创造条件和机会让寒门学子能通过努力为自己创设更好的发展前景。毕竟教育公平是社会公平的基础,但这份公平,任重道远,现实依旧严峻,我们的努力仍遭受多重阻挠。除了具体措施外,我们还需要有更多的反思。

一、关于宏志招生的障碍

受北京广渠门中学李金海校长的启发,2001年,以"关注百姓困难,倡导刻苦精神,完善健美人格,体现教育公平"为追求,我在杭州市长河高级中学开办了浙江省内的首个"宏志班"。目的只有一个,就是希望为那些寒门学子提供一条享受优质教育的绿色通道。我在长河高中担任校长13年,招收了12届共计951名宏志生,他们中的大部分都考上了重点大学,有些还录取在清华大学和北京大学。"宏志班"的创办,为那些处于社会最底层的劳动人民带来了希望。

在开办"宏志班"之初,为了减少地方教育局的顾虑,我们明确提出,宏志生实行双重学籍,平时的毕业会考在我校参加,主要是为了方便学生;高考回到原籍参加,哪里来回到哪里去,不影响当地的升学率。而且在当地招收宏志生,需经当地教育行政部门盖章同意后才能录取。

在招生过程中,一方面,我感受到很多的家长和学生为终于有机会可以继续读书而欣喜,另一方面,也清晰地感受到了地方对招生工作的不理解、不支持甚至直接地反对。在一次与某师范大学几位领导的叙谈中,一位副校长说,据他了解,全国的"宏志班"很少有办得很成功的。看来对"宏志班"的困惑还存在普遍性。在社会转型的非常时期,"寒门出贵子"的绿色通道"路障"重重。

如宏志生陈生良所说:"收到'宏志班'的录取通知书时,奶奶和我相拥而泣(陈生良的父母、爷爷均已去世),奶奶说'我们终于又有书读了。'"按道理来讲,这些迫切需要给予帮助的家庭和孩子,为民当家作主的"父母官"本该主动为其提供帮助,却反而阻挠其获得帮助。

究其原因,其政绩观、官本位意识决定了他们机械、粗暴的管理措施。

一是由于一些地方受到民办学校跨地区招生的影响,家长和学生意见较大,当地领导为了平息争议,就简单地发布"一个都不能走"的命令,根本就不考虑学生实际,也不认真考虑和接纳我们让学生回原籍高考的初衷。

二是部分官员将我校的宏志招生变成为他们谋利的途径。有一年宏志招生,某县某村的一位张姓老农到学校投诉,其子和同村另一名女生报读"宏志班",女生被录取了,他的儿子则没有。而论家庭条件,张家更困难;论中考成绩,他的儿子比那位女生高27分。我们查阅了该县的宏志生拟录取名单,没有看到这位男生的名字。随即派出一位校级领导和一位负责宏志招生的老师驱车100多公里前往调查,情况一如老农所说。我们当即收回了那名女生的录取通知书,并到该县教育局要求更换为录取张家的儿子,却遭到拒绝。几次联系无果,我们提出在不退回那名女生的前提下增补张家的儿子,县教育局还是不同意,而理由竟然是张老农去教育局反映问题时的态度不好。

即便如教育局所言，张老农存在态度不好的问题，但作为为人民谋福利的政府官员，为了这所谓的"尊严"，竟然可以这样践踏起码的公平与正义。更何况，女生的拟录取，其中之猫腻，都让人极为无奈。虽经再三努力，遗憾的是，这位男生还是无法来校就读"宏志班"。我觉得，这是我作为校长做得最失败的一次招生工作。因为我无法使正义、公平得到伸张，也辜负了一颗饱含期待的慈父心。

三是出于"面子"问题，限制宏志招生。某县中考排名44位的一位学生，父亡，靠母亲一人的田间操劳支撑着姐弟俩读完了初中，已无力支撑他们再上高中。该生来我校就读"宏志班"后，回原籍考上了国内顶尖大学。而当年该县考上全国顶尖大学的仅此一人。这本来是一件值得高兴的事，但当地教育行政部门领导发话了，"以后宏志招生时，中考前100名、甚至200名的一律不送，否则，我们自己的学校就太难看了"。这就是典型的"官本位"意识，他们首先考虑的是自己的面子问题，是自己这个领导能否当得安稳，即使穷，也穷在一起，即使差，也差在一块儿，根本就没有把老百姓的利益真正放在心上。而吊诡的是，这些地方大多教育部门行政领导自己的孩子，都送往大城市学校就读。

人生的悲哀，莫过于无法把握自己的命运。现实中，"寒门"的无奈，就在于命运操纵在别人手里，仅有的一线希望、一个机会，常常遭到剥夺。需要据理力争的时候，没有任何社会关系资源可以利用。

前些年，我接待了一位教育单位的领导，当我们谈及宏志教育问题时，我谈了一个观点："对于困难家庭而言，给他们送钱，总是要花光的；给他们物资，也总是会用完的。唯有把穷人的孩子教育好，他们的贫穷才不会成为世袭，才能让他们过上体面的、有尊严的生活，才有可能打破阶层的固化，社会的和谐才有可能实现……"。不料这位领导连连摆手说："校长，你搞错了，中国就要实行愚民政策，城市已经有那么多人下岗了，你还要把农村的孩子拉出来加入竞争……"后面说的话，我已无法集中精神听下去了，内心已降至冰点。现实中持这种观点的人又有多少呢？实在是让人心寒。

"宏志班"在创办的起步阶段，得到了浙江华业控股集团的资金支持。后来由杭州银行每年出资100万，提供宏志生的生活费，政府免除宏志生的学费、代管费等费用。银行的资金首先要打入慈善总会，学校按季向慈善总会申领后打入宏志生的饭卡内。因而宏志招生文件需要教育局和慈善总会双方盖章后才可以向县市区有关部门下发。有一年到了4月份，由于慈善总会不肯盖章，宏志招生文件发不出去，而来催问宏志招生问题的电话不断。我去了两次慈善总会的主管部门，甚至提出："如果我们有哪个环节没有做好，我可以给你们下跪，只求让"宏志班"能够继续办下去"。仍央求无果，理由是慈善总会人手太少，忙不过来，只能处理个人项目，不再办理集体项目。后经市教育局领导出面协调，问题才得到解决。只是招生文件下得迟了，影响了当年的宏志招生。慈源于博爱，善起于感恩。我至今仍不明白，作为贫困百姓依靠的慈善公益组织，那年为什么突然不干了。也许他们真的太忙了……

三农问题、城乡和谐问题，多次出现在政府各级文件中，被视为头等大事，可实际情况如何？徒留一声悲叹。因为强势的一方有时仍然缺乏起码的同情心，我们的社会仍带有较为明显的封建意识，人是分等的。而城里人总是以上等人自居，轻视农村，鄙视农民。在我看来，再好的城市，也产不出稻麦桑梓，鄙视农民，就是鄙视我们的衣食父母，轻视农村，就是数典忘祖。可惜，遗忘和背叛在当下似乎是一件普遍的事情。

二、关于学校撤并的反思

乡村学校的适度撤并，有利于教育资源的最大化利用，但在经济利益驱动下的盲目撤并，已经导致农村日益荒芜。

一种文化赖以生存的最基本的社会结构是否存在，是这种文化形态是否还存在的一个重要标志，而学校，无疑就是承载文化形态的社会结构。如今，教堂、寺庙不断往农村建，越造越多；学校、教师则向城镇集中，农村的学校越撤越少。学校的撤离，意味着能坚守儒家"道统"并传播传统文化的"秀才"远走了，琅琅的书声没有了，尊师重道、尚学崇文的风尚也淡去了，一些村里连出一块黑板报的人也找不到了。与大量荒废的田地一样，农村的文化也在日渐荒芜。缺少"耕读"传统的农村，赌博、高利贷等社会沉渣泛起，纯朴的牧歌式田园风光不再。我们大张旗鼓地推进城市化，正在以牺牲农村为代价，而后果已经日显。

一所学校就是一群人的精神载体，哪怕只是几间房、几个人，就能构筑起一方美好而温暖的精神家园。我幼时就在家门前的小学上"初小"，三间平房，两间用作四个年级复式教学的教室，还有一间的三分之二是食堂，是学生和老师做饭的地方，剩下的三分之一是老师的宿舍，也就是一方床板而已。记得当时一位姓骆的老师，刚生了孩子不久，就带着孩子和一位照看孩子的阿姨来此任教。大小三口人就住在八平米的房间内。有一次骆老师上课正讲得兴致高昂时，孩子哭了，我们看到骆老师把手一挥，示意在教室后方手足无措的阿姨把孩子抱到门外去。这一幕至今令我印象深刻。虽说没有爱就没有教育，但骆老师显然把教育的爱置于了对自己孩子的爱之上。我想，在那个时代，在那样的环境下，一定有不少像骆老师这样的教师，他们是中国农村教育的脊梁。而现在这样的学校应该是不多了，这样的教师又还有多少？

学校的适度撤并有利于资源整合还可以理解，但它受"利益"的驱动，令人心骇。一位新上任的县委书记表示，为了把高考成绩"拿上去"，要在县城建一所大的学校，把几所高中（原本属于几个县）合并起来集中管理，把所有好的教师都放在一起，"不相信高考还上不去！"。魄力是有的，但思路绝对是错误的。诉诸规模效益，采用抓GDP的方式来抓教育，说到底，还是政绩观有问题。现在，一些县市只设一所高中，十几个乡镇合并起来办一所初中，一个乡镇、街道只设一所小学，公立教育整合严重失序。一些县市已经意识到学校撤并过度了，但资金投下去了又很难再回头。

其实，农村地区人口相对分散，师资力量相对薄弱，条件相对简陋，是最应该实行小班化教育的。而现实的情况是，小班化教育率先在人口相对集中的城市推进。这更阻碍了城乡教育公平的实现。

欧美早已有结论，中小学阶段学校规模过大，不利于学校的管理，也会影响教育质量。加拿大山区常有一所学校几个学生的情况，但绝不会为了"政绩"，随意撤并，委屈学生长途跋涉于学校与家之间。反观国内的教育行政，真心希望能有真正懂教育的内行人士来管理，促进教育的发展。

三、社会价值观导向的问题

季羡林先生说："把成功的三个条件拿来分析一下，天资是由"天"来决定的，我们无能为力；机遇是不期而来的，我们也无能为力；只有勤奋一项完全是我们自己决定的，我们必须在这一项上狠下功夫。"这常常成为我们倡导学生勤奋刻苦的名言。而在农村，有很多天资聪颖的孩子，他们在学习上也勤奋刻苦，只是在机遇面前，太过无能为力。尤其现在的选拔层级过多，自主招生还有一关关的集中培训、笔试和面试，这对于农村孩子来说，也是可望而不可及的。

除此以外，穷人请不起家教，送不起像样的东西，也一定程度上减少了他们的发展机会。我当然愿意相信我们的教育环境是纯净的、真诚的，但不可否认，依然会有带着势利或功利眼光的教师存在，这总是会让我想起以前朴素而真诚的师生交往。

教师的精神空间决定了教育的空间，教育的魅力取决于教师的人格与精神魅力。2007年，已经高中毕业30多年的我，终于打听到了高中班主任顾彭荣老师的住所。第一次来到顾老师家，简单的寒暄之后，顾老师搬出了一叠报纸，平静地说："近年来，有关你和你们学校的报道，我能收集到的报纸，都在这里。"一种母爱般的关爱呵护之情扑面而来，让我猝不及防，我一时激动万分，猛眨眼以防止泪水外溢。毕竟顾老师不知道我会不会来看他，什么时候来看他，但他执着地坚持着，只因为我是他的学生。

我曾在恢复高考前担任过半年的初中代课教师，执教初中物理、化学两门学科。有一位骆姓学生，家庭十分贫困，学习上反应敏捷，逻辑思维特别好，数理化学得格外出色，我考上大学后不久，已经上高一的骆同学给我来信，说因为种种原因，不想再读下去了。我回信告诉他，外面的世界很精彩，在我们这样的贫困山区，读书是走出农村改变家庭命运的唯一机会。一般来说，农村的孩子，语文、英语的水平都相对较差，所以骆同学的来信中有10多个错别字，我把他的错别字一一改好，也一并寄给了他。自此，他便发奋学习，考上了大学，如今已是颇有成就。

现代教育是建立在公平的基础之上的，这是整个社会的共识。教育本应是培养人的净土，但当下教育这片净土充满着功利、投机，甚至充斥着一些污浊、阴暗和扭曲。

在扭曲的规则内，教育被绑上了权和钱，"知识就是力量"演变为"关系就是力量"，教育机会未能公平地施予，底层个体命运被无端改写。长此以往，今后，我们还如何向现在的学生、将来的社会责任承担者解释"天道酬勤"、"吃得苦中苦，方为人上人"、"天行健，君子以自强不息"、"苦心人天不负，有志者事竟成"这些励志名言？

历史赋予了教育培养选拔人才的重任，同时也给了穷人"飞上枝头当凤凰"的阶层流动的希望。"教育兴家"，从古至今一直是许多贫穷家庭的立家之本，这是他们还能坚强地和生活作斗争的精神之源。"我是穷人已经是难以改变的事实，但我希望我的孩子可以读好书，不再继续穷下去。"一位宏志生的家长如此梦想着。他们把几代人的希望都寄托在教育上，他们知道，这是有可能摆脱贫穷的唯一机会，几乎没有别的路可以走。当他们的孩子书没有读好，我们正在思考教的一方的问题时，他们总是抢先开口，"主要是我的孩子不够用心"。他们对教育是深信不疑的。所以，我总感到，欺骗甚至愚弄了这样善良而真诚的家长，是可耻的。

在社会转型时期,整个社会价值观时常处于矛盾状态,原本"一清二楚"以"公平选拔人才"、"培养国家有用人才"为目的的学校教育价值取向也在矛盾中变质,构成了人们行为与社会现实的许多矛盾。运气应该是努力撞上了机会,而努力了却没有机会,没有努力的却坐享机会和成功,每个人的内心都会发生变化,努力的会逐渐模糊原本清晰的准则或信念,不努力的会视之为理所当然。

闻一多先生说过:"一个民族政治可以腐败,经济可以腐败,但教育不能腐败。一个民族的教育和知识分子也腐败了,这个民族就从根本上垮掉了,相反,只有知识和教育还没有腐败,这个民族总还是有希望的。"在社会转型时期,在现代化的鼓噪声中,希望我们能坚守住教育这片"最后的净土"。而这需要我们重建社会价值观,建立正确的社会价值观导向,给予教育强有力的支持。

从"寒门出贵子"到"寒门难出贵子",个中缘由,其中真味,值得每一位教育者深深思考,也值得每一位有良知的中国公民低头沉思。

6.

人—孩子—学生
——我的学生观之逻辑起点

《国家中长期教育改革和发展规划纲要(2010—2020)》指出:"把促进学生健康成长作为学校一切工作的出发点和落脚点。关心每个学生,促进每个学生主动地、生动活泼地发展,尊重教育规律和学生身心发展规律,为每个学生提供适合的教育。"再次强调学校教育必须以人的发展为本,突出学生的主体地位,强调教育者应遵"道"而行,而教育之"道",就在于人的身心发展规律和教育教学规律。

在聚焦教育的内涵发展,积极探索培养创新型人才的有效途径时,当务之急是追本溯源,树立起正确的学生观,因为它支配着教育行为,决定着教育者的工作态度和方式,直接影响教育活动的目的、内容、方式和结果。我认为,正确的学生观的逻辑起点应该是:人—孩子—学生。

一、教育中,"他"首先是"人"

教育是一种培养人的社会关爱活动。何为"人"? 人首先是一种活生生的生命的存在。学校教育,人是目的。这既是教育的起点,也是教育的归宿。作为教育者,他眼中的学生,必须首先是一个"人",是一种生命存在。"在一定意义上,教育是直面人的生命、通过人的生命、为了人的生命质量的提高而进行的社会活动,是以人为本的社会中最体现生命关怀的一种事业"[①]。

---

① 叶澜."教育的生命基础"之内涵[J].山西教育,2004(6).

关爱是教育的本原和灵魂。教育者的爱，首先是爱学生这个"人"本身，是一种人格平等的、有责任无差别的、体现师生生命色彩的爱，是不论学生品行优劣、成绩好差、外形俊丑、家境富贫的爱。"人"是爱的唯一目的。只因是个"人"，只因是个学生，教育者就永远要在其需要的时候给予关爱，主动为其成长提供尽可能安全和温暖的环境。因为爱这个人，所以尊重他（她）的个性，接纳他（她）的差异，关注他（她）的全面发展。贾馥茗教授在《教育的本质》一书中认为："从平等说，生而为人，即应'以人看待'，亦即指别人对一个人的态度，不存'歧视'而言。"

我们生命存在的平等是人之为人的根本，法国思想家阿尔贝特·史怀泽说过："必须敬重所有即将出现的生命，有如敬重自己，这就是道德的基本原理。维持并珍惜生命是善，而破坏或阻止生命是恶。"在我们的教育中，无论是闻道在前、术业有专攻的教师，还是心智尚未成熟、有待提高的学生，他们首先都是平等的生命存在，是享有相同的生存、发展、满足需要等权利的平等个体。教师不是高高在上的权威，学生也不是卑微的接受者，他们之间并不存在人性的尊卑之分。教育所要培养的首先是"人"，是全面发展的顶天立地的人。然后是"才"，是社会发展建设所需要的栋梁之才。教育的真谛，就是完善人性，使其成为全面发展的人。

倡导人性、弘扬人性的教育过程，首先要充分尊重人的存在，即尊重生命的平等。然而，当再次审视教育走过的历程时，我们会发现教育有时却充当着压抑甚至摧残人性的角色，人性的丰富性在功利主义教育中逐渐丧失。我们的现实教育存在着很多"目中无人"的现象：学校教育往往被窄化成技术的演练场、数据的比拼赛。有的老师总是以势利的眼光和功利的手法来挖掘学生身上可以用来"争光"的潜力。有的老师重知识传授、轻人格培养，重分数、轻精神成长，缺乏对生命意义的本真追求。许多教师甚至将培养学生考上名牌大学当作自己辛勤工作的唯一目标。以利言德乃无道之德，这种忽视了对学生健康人格的培养和精神生活的眷注的教育，使学生沦为学习的机器，使教育被异化为训练，实际上是对人性的分离，更是对教育的曲解。如果教育无视、牺牲了人性这一根基而试图实现外在于人的目的，那么教育就偏离了其初始的轨道，越行越远，最终与教育的本真南辕北辙，教育也就难以适应经济社会的发展要求，而社会也将无法获得真正的发展。

中国社会科学院研究员周国平曾发出质问：一种教育倘若完全不把人性放在眼里，只把应试和谋生树立为目标，使教育者的头脑中充满了死记硬背的知识，心中充满了未来谋生的焦虑,对于人之为人的精神性的幸福越来越陌生,距离人性意义上的优秀越来越遥远,这还是教育吗?

生命价值是教育的基础性价值,所以,对教育而言,实现人性提升的前提就是对生命给予平等的敬畏与尊重。教育必然要遵循生命的轨迹,创设良好的环境以促进和保全生命的成长,或引导生命的创造性冲动不断发展。我们有理由在教育中对生命保持一份敬畏与尊重,因为敬畏生命乃是本真教育的伦理底线。

二、教育中,"他"只是个孩子

在教育中,他首先是"人",其次他还只是个孩子。要把孩子当作孩子看,而不是当作"未长大的成人"看。当下教育的最大弊病就是功利主义,功利主义指导下的教育往往会对生长的自身价值视而不见,提出各种无视孩子当下的教育目的,"教育为未来做准备"是至今仍风靡教育界的一种观念。这种"为了孩子的明天的教育",其最直接、最有害的结果就是否定了儿童期及其成长过程的内在价值。

当教育的目标沦为使儿童为未来成人生活做好准备时,学校就总是将儿童视为一个"未来的存在",是一个尚未长成的大人,总是将大人的意识形态强加给儿童。就如我们使用的很多教科书,总是充斥着成人的视角,依据成人的标准进行内容的筛选。其实,实践早已证明:一套不符合学生的心理、激不起学生学习欲望的教科书,即使其思想性再高、科学性再强、启发性再大,它的教学效果最终也不能令人满意。

符合人的身心发展规律、重视生长的价值的教育,就是要结合学生的个性特点,在相应的年龄阶段,帮助学生形成应该形成的品德,健全应该健全的人格,学会应该学会的知识,掌握应该掌握的技能,强健应该强健的体魄,享受应该享受的快乐。而不要通过"克扣"这些品德、人格、技能、体魄、快乐上的"生长"来换取知识上的生长。而且,这种教育的责任是平等地施加于每一个受教育者身上,不能厚此薄彼。

法国杰出的启蒙思想家卢梭,提出教育要顺应自然,他在《爱弥儿》一书的开卷中即写道:"出自造物主之手的东西,都是好的,而一到了人的手里,就全变坏了。他要强使一种土地滋生另一种土地上的东西,强使一种树木结出另一种树木的果实……如果你想永远按照正确的方向前进,你就要始终遵循大自然的指引"。卢梭反对那种不顾儿童特点,干涉并限制儿童自由发展,违背儿童天性的教育。美国实用主义哲学家和教育家杜威先生对这一论点做了进一步阐发,提出"教育即生长"的命题,言简意赅地道出了教育的本义:学校教育的首要任务是促进儿童的生长,一切从儿童的需要出发。"生长是生活的特征,所以教育就是生长,在它自身以外,没有别的目的。"杜威这一"教育无目的说"实指教育要使每个人的天性和与生俱来的能力得到健康生长,而不是把外在的东西强加给儿童,把儿童当成控制的对象和灌输的容器。我们也无法想象,从小在"控制"和"灌输"中长大的孩子,还能有什么创新的冲动和想象力。

人生的各个阶段皆有其自身不可取代的价值,没有一个阶段仅仅是另一个阶段的准备。儿童是思想家,是历史之子,是"成人之父"。"儿童精神世界中表现的野蛮、荒唐,被成人视为毒药、臭粪的,对于儿童的成长却可能是养料和除虫剂。""对成人可能无意思者,未必对儿童无意思。儿童觉得有趣,觉得满足了他幻想的需要,此可谓大有意思,有大意思,对于儿童必然具有丰富的教育性,对于儿童的发展具有重大意义。"[1]杜威就曾批评"旧教育"把儿童生活的琐碎、狭隘和粗糙,儿童的利己主义、自我中心,儿童经验的混乱、模糊和不稳定看成是急于要摆脱和消除掉的东西,而把一种客观宇宙的真理、法则和秩序一下子提供给儿童。他认为这是"在未成熟的儿童和成熟的成年人之间作了极不合理的比较,把前者看作是尽快和尽可能要送走的东西"。

我们的教育不应该是控制,因为控制是以被控制者的个性泯灭为代价的。所谓"教育",它应该是能促进生命的整体发展,保证生命发展的无限可能性,并促进生命不断超越的活动。就个体而言,生命具有自发的不断向上发展的内驱力,生命不是被决定的,而是不断创造的过程。教育应借助孩子本身的这种生命驱力以实现孩子的自我教育。

教育者在教育中要把孩子当作孩子看,学生时期是人发展的必然阶段。既然学生时期是人独立的、充实的、不可省略的阶段,那么学生就应该享受到这个阶段他们应有的权利,成人不应该剥夺他们的权利,学生不应承担过重的心理压力和过重的课业负担。今天受苦不一定明天就更好,我们追寻的理应是:无论今天和明天,都要过一种充满生命意蕴的生活。"教育所能成就的最大公德是给孩子一个幸福而有意义的童年,以此为他们幸福而有意义的一生创造良好的基础。"[2]我们无理由再小觑孩子!

---

[1] 刘晓东. 儿童精神哲学[M]. 南京:南京师范大学出版社,1999:379.
[2] 周国平. 周国平论教育[M]. 上海:华东师范大学出版社,2009:5.

三、教育中,"他"是我们的学生

在敬畏生命、尊重孩子的基础上开展育人教书工作,我们的教育才能更接近本真。教育中,他是"人",是孩子,他还是我们的学生。没有学生,教师便无从谈起。

教师存在的全部意义是因为有学生,教师是为学生服务的。每位教师都必须树立服务意识,教师工作的一切是为了学生,为了一切的学生,为了学生的一切。古往今来,教师总是被奉为知识的化身和真理的代表,有着不可侵犯的威严,在教育教学中,权威、主导、操控成了教师角色的代名词。这种教育教学过程,奉行的是"上施下效"、"服从听话",它忽视了学生主体成长的内在需要。《国家中长期教育改革和发展规划纲要(2010—2020)》再次强调了学生才是学习的主体。学生是具有独立的人格、丰富的思想感情和无限潜能的活生生的人,作为教师要维护学生的人格尊严,在教学活动中还给学生自由想象与创造的时间和空间,放飞他们五彩的梦想,保护他们最强的求知欲,呵护他们最纯的情感。

教师要树立每个学生都有希望成功的坚定信念,自觉地将"让每个孩子都获得成功"作为我们的教育信条。教育部中学校长培训中心主任陈玉琨教授有一个形象的比喻——教育不应成为"世界杯",以31支队伍的失败来成就1支队伍的成功。教育应该是"奥运会",各展所长,各显其才,各有特色,各自成功。

教师要充分考虑每个学生的独特性,为学生的个性发展创造合适的环境。人是一种多样性的生命存在,教育只有尊重人的个性差异和独特性,才能为每个孩子提供适合他们的教育。教师要为学生创造精神自由发展的条件,要培养人的独立人格和主体意识。要充分认识人的发展具有可能性、变化性和无限性,对学生多一分等待,多一分耐心,多一分宽容,因为教育工作是一项百年树人的事业,它并非立竿见影。不放弃,不抛弃,不让一个孩子掉队,这是教师应有的坚持!教师所要做的是为学生预留发展的空间,为他们指引发展的方向。在评价中要杜绝将分数作为评价学生的唯一标准。"要还孩子以享受精神自由的权利,使他们从沉重的、被动的学习负担中彻底地解放出来,并且对自我发展、人生设计有自由选择的权利"[①]。

---

① 张旺. 人的类生命与素质教育[J]. 教育研究,2010(8).

教育即精神奠基，教育即心灵唤醒，教育即真爱施予。教育应使人成为人，教师要为学生的发展打下基础，就需要为学生建构完整的精神世界、智慧的知识世界和丰满的生活世界。精神是人的基本属性，教育对于解放和开拓人的精神世界具有不可替代的作用。学生，尤其是中学生，受时间和空间的限制，其日常生活是非常憋闷狭窄的，教师应努力为他们开通第二生活，即通过扩展学生的精神空间来打破时空的界限，使学生的精神生活丰富起来。要加强对学生人文精神的培养，使学生富有饱满的人文情怀和高尚的道德品质，自觉主动地追寻真善美，通过丰富阅读等多种途径为学生的心灵设置安顿之所。教师不仅是知识的传播者和创造者，而且是精神家园的营造者，是心灵家园的建构者。教学过程不仅是教师的"教"与学生的"学"的单向过程，它更是师生间精神与精神互动、心灵与心灵对话的双向过程。教师要尊重学生的生命、情感，与学生建立平等的师生关系。只有在平等的基础上，教师才能真正走进学生的心里，我们教育工作才能水到渠成，事半功倍。

7.
学生管理中若干关系的处理

班级是学校的基本单位,班级管理体现着学校的办学理念和培养目标。班级管理中会遇到很多问题,本文就班级管理中扬长与避短、隐性与显性、治标与治本、宽松与严格、管形与育神、认知与行为、竞争与合作、基础与目标、有为与不为、走得出与走得远等十对关系的处理,谈谈看法。

一、扬长与避短

毋庸置疑,教育者总希望每个学生都发展得很好。而学生在思想、学习、心理上的参差不齐是客观存在的,正是人的这种差异性,才构成了丰富的个性、多彩的世界。但在工作实践中,不少教育者总喜欢按照自己心目中的"好学生"标准去毁灭这种差异性,让大家能够"齐步走"。姑且不论这种良好主观愿望的出发点是否正确,仅就这一过程的方法也存在不合理。据我的长期实践观察,主要有以下两种模式:

克服缺点,发挥优势,完美成长——学生状态上被动,心理上防守;
宏扬优点,弥补弱点,不断完善——学生状态上主动,心理上进取。

其一,对每个学生的问题了如指掌,眼里总看到学生的缺点,希望学生改正缺点,完美成长。这一来,学生往往状态上被动,心理上防守,导致师生关系趋于紧张。我们经常会看到一些老师把家长找来后,见面就是:你的孩子别的都好,就是某某方面不好,今天找你来就是为了想出个办法,使你的孩子改掉这个毛病。

其二,分析每个学生的长处,眼里更多的是看到学生的优点,鼓励为主,希望学生宏扬优点,不断完善。学生状态上主动,心理上进取,教师和蔼亲切,师生都乐观向上。

哲学教会我们在愿望碰到现实的顽固之壁时以最软的方式着陆。人与人之间的最软处即是彼此思想碰撞的共鸣点。故教育要想真正起作用,师生之间必须成为友人,其实客观上来说,师生的目标也的确是一致的。这友人不是指言行上的称兄道弟,而是指教师在思想上成为学生健康成长的同盟军。教师相信学生遭遇挫折时可能会彷徨、退缩,甚至会有过激的言行,但在整体上积极向上,愿意努力,渴望成功。这个时候教育者要感同身受:学生有发泄需要时,只要能控制事态的发展,就应该给他一个发泄的渠道,运动、逛街或是合理摄食等不失为一种有效的发泄途径。当学生平静下来的时候,教育者要用言行安抚学生。若学生仅仅是知识方法上出现问题,那教师就应该帮助其树立积极的人生目标,告诉他人生的路还很长,完全有时间、有机会来弥补知识上的漏洞、改正方法上的错误。但弥补漏洞、改正错误需要一个过程,不但需要时间,更需要正确的方法指导。而他并非孤军奋战,老师、家长都会是他坚实有力的同盟军,随时都会提供帮助、给予指导。倘若学生在前进途中暂时迷失了方向,则应该安抚学生:不要急,慢慢来。引导学生张弛有度,沉着冷静,保持心态平和。人的情绪、智商、体能等都有其固有的变化周期,都有从低谷到高峰再到低谷的循环。若不巧遇上生理、心理指标都接近低谷,本就容易消沉,要再遇事不顺,则更容易产生悲观情绪。低谷总会过去,这一方面是由身心发展规律所决定,另一方面是由于事物本身就在发展变化当中。失败是有价值的,知道了如何避免失败,成功也就到来了。如何弘扬优点、弥补弱点,师生之间不妨像个作战指挥部那样进行交谈,教师激扬文字、指点江山,这江山就是学生发展的前景。

扬长也好,避短也罢,目的都是为了学生的发展。故揭短要慎重,万不可因为不妥当的揭短而增加学生成长路上的绊脚石。自信的摧毁,是一个人根本性的摧毁。许多时候,揭短不但不能改正缺点,而且极有可能是在强化缺点。若由于先前的不愉快经历,学生已经排斥老师的某些表情、肢体语言,形成了一种刺激——行为链。那么当老师一出现这些表情、姿势的时候,学生已经不自觉地形成排斥,马上就启动不良情绪。接下去教师的揭短言行,只是进一步加重了这种情绪,最终导致对"短"的进一步强化。

为了学生的发展,弱点当然要改,但改并非只能通过"揭",通过扬长,强化了优点,然后再设法加以迁移，迁移到弱势的方面，缺点也就容易改了。故许多时候，通过扬长来避短，往往比直接揭短更有效。

要改正缺点，并不意味着一定不能揭短。一味地护长而不敢揭短，也会有许多弊端，例如可能不利于学生耐挫折能力的培养。但如何揭短，必须要有好方法、要找准好时机。一般而言，若是学生情绪已经很低落了，遭遇的挫折已经很大了，往往不是揭短的好时机。任何事情都会有一个阈限，心理承受能力也如此。超过了承受阈限，容易发生一些病理学改变。而且情绪低落，也会影响智能的发挥，降低智商水平，不利于学生理智地看待问题，要改正缺点往往就比较难。

好的方法有许多，教无定法，要因人而异，尤其要因师生间的互动而异。但注意首先必须是教师要使学生在心理上接纳，其次是引起学生的认知冲突。教师要能对学生施加影响，前提是要得到学生的认可，师生之间要有良好的信任关系。当教师渊博的知识、崇高的人格魅力已经让学生折服的时候，教育往往能得到事半功倍的效果。所谓"得人心者得天下"，即是此意。如何有效揭短，对教育者是一个极大的挑战，是对其师道的极大考验。

相对于学生本体而言，教育者是环境的一部分，是外因。外因要通过内因才能发挥作用。外因转化成内因的必然途径，是外在的信息与学生已有的认知发生冲突，此时，要么放弃，要么坚守，要么有选择性的吸收。理想的教育，当然是希望学生能够批判性地接受外在信息，再把这些信息与其固有的知识、思想结合起来，完成认知重建。有了良好的认知，方可能有良好的行为。教师的言行，作为外在信息的一部分，要能引起学生的认知冲突，最好是在学生认知的"最近发展区"内。与学生原有的认知差异过大，学生往往会拒绝接受，也就不能引起认知冲突。差异过小，也不会引起学生重视，教育者的言行往往就被其看成是唠叨、老生常谈。这不大不小的拿捏，就要看教育者对学生的观察与了解。这就需要耐心与爱心。

很多时候，学生的"短"是避不开的。揭短不如避短，避短不如容短。大肚能容，容天下难容之事。容，需要老师的心量，在我看来，心量比智慧更重要。学生极力遮挡的，老师理应尽力回避，切勿强化。揪住学生缺点不放，往往容易出现对立情绪，甚至致使学生走极端。也往往容易破坏师生双方的情绪，学生总觉得老师有意与自己过不去，而老师总觉得自己倒霉，"摊"上这么一帮"坏蛋"。教育是一件与人为善的事情，是一件快乐的事情。每天保持一个好的工作心情，是提升教师生命质量的重要一环。

"好心情"就是"好心"加"好情",其中好心可理解为"爱心"、"善心"、"真心"。爱心使人健康,善心使人美丽,真心使人快乐。"好情"宜解释成"友情"、"亲情"、"爱情"。友情使人宽容,亲情使人温馨,爱情使人幸福。

人的缺点,往往是他的优点的不适当延长。灵活机智的,容易滑头多变;稳重踏实的,容易呆板守旧;情商高,善于调动学生,容易自恋,止于经验;智商高,善于探究挖掘,容易自负,疏于沟通。而且人的精力总是有限的,业务能力强的,总觉得知识分子就凭本事吃饭,有什么必要来巴结你,主要精力都花在了自己的业务上,就容易造成教师与领导、教师与教师之间的关系的疏远甚至紧张;善于察言观色、交际公关能力强的,八面玲珑,生活得很滋润,慢慢地也就无暇或者不愿去做更深的业务研究。阻挡优点不适当延长是有难度的,正因为是优点,大家总是以肯定、赞美的眼光来欣赏,尤其是自我感觉超好,不知不觉中优点就不适当地延长了。

从更高的层面上看,这是一个哲学上的方法论问题。人的优缺点是对立的,也是统一的。一些班主任、一些教师,之所以工作做不好,不是投入不够,不是人不聪明,而是思想方法出了问题。其实,我们对待家人、社会,同样存在这样的问题。有一天傍晚,在学校传达室,我碰到了一位我校班主任的丈夫来接爱人回家,打过招呼后,我就说:"不好意思,您的爱人担任着班主任工作,平时相对较忙,可能更多的家务要辛苦您了。"这位丈夫说:"多做一点家务倒没有关系,只是你们的班主任实在是太认真负责了,回到家,经常把我当作她的学生来教训。"

教师的通病,就是看低学生,自恃过高,擅长较劲。而过于自信,往往是自卑的表现。同样的班级,在一些教师眼里都是好学生,而在另一些教师眼里则大多是坏学生。教育者需要对"扬长避短"有内在的实质理解。要体现对学生的关爱与尊重。当然,爱是不能勉强的,这就需要从心底里真正去理解、善待学生,真正把学生当"人"看。真爱无痕,润物无声。

二、显性与隐性

在学校管理中,我们经常看到这样的现象,某班有两个学生打架了,学校相当重视,甚至各方合力来共同解决这个问题,班主任也会感到巨大的压力。而与之形成鲜明对比的是:同样是这个班级,当天有一两堂课"放羊"了,无论是老师的原因还是学生的原因，这一事件在全校范围内几乎无人知晓，就像当天没有发生过一样。期末考试成绩出来，往往只是聚焦任课老师授课质量的问题，而少有人去探索德育方面的原因。这就是显性与隐性的问题。据我的长期观察，一般来说：

德育问题——过程显性，结果隐性；
智育问题——过程隐性，结果显性。

大凡问题处在显性阶段的时候，总会引来关注的目光，受到应有的重视，从而也不难得到解决。我以为，教育者应更多关注教育中的隐性问题，执果索因，推因及果，在众人不那么关注的地方下一番功夫。记得曾有人在我作讲座时举手提出过这样的问题："按照你的说法，两个学生打架了，也不是什么大事？"我的回答大概是这样的：要看发生在哪个年龄段，一个人看别人不顺眼，往往是自己的涵养不够，人在年龄小的时候，阅历浅，积淀少，还没有什么涵养，"忍无可忍"的"熔点"相对较低。有这样一种说法——一个男孩子从幼儿园到小学、初中一路过来，从来没有打过架是不正常的。本人对这种说法基本持肯定态度。相反的，作为教师，两类学生要特别关注，一类是从来不生气、不发火的，这样的学生，一旦发起火来，没有人知道会是什么样，尤其可怕的是他自己也不知道会走到哪一步。另一类是一生气就往自己内部去，而不是向外发泄的，久而久之，就会出现一系列的心理问题。

德育和智育的不同特点，决定两者需要不同的处理。德育结果隐性，就应更关注对德育结果的评价；智育过程隐性，就应该多对过程高度重视。"上好每一堂课"、"可以推门听课"等诸多活动的开展，正是说明了对智育过程隐性的关注。这些手段经过认真执行，确实也收到了一定的功效。由于德育评价标准的不明确和评价手段的多样化，德育结果隐性的问题还没有得到足够的重视。对德育工作而言，如何更科学、更合理、更全面地评价德育结果，这本身就是一个难题。

德育的过程是一个内化的过程，需要经历知、情、意、行、信等几个阶段。从行为上来判断学生的品德生长，要注意甄别学生是内在素养的自然外显，还是一种强制性的外化。当前，在政绩观的主导下，以考试成绩论英雄的现象还是很普遍的。在我们教育界自身内部，还是应该对优异成绩进行客观归因，并开展可持续性优秀的实现路径的探索。一般来说，能够取得优异的成绩，一定是建立在学生自主意识觉醒这一基础之上的,学生在学习上能够自主当家。这种自主意识的唤醒与培育是促进学生精神成长的必要条件。当然这是德育范畴内的工作。在思考德育与智育的关系时,特别要注意的就是"唯智育论"和"德育工具论"。

在德育和智育的问题上,教师往往容易出现"唯智育论"的问题。其逻辑依据是高考只以文化课成绩为准。表现形式为:只管学生的学业,别的基本不管;高度重视教学处布置的相关工作,而学生处布置的有关德育方面的工作,不是推就是拖;班团活动课,或者是怕浪费时间,或者自己也讲不出什么东西来,经常占用该时间让学生自己做作业;各类社团活动、学校的田径运动队训练等等,总是阻止学生参与。就学习抓学习,就质量抓质量。更有甚者,一些班主任旗帜鲜明地偏爱智商高、成绩好的学生,导致处理问题时出现"两套标准",严重打击了另一些同学的积极性。这种"唯智育论"的做法,忽视德育工作对促进学生健康成长、促进学生学业进步的巨大潜力,忽视情感领域的巨大潜能,忽视班集体文化氛围的创设,同时也扼杀了学生的兴趣特长,扼杀了学生学业以外的成功体验。

班主任容易出现的另一个问题是"德育工具论"。重"文化",轻"人化",思想工作只为提高成绩服务,关爱中带有强烈的功利意识,德育沦为智育的工具。甚至主流的教育媒体也在"走出德育与教学相对立的误区"中大谈"有经验的校长、教师从来不会就质量抓质量,而是通过德育工作抓质量"。这显然有悖于人的成长"首先是精神成长"这一科学论点。极而言之,一个学生的考试成绩是零分,从教与学的角度看,无疑是失败了,但这个学生还是要走上社会做人的。

德育关注的是人的思想品德、精神世界,关注的是人与社会的和谐共存,关注的是人的安身立命之道。人总是先成人再成才。《中共中央国务院关于进一步加强和改进未成年人思想道德建设的若干意见》更是把思想道德建设放在了关系到全面小康能否实现,中华民族能否伟大复兴的高度来看待。世界各国几乎已达成共识,纷纷把德育提到相当高的地位:新加坡政府把德育作为国家教育政策的三大基础之一(另外两个基础是能力教育、双语教育),使之具有战略地位。同时,在全国实施全面道德教育,把德育尊为德、智、体、群、美的"五育"之首。日本在《21世纪的教育目标》中指出只有重视思想素质培养,才能保证人才的健康成长。把道德教育当作日本兴亡的关键,许多国家都把德育放在了与经济建设几乎同等的地位。英、美等许多国家政府都拨出相当数量的专款,资助道德教育的调查和研究工作,加强"德育投资"。

在世界各国重视德育的同时，我国在德育上的真正重视与研究还是不够。作为一线德育主体的班主任甚至与其背道而驰："学生学习紧张，德育不能跟教育争时间"。我亲身经历了这么一件事——有一所中学刚换了校长，由于前任校长比较重视德育工作，教育局决定在这所学校召开德育现场会，并要让这所学校开设两节班会课供大家观摩。新来的校长听说以后怨声载道地说："这样不务正业地搞下去，还有质量可言吗？"这样的观点，不仅是偏执，更是无知。在这样的教育主张下培养出来的学生谈何全面发展，又如何能在"走得出"的基础上"走得远"呢？

德育能为个体成长、社会的发展提供巨大的动力。对个体而言，这种动力有助于挖掘人的无穷潜力，实现个体价值的最大化；对社会而言，这种动力有利于提高群体的创造力和凝聚力，实现社会价值的集大成。理想的教育应是：德育高于智育，德育工作重于智育工作。"唯智育论"最终导致既发展不了"智"，也培养不了"德"。即使有"智"，也是"小智"，而非大智慧。我们一直遗憾出不了"大师级人才"，虽原因众多，但这与这种杀鸡取卵式的教育论调、教育行为有一定的关系。

"唯智育论"和"德育工具论"，还源于忽视了学校德育所固有的价值形态——个体价值和社会价值。个体是社会的基本元素，社会是个体的集合体，个人是社会的存在物。故学校德育的价值，一方面要表现为按照社会的要求培养学生的思想道德素质，提高他们服务社会的能力，满足社会发展的需要；另一方面则要表现为，按照学生个体的需要、个体的发展规律，全面提升个体的素质和境界，以促进个体的成长和发展，使每一个学生成为真正意义上的"完整的人"。若只关注个体价值中的智育方面，重"文化"，轻"人化"，德育只是服务于智育的发展，这不但实现不了个体价值，更是罔顾社会价值。"文化"只是个体价值的一部分，唯有"人化"才可能通向社会化。而贯通人道和天道，才是教育的真正目的，才是德育的最高境界。

三、治标与治本

一届新的学生入学分班后，一开始班主任与学生之间基本都是不认识的，各班级之间开始往往也没有太大差别。一个学年（有时甚至一个学期）下来，一些班主任就没法再继续担任下去了，学校也不得不进行撤换。这是为什么呢？我想，本质上讲，是班主任这本"书"被学生读完了，怎么被学生过早读完的呢？在我看来，主要是被班主任自己的嘴说坏了。

我经过长期观察发现，有经验的班主任，新生入学讲什么，期中期末考试后讲什么，大型活动后讲什么，进入高二讲什么，高三开始讲什么，高三第二学期讲什么，出现"高原现象"讲什么，高考之前讲什么，一切都很有计划，有分寸，有章法。而那些所谓功力不足的班主任，想到什么就说什么，往往三年要讲的话，一个学期全讲完了，接下来几乎就是"炒冷饭"。尤其是当有人反映班上有什么问题的时候，未及细想，开口就讲。当然，也有一些班主任在学生面前总是顾虑多多，这样说，会不会伤了学生的自尊？会不会影响学生的积极性？对于这两类班主任，我的归纳是：

富于激情，善于表达，往往弱于理性思考，流于形式表面；
强于理性，精于分析，往往过于内向拘谨，败于思想隔阂。

一个班级就是一个小型的社会，麻雀虽小，五脏俱全。班主任虽不是一个什么行政要员，但对于一个班级而言，是一个不折不扣的掌舵人、一个实实在在的管理者。面对班级内每天发生的大大小小琐碎繁杂的事情，班主任都要去管，都要去说。

但总体上看，班主任一定要管好自己的嘴，没有经过深入思考的一定不说。凡事挖掘到源头背景，上升到精神层面。提倡理性、深沉、深刻，从源头背景入手，把话说到学生心里，让学生有深层次的认识与理解，并转化为行动。切忌浮躁虚妄，说着过过瘾，治标不治本。

作为班主任，要从学生的角度去感性理解，并在此基础上进行理性分析。而未来得及仔细思索的言论，往往就事论事，泛泛而谈，浮于表面，缺乏深究。没有从问题发生的源头、背景上进行分析，不可能真正走进学生的内心深处，也就不可能真正解决问题。往往个性问题共性化，所谓的一个人"生病"，全班人"吃药"。表面上平静了，问题并没有真正从本质上解决。班主任在的时候学生安静，讲话只当面管用。学生适应了这一套，习惯了只要熬过"面"上的几分钟即可，没有任何内在深刻的自我认识，老师一走，原貌重现，班主任的管理也只能凭说得多、跑得勤、靠威严维持。

儒家的治世之道中有"治人之道在于治心"。兵法上有"攻城为下，攻心为上"。一切靠权力压服、靠情感笼络的平静都是暂时的、不长久的，而且极易扭曲双方的心理。面对着个性鲜明、性格各异的青少年，如果教师不能以"心"治班，而只能沦为用"力"管班,那无疑是教育工作者的一种悲哀。论武功,宋江并不是梁山一百零八将中最好的,但这些武功高强的好汉上山时,大多会对着宋江双拳一抱说,我们冲着宋大哥的为人而来。我想作为班主任,就是要做这样的"宋大哥"。

有效的教育需要理性的思索与精炼的表达。需要对问题作仔细观察、深入分析,找到问题的本源,然后再配以适当的表达方式与学生进行沟通。沟通的目的是帮助学生透过表象看本质,共同发现问题的根源,从源头上解决问题。

如果一个学生智商一般,那就别强加超越其智商的要求。常听家长说,我的孩子脑子很好用,就是行为习惯不好,这是我们需要给予高度重视的问题。

有些行为上的错误,是由认知错误导致的。如执著于奇装异服,却误以为是有个性,其实质是对"个性"理解的片面。个性是一个有着丰富内涵的结构,包括兴趣、理想、人生观、世界观以及能力、气质、性格诸因素。尊重个性是社会进步的表现。人的个性发展和完善是教育所追求的目标之一。培养具有独立个性的人已成为世界各国普遍关注的问题,也是我国教育的基本目的之一。但个性的发展决不是仅仅通过几件奇装异服就能够完成的,个性的完善必须从个性内容的各个方面出发全面发展,是一个相当漫长而又艰巨的过程。若仅仅关注某些夸张的言行,不但发展不了个性,而且还会阻碍个性的发展。人的精力和时间都是有限的,在某一方面付出多了,在其他方面就会有疏忽。故要纠正此类行为,就必须先从改变认知着手。学生只有正确认识了什么是真正的个性发展,才有可能从行为上加以改变。若不试图改变学生的认知,仅仅是对奇装异服加以指责,甚至抨击,往往作用不大,甚至还会造成师生之间的对立情绪。

对有些不良的行为习惯,学生自己也能认识到错误,即能正确认知,但行为却改不过来,如上课注意力不集中、做事拖拉等。以注意力不集中为例,这其实是许多学生在课堂上的不良行为习惯,许多学生自己也意识到这样不好,会导致课堂效率低下。自己也想改,但改不了,一到课堂上就故态复萌。对于这些问题的处理,班主任单靠批评、指责是没有用的,其实学生内心也是很痛苦的,苦于不能改变不良习惯、不能战胜自己。这时,班主任应该向学生介绍一些有效改变不良行为习惯的方法,如可以要学生关注教师的言行,揣摩教师的思维逻辑,为什么要这样说,这种说法对不对,接下去会提什么问题等等。一边思考,一边不断地对教师的言行加以论证。在英雄所见略同时,必定会有愉悦心情,在意见分歧时,也会促进学生积极反思,有价值的问题也常常在此时萌生。也可以建议学生在手腕上套根皮筋,一发现自己走神,即用力弹一下皮筋,以示对自己的惩罚,即所谓"厌恶疗法"。还可以增加课外阅读,通过提高对本课程的兴趣来提升上课的注意力。对于某些课程,学生上课走神现象出现普遍的,恐怕还需要教师改变上课的风格,增强课堂的吸引力。

对于作业不做或是错误较多的问题,究其原因,极有可能是学生不会做或做不了。前者可能是由于知识上的漏洞、方法上的错误;后者则或许是因为作业太多,或其他杂事的干扰。知识上的漏洞只能补,方法上的错误只能慢慢训练来纠正。只有把漏洞补上,真正搞懂了思想方法,学生方能独立完成作业。若是作业太多的话,只得减少作业量,教师在布置作业时要精心、精炼。若不问青红皂白一味地要求完成作业,学生要么抄,要么随手涂鸦,要么索性拒绝做。不管哪种,都违背了做作业的目的。

有些不良行为的发生,根源可能在于精神世界的贫乏,没有高远的志向、高昂的志气、高雅的志趣。一个没有正确的人生观、世界观指引的人,一个没有崇高信念支撑的人,在诱惑面前是很容易妥协的,也很容易止步于单纯的欲望而忽视对更高精神世界的追求。对于这些学生,若仅仅只是限制其不良行为,限制也是暂时的,不但没用,若引起内心的反抗,更会变本加厉。故要解决这些问题,就必须从精神的培育着手。学生虽还只是处于发展阶段,许多方面都还不成熟,但精神世界的培育却不能滞后,而应该适当超前。

附:关于男女生交往问题的国旗下讲话

在花季雨季中健康成长

爱与被爱是人的心理需要,人类道德的基点是爱心和责任感。我们希望世界充满爱,我们希望生活在一个充满爱的世界里,我们希望男女学生间有正常的交往。对同学之爱,不仅应给以理解和支持,还要加以倡导。这里的问题是对爱的尺寸的把握,对爱的内涵的确认。一直以来,由于高中生涉世未深,对博爱、情爱、性爱的理解常常产生混淆,甚至发生异化,由于西方流行文化的冲击,这种混淆和异化越演越烈。今天,高中男女学生间交往过密已成为一大社会问题。首先,它给学生身心的健康成长造成了影响,给学生学习上精力的集中和成绩的提高带来了障碍,还对社会正确性爱观的形成造成了冲击,使艾滋病的预防面临严峻考验,还在家长的心理上造成了创伤，也给学校管理造成了困难。关于这一敏感话题，我想从三个方面来谈一些看法。

一、高中年龄阶段的特殊性

从生理学的角度讲，高三年级学生的个头明显比高一年级高，说明高中学生还处于生长发育中，各种器官、身体机能尚处于逐步成熟的过程之中。

从心理学和社会学的角度讲，高中学生阅历尚浅，心理的知、情、意、行、信尚处于发展完善之中，人生观、世界观、价值观也还在形成之中，社会经验不足，还无力承担相应的社会责任。随着人们物质生活水平的提高，生理成熟期有所提前，而心理成熟又明显滞后于生理成熟，无力处理由爱情带来的一系列矛盾与纠纷。

从教育学的角度讲，高中阶段接受的还是基础教育，为今后接受高等教育和未来的人生做准备、打基础，这应该是文明社会每一个人都不可缺少的过程。过早涉足情爱领域，必然影响基础教育的接受，从而影响人的一生。有的学生已在这方面付出了惨重的代价。

总之，处于青春期的学生，身体需要发育完善，心理需要稳定成熟，还要为今后立足社会打下基础。因此，现在是为将来做准备的阶段，如果我们把后一阶段才能做的事提前做了，既耽误了我们该做的事情，又会使局面变得复杂和糟糕。社会、学校、家长的担心是有理由的，是为了保护你们，为了让你们少受伤害。

二、人与其他动物的区别性

动物在生长发育到一定阶段，随着性发育的逐步成熟，会产生对异性的向往，这是很正常的。而人的精神有两大属性：人是有头脑的，有理性的，有认识能力的；人是有灵魂的，有超越性的。人与其他动物的最大区别在于人是唯一有理智的高等动物，能够用理智来控制感情，用理智来战胜感情。

如果一个人分不清成长过程中的轻重缓急，控制不住自己的感情冲动，去做一些违背身心发展规律、违背社会发展规律的事，只展示其动物性的一面。这时，他就不能被称为真正意义上的"人"，也就把自己降低为了一般动物。

同时，人的社会性使人的行为受到社会舆论、社会规范的约束。作为高等动物，人的羞耻心理又使得人对自己的行为进行自我约束。

家庭暴力、婚姻离异等家庭问题的出现，可能会使有些孩子感到孤独、缺少温暖，这时更需要你的冷静和理智，绝不应该由于缺少家庭温暖，而在情感、性爱方面寻求弥补、自甘堕落。无论是男生还是女生，你们的身体是纯洁的，你们的身体是神圣的，不可以随意地付出，关键时刻一定要用理智来克服和战胜情感冲动。

三、西方性爱观的误导性

一直以来，人们总认为西方社会什么都是自由的，也因此，近年来，不少学生通过因特网着迷于西方流行文化，还曾一度传说，美国的高中可以生孩子，而事实并非如此。

我在美国教育考察的时候，曾就这一问题对八所高中进行询问，得到的回答都说从来没有发生过这样的事。在弗吉尼亚州的 Farfox 高中，当看到一位年轻女性推着一辆婴儿车，我们几位校长好奇地上去问，对方校长回答，这是以前毕业的一位校友带着孩子来看母校。当问到有没有发生过这样的事，这位美国校长回答："只听说，在密歇根州一所类似于我们职高的学校，有一位女生生了孩子，家长把她赶出了家门，男生不得不中断学业靠打工来养活孩子，这件事在美国也是当做反面教材来教育警示高中学生的。"

出国前，我就了解到，真正培养美国社会精英的高中，是封闭式管理的寄宿制高中。很遗憾，在我们参观的八所高中里，没有这样的学校。在为期一个月的高中、大学参观考察中，我们了解到，当今美国学生的个人生活都比较严谨，尤其给我们留下深刻印象的是：在美国，学生从小到大接受的教育中，权利与义务、自由与责任教育同步进行，学生的社会公德意识、责任意识普遍较强。

同学们，只有你们自己才能对自己的青春负责任，作为学校、老师、家长，只能引导，不能为你们负责。我们可以告诉你们前面有几条路，而走哪条路还得由你们自己选择，我们把符合社会期望的判断向你们阐明，让你们明白好坏，我们不是要把我们的价值观强加于你们，而是希望在教育的过程中，让你们找到一个正确的价值观念、价值选择。

作为学校，男女交往过密的问题，一味禁止并非良策，而不闻不问是一种失职，重要的是教会学生把握成长，学会如何与异性交往和相处。希望你们对这个问题有个大致的了解，如果说你已经有所思考，那么，今天的讲话供你作个参考；如果说你已涉足较深，或为此而烦恼，希望今天的讲话能对你有所启发，有所警醒，好好地反思一下所作所为。由于人类的思维能力是人之理性的物质基础，只有你想清楚了，才能做出正确的选择。

最后，我想用著名作家张洁的小说《爱，是不能忘记的》里面的一段话来结束今天的晨会讲话："人在年轻的时候，并不一定了解真正的爱是什么，等到你再长大一些，更成熟的时候，你才会明白你真正需要的是什么。可那时你已经干了许多悔恨得让你感到锥心的蠢事。你巴不得付出任何代价，只求重新生活一遍才好，那你就会变得比较聪明了。"

四、宽松与严格

随着知识获得途径的多样化、教育观念的日益更新、新型师生关系的发展，教师的神秘外衣早已不再有效，板着面孔的老夫子形象已被很多人鄙弃。现代教育更多地提倡教师要有正确的学生观，要对学生宽容，要创设和营造宽松的教育环境，要用心去呵护和关爱学生。"严"字则似乎和惩罚有着无法摆脱的联系而鲜少被人提及，从"严"教生的思想被贴上了"老教条、旧思想"的标签。

宽容和严格能否共生？我们讲宽容就必然要丢弃严格吗？我以为，宽容并不排斥严格，宽容并不等于松松垮垮、放任自流、撒手不管，严格也绝不是怀着铁石心肠，冷酷无情。宽而不"松"、严而有"格"方是正道。有一位博士生在教师节上这样深情地赞美他的导师："你的宽容给了我巨大的空间让我不惧怕所犯下的任何错误，而你的严格又为我指明了方向，让我不能为自己的松懈和懒惰找到任何借口。"在这里，宽与严这一对矛盾结合体，得到了很好的体现。

新加坡的乒乓球选手李佳薇在奥运会上的表现曾让很多人吃惊，被视为中国女乒的强有力对手。问起她的成功之道，一直陪她练球的父亲在一次电视访谈节目中说："有成千上万的家长在培养自己的孩子学乒乓球，他们的孩子之所以没有成功，是因为他们没有像我这么狠"。

这里所提及的"狠"实质就是严格、严厉，有时甚至是一种严酷。可以想象，在平常的训练中，这位父亲用严格来确保该达到的训练量，没有商量的余地，没有撤退的可能。曾有的懈怠，曾有的动摇甚至是放弃和绝望都会被严格的强有力的外在力量推开，最终达到甚至是远远超出原先设定的目标。

一个人在战胜自我惰性时，在改变一个坏习惯时，在冲破高原现象时，在挑战自我极限时，是需要严格的内在力量去坚守督促或者外在力量去有力推动的。如果没有

"严"的督促和推动,美好的愿望将会落空。即使是在平时,缺少严格的自我要求、动辄原谅自己的人,一定会印证一句话——会原谅自己一时的人,会原谅自己一世。不坚持原则和对自己不严格要求的人,类同于心死之人,因为他的心已经没有感召其前行的光明,他的精神永远处于沉睡状态,可谓刀枪不入,外在的力量无法对其产生帮助。

我们的传统文化认为:"养不教,父之过;教不严,师之惰。"为人父母者,担负着孩子的教养责任,并非是简单的爱孩子就可以了。"严是爱,宽是害",虽显极端,其正确性却被众多古今中外的例子证明了。父母对孩子狠一点,是在要求孩子更好地培养各方面能力,其实体现了一种深沉的爱,更强调一种对孩子的生活历练。离异家庭的父母往往在物质满足上争相讨好孩子,普通家庭也会有这样的认识——只要孩子肯读书,生活上就不用孩子操心了。担负着对众多学生的教育责任的为人师表者,也并非只付出简单的关爱就可以了。"严师出高徒",此名言的流行,仍然能说明教师对学生严格的必要性和有效性。这种严格的坚守是基于勤奋刻苦的传统文化,更是倡导人文下的精神抢救。

每一个生命个体,承担着自我成长的内在责任和家庭、社会乃至全人类的发展使命,更非是简单的爱护自己就可以了。从小生活在缺乏严格要求环境中的人,也不会对自己有严格的要求,出了什么问题,就只会在外因上找借口,从不敢坦然地面对自我,心虚懦弱。每一个生命个体的成长历程中,为着生存的目标和自我发展的需要,都要抵制某些诱惑,改掉坏习惯,挖掘自己内在的潜能,试测自己灵魂的深度,剖析自我意识的境界,并能在面临挫折时及时自我唤醒,重新崛起,换一种状态做人。没有对自我的"狠",怎能达到应该达到的境界?

志为气之神,气为志之形。实现自我、超越自我的关键,正是在于"志"和"气"。诚如卡内基所言,朝着一定的目标走去是"志",一鼓作气走到底,中途绝不停止是"气",两者结合起来就是"志气",凡事的成败都取决于这两个字。很多人在"志"方面,得过且过,漫无目标;在"气"方面,没有让自己直面生活,历练不够,遇难辄退。人的智商呈正态分布,一个人取得成就的大小,就看你在通往成功道路上勇往直前时是否折返,以及折返的早晚。好走的都是下坡路,稍有不顺,就拔腿回头,你便注定看不到特定的风景,你就只能归于大众化那一族。"学海探路贵涉远,无人迹处有奇观。"心中有山,生命多彩。集盲、聋、哑于一身的海伦·凯勒认为:耳聪目明的人,每天都在虚度光阴。这是一个足以让人惊醒的警句。是什么让我们的潜能一天天消失殆尽?是什么让我们一天天走向平庸和虚无？是什么让我们离我们原来设定的目标越来越远？其实，只是因为我们对自己还不够狠！

严格与坚强、原则、崇高联系在一起，是为"严而有格"，"格"即在于原则、规则。严格必定是我们所能操控的，并且遵循着一定的规则，而不是随意决定严还是不严。

诚然，在我们的教育中，人与人的贴近是用心的贴近达成的，但若要以牺牲严格的管理为代价，将得不偿失。一味地用情感亲近、宽容感化，再温和的语言也会成为烦人的唠叨，再感人的规劝也会成为无效的安慰。学生也许一时感激一个心软的老师，放过了他这一次或那一次的错误，然而他却会一辈子埋怨一个不够严厉的老师，埋怨老师没把他调教好。因为教师，特别是班主任身上承担着重大的教育任务。

我们固然需要确立新型的民主平等的师生关系，但要获取学生的尊敬与爱戴，仍然需要我们用自身人格的魅力与对学生一生负责的严谨态度，而不是屈从，也不是退让，更不是无原则地讨好。在原则性问题上心软和退让只能教会学生也同样的不辨是非，在行动坚持上的心软和退让只能教会学生也同样半途而废。

对学生的缺点、错误听之任之，则不是宽容，而是纵容。在这种情况下，失去必要的严格，是对被错误行为侵犯的受害者和未犯错误者的打击，这种姑息和软弱正是教育的巨大失败。有规必依，执规必严，违规必究，才能有效避免学生思想的松懈、行为的散漫放任，避免班风与学风的涣散，才能真正树起一个学生、一个班级、一个学校的脊梁。

当然，严格的前提必定是理性和理智，情绪化的、冲动的严格不是严格，严而有格才是真正的严格。严格的前提必定是对学生的关爱，因为严格实在只是教育的一种手段而不是教育本身。任何一个学生的任何一种错，都不能造成教师对某一学生的偏见，教师应该满怀信心地期待着他的转变与进步，并努力创造令其发生转变与进步的情境与机会。

学生在成长的道路上，难免犯错，为了回避犯错后受到的严厉批评，必然会停止错误行为，却不一定知道为什么错和应有的正确行为是什么。因而有必要使学生充分认识自己的过错，并留心其情绪变化，积极进行疏导，帮助其尽快走出误区。只有心理上的原谅才能使教师在以后的工作中依然能发现学生身上的闪光点，给予及时的表扬与鼓励。这样学生才不至于生活在挨批评或受歧视的阴影里，才可能逐渐培养起自信心与上进心。这需要我们在心理上，对学生坚持宽容原则。

一直以来，学军中学以"严明要求，严格管理，严实教学，严谨教风"等相对严格的管理而著称，我们对"四严"的统一解读是：严明要求——是非分明，公正透明；严格管理——高标定位，严而有"格"；严实教学——讲究实效，基础扎实；严谨教风——教学要素的优化组合，教学结构的严密细致，知识体系的科学缜密。

此外，我们还倡导四个结合，即"严明要求与人文关怀相结合，严格管理与自觉自律相结合，严实教学与风趣活泼相结合，严谨教风与包容个性相结合"。在学校生活中，我们强调宽而不"松"，严而有"格"，严慈相济，宽严并举。严在当严处，爱在细微中。我们认为，对学军中学"四严"的不断完善，体现的正是对"爱与责任"的崭新理解，从而更大地激发了教师的教育内驱力。

严格的前提是宽容和爱，是理智和原则，没有宽容和爱的严格是蛮横、粗暴和残忍的，只可能带来毁灭而不可能带来成功，没有理智和原则的严格是失"格"的严，只能带来对规则的随意破坏和反抗。同样，宽容的前提就是严格，就是绝不姑息，失却了行为上的严格管理的宽容将失去其意义和力量。总之，教育需要"宽"，宽容、宽厚、宽敞，但不能松松垮垮；教育需要"严"，严肃、严明、严实，但要严而有"格"。事在人为，人在自为。教育最为本源的动力乃是情感驱动，教育者最为重要的就是把外在的严格要求转化为学生自发、内驱的强大动力。舍此，便不成其为教育。

五、管形与育神

基于长期的观察与思考，我曾经提出教师课堂教学的三个层次类型：三流的教师教知识，二流的教师教方法，一流的教师教思想。与之相仿，班主任的教育管理层次类型也可分出三类：三流的教师管形，二流的教师抓心，一流的教师育神。那么，如何成为一流的教师？在教育过程中，班主任应该"抓"些什么，又应该"放"些什么，如何实现这两者的理想结合？这是一个值得探讨的话题。

班主任是一个更为强调奉献的角色，是学生更为重要的精神关怀者。班主任工作的确比较辛苦，尤其是一些班主任一天到晚跟在学生后面，盯牢学生的一言一行，这个可以，那个不行，这个越线了，那个还需要补进，关注学生是否遵守纪律，行为规范有否达标。这样不知道靠近，或者根本靠不近学生内心的教育管理，就只能流于管"形"。局限于一味的"管"，即使学生畏于惩罚而不敢有所违犯，一旦暂时离开教育管理者的视线，问题就出现了。因为这个层面上的教育管理只在乎"教什么"、"管什么"，至于方法是否有效则一概不问，更别说思量一下教育管理的目的何在，价值几何。学生即便被管住了，也是坐着的身，浮着的心，飘着的魂。

还有一些班主任站了几年三尺讲台以后，积累了一些经验，善于揣摩学生的心理，但囿于自己以应试为基底的教育观和学生观，总是强调学生要静下心来，全力投入学习。这样的教育，在日常管理与考试成绩上倒是不会让人操心，但学生走出校门后还能走多远就不敢断言了。因为教育者只"抓"住了学生暂时专注于学习的"心"，尚没有培育出富有个性的"神"。学生每天在校不仅仅是在"学习"这一个维度上生存，作为一个生命个体，他的青春成长关键期不可能只是获得学科知识，而应该更加注重提升那些以后能让他走得更远的素质。

当然，还有更多的班主任在不断的反思和创新中，不在行为规范上设置过多的条条框框，而是注意培养学习习惯和思维能力，重视对学生的精神培育，关注学生精神成长。这样的"育神"的教育方是一流的教育，真正的教育，因为这一层次的教育不但考虑了"教什么"和"怎么教"，更关注"为什么"而教。

只考虑"教什么"和"怎么教"的问题，往往容易忽略教育的本质，使得日常的教育变得机械而功利。现实中，一些学校和教师总是罔顾学生的精神生活，一切教育只为分数增长的目的。把让学生考上好大学当成自己工作的唯一追求。殊不知自己只是在培养"考生"，却忽视了对学生健康人格的培养和精神生活的眷注，没有真正意义上实现对人的全面培养。不管是通过"管形"还是"抓心"，学生读三年书只是做三年练习，知识增长了，精神脆弱了，人格缺失了，这样的教育是毫无品质可言的。

教育到底为什么而教？我们要给予我们富有朝气的学生怎样的指引和启发？唯有始终思索"为什么"而教，紧紧把握教育的本质——"修人道以配天道"，遵循教育规律和人的身心发展规律，将人和天地贯通起来（贾馥茗语）。将一定时空下的生命个体与永恒的过去、现在、未来相联系，将现在的学习与将来的生活相联系，然后再考虑"教什么"和"怎么教"，才可能造就真正有效的教育。

教育首先是一个精神成长过程，然后才成为科学获知的一部分。所以，真正的教育应该抓"神"而放"形"，应该首先关注学生灵魂安顿、精神居所的问题，助其成高远的志向，贮其存高昂的志气，养其具高雅的志趣，修其人道以配天道，通人与之天地，教育方修成正果，方可功成身退。若执着于抓"形"，抓住了学生坐着的身，却吸引不住浮着的心，更聚不拢飘着的魂。无神之身心，无神之魂魄，能走多远，能有多大能量追求其一生的幸福和快乐，我们实不敢做乐观论断。从一定层面上来说，教育即自由——精神思想的自由、个人成长和发展的自由。在自由的前提之下，方能谈及责任；在自主的选择之下，才会思索理想、信念等精神元素；也只有在自主的发展之下，才能形成自尊、自信与自强。

教是为了不教，今天的教是为了明天的不教。明天所获得的绝不可能只是书本上的知识和试卷中的习题，也不是缜密准确的标准答案，而是一段无法用说教代替的阅历经验，一种用坚持形成的习惯性格，一股由内而外辐射的人格力量，一个丰富而高贵的生命境界。

为此，在我们的教育中，应关注以下两点：

一是要结合每个学生的个性发展，在相应的年龄阶段，令其全面发展。教育是人与人之间的一种心灵交流，是心智碰撞的生命活动，而机械、死板的管教只会隔离彼此的心灵。鲁迅先生在谈到教育时曾言道：小时候不把他当人看，长大了他也永远当不了人。有了丰富精神内涵的人，才是真正的人、大写的人。所以，培育精神的教育，才是真正的教育。

二是通过培养学生科学辩证的思维方式来丰富学生的精神世界。学生的学习自启蒙至高中，内容不断拓展，难度不断加深。由于选择性考试频繁，大多数学生经历了多次的挫折和失落，尤其需要鼓励以保护他们的自尊和自信。人的需要是丰富的，满足人的需要之教育内容、形式、方法也应该是丰富的。生活在班集体中的学生，在思想、学习、生活和心理上，每天都会遇到不同的问题，教育者要抓住一些契机，引领学生从不同的角度、不同的高度来审视这些问题，以期能承载生命历程中失败时的痛苦、煎熬与成功时的欢乐、兴奋。

我们把学生迎进学校大门，绝对不能只想着他能否走出去，而要为学生思考如何走得更远。能走得远的人，才能走得有力量，寻找到更多的光明和绚丽，才能真正承担起小至个人家庭，大至社会国家的责任。而这需要我们用心呵护学生的成长需求，精心培育学生的心灵世界，眷注精神成长，管"神"放"形"，体现教育的本质，追求教育的真谛。

六、认知与行为

在学校管理中,常会出现这样的情况,学校对学生宣布几条规定,比如早读要求、午休要求、晚自习要求、就寝要求,等等。然后就简单地检查扣分,学生处对年级,年级组对班级,班级对学生,一级级地进行考核扣分。为了保险起见,还一层层地随意更改学校的作息时间,比如学校规定早自修7:20开始,年级组要求7:10开始,班主任则要求学生7:00以前就到教室参加早自修。原因是可以保证不扣分,而且还可以让学生多些早晨的学习时间,多一些和平行班级竞争的优势。每当复习迎考阶段,班主任往往会取消班级的体锻课,并将之改为自修课,以便让学生能有更多的复习时间。诸如此类的现象不胜枚举。但教师的这种良好愿望,这种"为了学生好"的要求,又有多少能够被学生认可,进而落实到行动上呢?

从实践来看,这种管理效果并不理想。面对教师的权威,学生或许能够准时到教室,能够放弃体育锻炼而留在教室自习,但学习效率如何呢?恐怕更多的还是人在心不在。既没有多少学习效果,又压缩了睡觉或是锻炼身体的时间。在这种时候,学生的情绪往往也很低落,常常是比平时更为被动地上着该上的课、做着该做的事。这样的状态,若是一天倒也无甚大碍,倘若三年,甚至整个学生生涯皆如此,则无异是一场"灾难"。这种被动、应付的态度一旦固化成为学生人格的一部分,学生的学习主动性大概也就被毁得差不多了。由此看来,"好心"不一定能成好事。就上述情况而言,教师的好心实乃扼杀学生自主发展、健康成长的"凶手"。

原因何在?学校、教师的要求没有内化入学生的品行,认知和行为之间出现了断痕!

教师出于对学生的关心,出于对学生的成长发展负责,常会提一些要求、做一些规定,但这些要求和规定能否被学生所接受,涉及一个思想品德内化的过程。思想品德的内化是个体认同、筛选和接纳一定的社会思想、社会道德,并将其纳入自己的思想品德结构之中,变为自己的观点和信念,成为支配、控制自己思想、情感、行为的内在力量的过程。这一过程分为三个阶段:感受阶段——思想品德的有关信息引起感官反应,形成有关表象;分析阶段——在已形成的道德表象基础上,分析、理解思想和道德的准则及其社会价值,形成新的思想品德认识;选择阶段——在获得新的认识基础上,将德育要求的思想、道德准则和原有的思想品德加以对照,进行判断和选择,对符合原来思想品德结构的特性同化、吸收,产生新的成分,形成新的结构体系,对不符合原来思想品德结构特性的,则产生矛盾斗争,结果可能被吸收,可能被拒绝,可能被存疑。

从心理机制上讲,品德内化有一个"知、情、意、行、信"的过程。学校的规定、要求是明确的,学生都知道,但不一定愿意去做。这时需要从情感驱动入手,让学生认识到这些要求的必要性,激发起学生愿意去做的内在动力。而人有惰性,做一件事,容易"三天打鱼两天晒网",这时就需要设法强化学生的意志,再从行动上不断地予以引导。学生取得成功后,确立了信念,加深了对规定、要求的认识,螺旋式地上升为更高层面上的"知"。归纳起来,就是晓之以理,动之以情,强之以意,导之以行,坚之以信。遗憾的是,我们在实践中往往忽略"情感的激发"和"意志的强化"过程,感受阶段被忽略,分析阶段被替代,往往把品德内化过程当作一个认知问题来处理,造成认知与行为之间出现断痕。要提高德育的实效性,就必须弥补这些断痕。为此,要把握好以下几点。

首先是任何思想道德教育的内容都要能够激发学生的情感。在心理学中,情绪情感被称作心理的"泵",具有调节个体可调动的心理资源的作用。愉快的情绪可促进大脑皮层的活动,使个体调用更多的心理资源,提高学习和工作的效率,而焦虑、愤怒则会导致效率低下。另外,情绪情感还有一种导向作用,决定着个体对人或事的态度。一个学生如果不喜欢某个老师,那么常常一看到这个老师的身影,一听到这个老师的声音,就已经在心理上产生排斥的倾向,很难再保持理智去分析老师话语的正确与否,要认同和接纳老师的观点也就变得更为困难。原因在于情绪的启动往往先于认知的加工,这是由大脑的生理结构决定的,而且这种功能在进化上具有重要意义。因为此种功能,幼小的动物总会格外生动地记下最具威胁性或最想得到的事物,趋利避害,确保其生命的安全。同样,在教学过程中,学生首先启动的是积极或消极的情绪体验,其次才是经验内容。如果某种经历曾经使学生体验到消极的情绪,那么所有与这种经历有关的信号都会在刹那间唤起学生的不快情绪,这种情绪一旦启动就会抑制神经系统的活动,降低认知加工的效率。

由此可知,教师的规定和要求要能成为学生行为转变的动因,那么这种规定和要求必须要能够激发学生的积极情感,获得学生心理上的认可。为此,教师在作规定、提要求时必须考虑学生的需要,要设身处地从学生的立场出发考虑学生是否真正认同这样的做法,是否真的愿意接受这样的要求。例如在复习迎考阶段,学生的心理压力已经比平时要大,学习的强度也相对较高,这时很需要有一些自我调整的时间,去操场跑几圈、上单杠翻几下、朝球门踢几个球,无疑是很好的方式。压抑的心情没有了,烦躁的情绪平静了,自我怀疑、自我嫌弃的思想抛弃了,抖抖身子昂昂头,又是信心百倍、希望满怀。但如此的良机被班主任的一声令下取消,对有这种需要的学生来讲,实在很不愉快。

许多时候,问题不是出在学习的时间不够,而是学习的效率不高,不是教师讲得不够多、要求得不够严,而是这些要求没有引起学生的共鸣,没有形成教育的合力,激起的是学生的对立情绪,换来的是学生的被动应付。

在考虑学生的需要时,必须要关注学生现实的生活、当下的需要,不能一味专注于未来生活的完满而把现在的一切努力都看成是为未来生活做准备。许多教育上的不合理现象往往因为一句"为了你的将来好"而被合理化。诚然,教育在某种意义上是一种理想的事业,是需要有点"必要的乌托邦",但理想如果抛开了现实的生活世界,一味地进行虚幻的教育,不仅无助于教育事业的发展,而且对个体而言也非常有害。我国在儿童自我意识尚不完备的幼儿园时期便进行爱国主义教育,到了大学反倒要进行"不要随地吐痰"的生活常识教育,就是这种不合理教育的结果。人生活于现实,生活总是现实的生活,过去和未来都是为了加强现在。故学校、教师所作的规定和要求也必须是基于学生当下现实生活的需要,应该是加强现在、促进未来,而不能为了未来牺牲现在。唯有现实生活充盈了才能期望未来生活的完满。

人的需要,不仅仅指物质需要,更包括精神需要。千百年来,总有一些道德价值观凌驾于文化与宗教之上,被广泛共享于各种社会形态之中,如爱、责任、关心、诚实、公正以及自尊和尊重他人等,它们肯定人类的尊严、促进个人的自我实现、满足个体的精神需要,因而促进个人和社会的和谐发展。因此,教育不能只停留于满足学生低层次的需要,更要关注对学生高层次需要的满足。要求学生在校三年,学会一样乐器,擅长一项运动,养成高雅的志趣,就是为了激发并满足学生高层次的需要,促进学生的精神成长。

为了激发学生的情感,实施有效的道德教育,家史教育是非常好的手段。一代不如一代的社会是没有希望的社会。但随着社会的开放进步、网络的不断普及、高等教育大众化的到来,无论是从文化知识的接受,还是从现代文明的掌握和流行文化的了解上看,我们的社会是下一代超越了上一代,出现了以"文化反哺"为特征的"后喻文化"现象。父母对子女的影响正在下降。同时,独生子女表现出了较为严重的自我主义倾向,一切以自我为中心,不顾及别人的感受,不考虑别人的意见,对父母的感情也逐渐淡漠。在家史教育中,学生通过对家人和亲戚朋友的采访、调查、记录从自己算起四代以上的家族发展历程。在整个活动过程中,学生得以了解、整理父母、家庭和祖辈等家族血脉延续的励志故事,提炼出先辈们顽强生存的精神,并由衷感叹:"'子欲养而亲不待'的悲剧时时都有发生,我们要抓紧时间孝敬父母。虽然我们现在还没有赡养长辈的能力,但我们至少能尊重他们,敬爱他们!在先辈们的身上的确有需要我们传承的力量!"这些活动深入学生内心,触及学生灵魂。

其次,有效道德教育的开展还必须注重学生意志的强化。许多时候,学生能够认同教师的观点,接纳教师所提的要求,有时候也能表现在行动上,但往往由于没有坚强的意志而半途而废,最终也就不能达到内化的要求。故意志的强化相当重要,生活的强者由意志铸造而成。

意志是个人为了实现某种目的,自觉地组织自己的行动,并克服困难的心理过程。意志常与行动连在一起,因为唯有在行动中才能体现出意志。一般说来,意志行动可以分为两个阶段——进行决定阶段和执行决定阶段,意志的强化要始终贯穿这两个阶段,且不同阶段又要区别对待。进行决定阶段主要包动机斗争、目标确定、方法选择等环节。相应的,意志强化的重点要放在对各种动机的了解、对远近目标的确定、对可选方法的优劣评定中。对行动的认识越深刻,越容易强化意志。一旦决意已定,就要坐言起行,切忌冒失草率或优柔寡断。作为教师就要帮助学生更深刻地认识行动,不但让其明白做什么,更要使其知晓为何要这么做,以及怎么做。在进行目标分析时,要促使学生把目标细化,不但要有总目标,而且还要有每个阶段的分目标,包括每一天、每一堂课所要达到的目标。在此期间,也要帮助学生分析可能会出现的意外与相应的应对措施,使学生能够在深刻认识的基础上倾听自己内心的呼唤,追求自己真正想要的并能付诸实践。

决定作出以后就是执行的过程。这一阶段关键是坚持,不能见异思迁。学生由于尚处于发展阶段,定力不是很强,容易在缤纷缭乱的世界摇摆不定。或由于耐挫力不强,在各种困难面前举步不前。

为了帮助学生能够坚持其所选择的,教师要注意反馈这一环节,要把学生的行为与各远近目标相对照,肯定成绩、寻找差距,尽可能使学生的注意力集中到每一个细微目标的达成上。这样做，既可以保证方向的正确性，也有利于发挥情感的动力作用。许多时候，焦虑往往是源于对遥远目标的不确定。如考试焦虑，不安往往来自"万一我考不好怎么办"这样的意识。个体一旦意识到失败的可能性，就会产生焦虑、烦躁等负面情绪。不良的情绪反过来又干扰正常的学习状态，陷入恶性循环，导致焦虑更严重。故如果能把更多的注意力投向每一堂课的任务完成情况，达成目标自然欢喜，不达成的话下一堂课努力即可，喜悦和痛苦都是即刻的，都可以随着任务的达成情况随时变化，焦虑自然可以通过调控来减轻。因此，重视反馈可以帮助学生关注事情本身而不是总是担心失败，从而抵制不良情绪反应而导致的效率低下。

意志的强化还需要重视各种实践活动。人是由自己的生命实践铸成的。一个人怎样生活，就会成为怎样的人。要成为一个有着坚强意志的人，就必须在实践中加以锤炼。体育竞赛活动、"苦行僧"式的拉练活动、"西点军校"式的挑战生理极限活动、独立解题训练、暑期走进农村大课堂活动、"坐禅"训练等等，都是很好的锤炼学生意志的方式。

另外，要实行真正有效的道德教育，要弥补认知和行为的断痕，很重要的一点就是教育者本人必须是所倡导道德要求或社会规范的践行者。马克思曾说，如果人同世界的关系是一种人的关系，那么你就只能用爱来交换爱，用信任来交换信任。弗洛姆也谈到，如果你想得到艺术的享受，那你就必须是一个有艺术修养的人。如果你想感化别人，那你就必须是一个实际上能鼓舞和推动别人前进的人。同理，如果想让受教者遵循一种社会规范，遵守一条校纪校规，那么施教者本人就必须是这种社会律则的践行者。

七、竞争与合作

多元化的社会、市场化的经济、个体的高考、就业、家长的期望和社会的认同等等，都需要学生有强烈的竞争意识。但另一方面，在城市独生子女的群体里，有些家庭有好几套房子，存款有几百上千万，若按中国人传宗接代的常规陈习，这些家庭的子女已无需再作什么奋斗。也确实有一些学生没什么奋斗精神、竞争意识。那到底还要不要培养学生的竞争意识？适者生存，竞争是永恒的。但为了什么竞争，该怎么竞争，却是值得好好思考的问题。若竞争仅仅只是比吃、比穿、比名牌或是比用、比行、比花钱，那些有万贯财产的家庭的后代,好像真不用竞争什么了,洛克菲勒家族或是李嘉诚李氏家族的人,可以坐享其成。然而事实是,越是这样的家族,越具有竞争意识。中国古话"富不过三代"在这里得不到验证了。

"人无远虑,必有近忧"。竞争在许多时候体现的是一种忧患意识。忧虑国家的兴衰强弱,忧患个体的生存发展,具有这种忧患意识的人,必是一个具有竞争意识的人。这样的竞争意识基于对人生的理性思索、对社会的责任担当。这样的人,必是一个理智的人,一个有正确人生观和世界观的人,也必是一个有着丰富精神内涵的人。

在培养竞争意识的时候,要注意培养的是一种正确的竞争观,而正确的竞争观除了要回答为什么而竞争以外,还要注意竞争的内容和方式。许多人对物质竞争乐此不疲,这样的现象在学生中也屡见不鲜。这样的竞争整个儿就是一种暴发户行径,竞争已经失去了原有的意义。这样的竞争自然是不妥的,细看历史,我们可以发现,历史上任何一个朝代一旦盛行这种奢靡、浮夸之风,离亡国也就不远了。

与上述类型的竞争不同,但同样不妥的是由分数而衍生出来的一系列竞争,如名次高低、大学好坏。单纯地为分数而竞争直接导致的结果便是一切为了分数、一切为了考试。这样的后果便是即使学生在竞争中暂时获胜,风光地走出学校的大门但并不一定能在今后的人生道路上走得很远。仅仅是考上了一个好的大学,并不意味着他在以后的竞争中,一定能有多少胜算。对整个社会、国家而言,可能就是整个民族的创造力都扼杀在这些分数的竞争中。在这样的环境下,能出几个能工巧匠就已经不错了,要想出大师级的人物,实在是难上加难,因为培育的土壤太贫瘠了。如此看来,正确的竞争观的树立离不开充分的精神培育。

正确的竞争观还包括如何竞争的问题。要在竞争中获胜,有人会通过发展自己、强大自己来超越对方,有人却会通过修改竞争规则,甚至打击对方、弱化对方来使自己胜出。前者代表的是君子文化,双方都在竞争中得到发展,为共赢;后者代表的是小人文化,双方都在竞争中倾轧内耗,是共毁。我们需要仰望星空的人,可如果总是有人在地下挖坑,那么仰望星空者便免不了有跌落陷阱的危险。由是观之,在培养竞争意识的时候,关注正确的竞争方式,不可谓不重要。

正确的竞争观,还包括一个很重要的问题,就是竞争与合作的关系。在比较注重个人奋斗发迹的儒家文化传统背景下,我们在培养学生竞争意识的同时,更应重视合作精神的培养。李慧波在《团队精神》一书中认为:以一当十并不难,难的是以十当一;

团队精神才是真正的核心竞争力,尤其在当下的全球化、网络化时代。缺乏"团队精神"的群体不过是乌合之众。在日本和朝鲜有谚语:一个人单薄,两个人有伴,三个人是不可战胜的团队。而与此形成鲜明对比的我们的现状则是:一个和尚挑水吃,两个和尚抬水吃,三个和尚没得吃;鸡犬之声相闻,老死不相往来;各人自扫门前雪,莫管他人瓦上霜。现在的独生子女,往往对自我过于保护,对他人漠不关心,缺乏团队合作意识。

当今世界,分工越来越细,人与人之间、国与国之间的依赖也越来越紧,谁也没有办法单枪匹马就获得成功。许多大型的项目更是依靠着成千上万人的团结合作。成功很多时候取决于团队的精诚合作而非个人一枝独秀的竞争能力。拥有优秀的球员,并不一定就能组成一支优秀的球队,我们更要注重如何让球队成为一个无懈可击的整体。良好的竞争必须是一种合作基础上的竞争,正确的竞争观,离不开合作意识的培养。

那么,作为班级之魂的班主任,该如何培养学生的合作意识,形成教育合力?为此,班主任应重视三个方面的问题。

首先要抓住学校活动(广播操、运动会、艺术节、球类比赛等)的一切机会,激发学生产生集体荣誉感,形成班级凝聚力。通过组织班级学习互助小组、"一帮一"结对等活动,让学生学习的兴趣得以进一步激发,信心得以进一步增强。这些活动都有利于学生形成归属感,远离孤独感。不仅有利于培养学生的合作精神,对学生的个体发展也大有裨益。这样的班级才富有活力,学生也才能走得更远。

其次是班主任与班主任之间、班级与班级之间要敢于放下身段,与人为善,与邻为友,相互学习,取长补短。班级之间的某些评比有时会造成班级与班级、班主任与班主任之间的隔阂,这会对学生产生糟糕的影响,务必要消除这种隔阂。美国俗语有云:"半两的身教,超过两吨的言教。"一个具有合作精神的班主任,本身就是最好的教材、最具说服力的教育。在这样的班主任潜移默化的影响下的班级必然有浓郁的竞争合作的氛围,教育效果必然事半功倍。

此外,学校、各处室、年级组等的班主任会议,班主任都要参加;学校、学生处、年级组布置的工作,班主任都要认真完成;晨会、闭路电视会、校或年级学生大会等,班主任都要带头聆听。每有闭路电视讲话,对班级的最好教育方法就是班主任目不转睛地盯着电视屏幕。如果班主任认为电视讲话都是针对学生的,自己可以"置身事外"而在走廊上游荡,那么,等到电视讲话结束,班主任回到教室无论对学生说什么效果都是要打折扣的。切忌当着学生的面表现出对学校工作的不满。班主任的素质与水平决定班级管理的水平,班级管理的成效体现班主任的能力,但切忌把班级当作班主任的私有财产。一位好的班主任意味着一个好的班集体,班主任是更为重要的精神关怀者,班主任应该带领全班学生共同成长。

八、基础与目标

开放社会,教师的流动性相对较大。一些教师,或调动学校,或临时接班,或教完一届毕业班后返到高一,在面临与以往不同的学生时,经常会出现一些不适应的情况。尤其是一些有着强烈的事业心和责任感的班主任,立志要带好班级,确立了要赶超的班级目标,制定了一整套用以实现目标的班级制度。但由于目标的确定自上而下,学生成了老师实现班级目标和个人愿望的工具,目标的确定往往忽视现状,脱离基础,重共性要求,轻个性张扬,师生之间缺乏共识,因而学生抵触情绪较大,最终班级目标也自然无法很好地实现。

学生是班级的主体,任何班级制度的制订和计划的实施都必须考虑学生的现状和学生的主观能动性。班级目标或制度的确立,不只是为了学生的服从或适应,更是为了学生在面临各种不同规则和状况时能作出合理的行动选择。班级规则能否对学生的选择产生影响,能否对其行为产生约束作用,关键在于学生是否自觉接受这一原则。从这种意义上讲,学生才是自己行为规范的真正确立者和创造者。既然学生的参与和自主活动是班级规则执行的前提,由此也就必然要求在班级规范和目标的制定中尊重学生的主体地位。班级目标和规范制定的目的,不应是让学生无条件地服从这些规则,而是要鼓励学生接受理性的自我指导与自我决定。故目标的制订、计划的实施必须自下而上,考虑生源实际,征求学生的意见。

班级计划的有效实施,除了自下而上的制订以外,一般还要建立在学生对班主任高度信任的基础之上,所谓"信其道,尊其师"。教学是知与不知的问题,德育是信与不信的问题,能否有效管理班级,其根本还是取决于教师的师德、师魂,取决于教师的人格魅力。

在面对与以往完全不同的学生时,教师切不可以不变应万变,总想着按自己的固有思维、原有方式去改造学生。我以为,这里的唯一出路是不断改造自己,以适应变化了的学生。唯其如此,我们的教育才能与时俱进地适应社会、引领社会,我们的社会才能获得持续向前发展的动能。那么如何才能不断地改造自己呢?

首先,教师自己要意识到必须进行改造。需要是进步的动力。教育发展到今天,先进的教育理念、教学方法比比皆是,只要个体需要,愿意去学习、去思索,有的是优秀的蓝本,更何况个体自身还可以创造,完全可以在吸收先进教育理念的前提下,创造性地发展出自己特有的教学和管理风格。但许多先进的教育理念与方法,虽经过多方倡导,却仍不能引领某些教师的行为实践。原因何在?关键就是这些外在的先进理念、先进方法不能转化为教师内在的理论,是教师的内在力量决定着教师的行为实践,即外因要通过内因起作用,学生如此,教师亦不例外。

一些教师,从来没有思索过"什么是教育"、"教育的目的是什么"、"该如何实现有效教育"等教育的本质性问题,也从来没有思考自己的教学观念、教育方法是不是合理、有没有必要改,碰到教学中的问题,也往往只是从学生身上找原因,总想着自己的一切都是好的,全班那么多人,为什么其他学生学得好,偏偏那几个人出了问题。这样的教师,犹如铁板一块,先进的教育理念、教学方法都进不了他们的内心,也就指引不了他们的教学实践。一次次教学改革、一个个教法推广,在他们手中都成了"换汤不换药"。改革才如此艰难。

思想的改造尽管艰难,但也不是没有办法,因为大多数教师还是愿意把工作做好,希望取得学生的信任,当一名优秀的教育工作者。这种愿望就能催生改造自己内在教育理念的需要,有了需要,就有可能完成教育理念先进化的过程,最终用这种先进的理念来指导教学实践,成为一名优秀的教师、知名的学者。

为此,教师不妨从日常教学工作出发,对各项工作进行自我评价,而不是仅仅为了应付"上头"的检查。在自我评价时,要注重教学的效果,关注教育的效率。可以对自己提出以下几个问题:有没有从源头上解决问题?这次处理了,下次还会不会发生?同样的问题,这个学生的解决了,还会不会出现在其他学生身上?通过这样的处理,学习问题是解决了,但有没有留下其他方面的问题,如学生情绪问题?……如果客观情况并不乐观,那么就再问自己:我愿意一直这样下去吗?这是真正的教育吗?如果想改变这种局面,那么就去思考教育理念问题,关键是三个问题:为什么教?教什么?怎么教?唯有这样,学校规定教师每月必须去阅览室,期末根据签名次数进行奖励等诸如此类的举措才会从外在要求转化为内在需求。

一旦教师具有正确的教学观和学生观,就能够结合班级的实际情况,征求学生的意见,制定出合理的班级目标和规范。这样的班级目标,必定能转化成学生个体的奋斗目标,这样的班级规范,必定能内化成学生自觉的约束机制。教师也就完成了从"控制者"到"引领者"的角色转换。

九、"有为"和"不为"

有人向班主任反映,班上一男一女两位学生交往过密,可能在"早恋"。班主任正为这两位学生成绩的明显下降却找不到理由而发愁,于是就在班上不点名地批评了这种"早恋"行为,并特别强化了这种行为与成绩下降的相关性。结果,这两位学生的交往过密行为继续着,只是转入了更为隐蔽的"地下"。

班主任这种看似合理的做法,其实存在着很多可以商榷的地方。属于个人隐私的东西,是否可以和需要在班上公开呢?是否需要这样一两个学生"生病",全班"吃药"呢?如果"早恋"了,而成绩不但不下降,反而提升了,是否就合理了呢?

囿于陈旧的学生观和教育观,一些班主任,尤其是有了一些工作经验的班主任,总是认为学生还小,思想不成熟,能力有限,恨不得把工作全部包办,总是"一切为了学生的安心学习",不容学生有任何学习以外的"分心"情况的发生。总是认为自己处理学生问题已经到了庖丁解牛、郢匠挥斤的水平,什么都要管,什么都要管得及时、到位,结果却是使问题越管越多,越管越复杂,甚至造成师生关系的紧张。更严重的是,这种无所不为的管理所营造的是压抑学生个性的死气沉沉的环境,所造就的是循规蹈矩、思想僵化、行为迟钝、缺乏创新精神的人,违背了学生的发展规律,与素质教育的宗旨相背离。

战国时期,孟子提出了"人有不为也,而后可以有为"的精辟箴言。诚然,成功离不开有为,管理工作更离不开有为。然而事事亲力亲为的效果却未必就好,这实际上是对学生的不信任,并会导致学生对班集体的漠然和对班主任感情的疏远,因为现代学生独立性强,渴望被人理解,被人尊重,而被全方位"包办管理"只会让学生感觉压抑、痛苦。当下的学校教育,由于质量压力过大,教师和班主任不敢有丝毫的懈怠,总是"有为"的太多,"不为"的太少。

"不为"管理的真意是顺其自然,因势利导,是教育管理艺术的最高境界。"不为"在于"谅解"与"等待",这样,还能减轻教师的工作压力,并在一定程度上增进师生之间的感情。反观过多的"有为",给学生带来不少的影响。"老师总认为我什么都不懂,喋喋不休地跟我说了很多,其实我什么都懂,就是不想做好!""老师说第一句话的时候,我就知道他下面要说些什么了,这样的谈话我不感兴趣!"……诸如此类,这实际上可以说明:适当的"不为"能促进良好的师生关系,而一个孩子喜欢他的老师是实现有效教育的前提。

　　"不为"并不是什么都不用考虑,什么都不做,反之,"不为"是为了学生将来真正"有为"的一种手段。《第56号教室》中雷夫老师对一个热爱电影的学生弗兰克的"不为",使其成为纽约大学电影系的学生,这就是一个成功的例子。

　　学校教育,人是目的。教是为了不教,管是为了不管,说是为了不说。郑板桥说:"聪明难,糊涂更难。"在我看来,说的就是聪明难,智慧更难。教之秘诀在于度,学之真谛在于悟。理论上来说,面对学生的时候,不只是管与不管的问题,该管的不放,该放的不管,但难就难在对"管"与"放"的度的把握,对"聪明"与"糊涂"的分寸的拿捏。

　　班主任的"有为",主要是加强班风、学风建设,培养学生良好的习惯,关注学生的心理。从共性上说,班主任应该对实现学生精神成长的方法途径有着详细的了解,对学生发展内驱力的途径进行积极的探索。从个性上说,班主任应该加强对学生家庭背景的了解与掌握,对学生思想、学习、生活、身体、心理等方面的状况有个大致的把握。

　　学生是变化发展中的人,眼下出现的一些问题,不必急于下结论,也许今天出现的问题,几天后就自动消失了。班主任要关注的是会对学生一生的可持续发展产生影响的问题,信任学生,处处为学生的长远发展着想,应该把重点放在学生强健的体魄、哲学的头脑、科学的方法等等方面。学生年少生猛,往往不注意爱惜自己的身体,校园里经常会有一些学生伤筋动骨的意外发生,就说明了这一点,这也与班主任平时不注意这方面的教育有关。身体是一辈子的事,班主任要爱生如子,注重学生身体素质的培养。学生年轻气盛,阅历较浅,培养学生从不同的高度和角度来分析问题,学会辩证地看待问题。因为具体问题总是无法穷尽的,学生总是要独立地去面对社会的,所以重要的是培养学生哲学的思考头脑,让学生具有独立分析、处理问题的能力。学生从学校获取的知识,对于眼下的考试无疑是十分重要的,但就学生未来的谋生与发展所需要的知识而论,当下所获取的知识所占的比重是很小的,因而,培养学生分析、选择的能力,比"获取"知识更为重要,在倡导终身学习的今天,学会学习,掌握科学的方法十分重要。

师生之间的教育活动,应是"匪我求童蒙,童蒙求我"。当下教育中,老师、家长追着孩子要作业、逼迫孩子参加辅导班的情况还是比较多的。事在人为,人在自为。在我看来,学习应该是学生自己的事,应该是学生"自主当家"。家长应该"有为"在孩子生活习惯的培养上,教师应该"有为"在学生学习责任感的确立上,从更为宽泛的角度,让学生自信定位,自觉求知。

"班主任"的字面解释很简单——班级的主任,但班级的主人是学生,班主任工作要让每个学生成为班级的主人。这就要求班主任以人为本,遵循学生身心发展的规律,尊重学生的人格,引导学生修身养性,鼓励学生去"为",去发挥自己的主观能动性,去贡献自己的力量。师"无为"而生无畏,要创设条件让学生自理自治,培养良好的主人翁精神,增强学生集体荣誉感和个人成就感,加强班集体的凝聚力。人人自觉、自理、自律、自强不息,才能使班集体更具有战斗力。对学生的尊重,可以换来学生对老师的尊重和对班主任工作的支持,在班级管理中可以取得更好的效果。

在具体工作中,需要班主任学会倾听,学会激励,学会迂回,学会宽容,学会示范。每个学生都是个体的,独特的,对于学生的问题不要大肆声张,点到为止。大多数时候,学生总是通过教师的"嘴"来认识教师,作为教师,尤其是班主任,面对学生的时候,要少说话,没有想清楚的一定不说。面对高中学生,只有教师的深沉、深刻,才能培养学生的深沉、深刻。

在班主任工作的"有为"和"不为"中,"有为"常常表现为有形,而"不为"通常表现为无形。在"有为"的时候,需要加强自身的修养,学高为师,身正为范,注重"不言之教"的无形力量;在"不为"的时候,要密切关注班级、学生问题的发展变化趋向,可以随时从"无形"走向"有形",什么都顺其自然也是不负责任的表现。

"有为"与"无为"的和谐、艺术地被运用,当为每一个教育工作者努力的方向。

十、"走得出"与"走得远"

在日趋激烈的高考竞争中,每一个踏入高中大门的学生都会思考如何在这三年里为自己"准备"更多的分数,每一个高中学子的父母总是想方设法联系家教、补习班,为了孩子能不负期望地拿个高分走出高中而绞尽脑汁,每一个教师也为了让自己的学生能够在分数上占据优势而使出浑身解数。在学生、家长、老师的眼中,分数几乎成了夺取高考胜利的唯一法宝。

尤其在众多教师的眼中,学生的三年高中就是一个不断磨剑的过程,高考则是一次完美的亮剑。学生在日复一日的机械操作中,听课做题,考试订正,以获得高分风风光光地走出校门。似乎学生一个高分就必然换取一个远大的前程,至于这把锃亮的剑是用来行侠仗义还是其他,教师自是一概不管,更莫说各级教育领导。在这些人看来,唯有学生的分数才是评价学校的硬道理,学生走得出就是学校教育的最终目的。

其实,只考虑学生"走得出"的教育就是十足的应试教育。因为这样的教育,不顾行走者的客观条件,不顾行走者的主观感受,为了分数而把人的培养纳入工序化的轨道,可以把学生当成一件物品般任意地磨、压、榨。这样的教育,以能够把学生送出校门为标准,至于走出这道门后,学生还能继续走多远,则不予考虑。这样的教育,只是把"教"与"学"都当作敲门砖,敲开之后,教师所"教"的与学生所"学"的有没有继续照亮学生前行的道路,有没有为学生增添前行的勇气和力量,实在无法断言,也不敢断言。

教育的终极目标是人的社会化,即通过教育把学生从自然人培养成为懂得爱、珍惜爱、有爱心、有责任感的社会人。而要做到这一点,仅给予学生渊博的知识,"走得出"的分数是远远不够的,更重要的是要通过教育塑造学生的健全人格。人生的竞争说到底就是人格的竞争、品质的竞争,只有健全的人格才能让学生在人生路上走得更远,走得更好。

"走得出"+"走得远"的教育,才是真正体现素质教育要求的教育。就两者关系而论,就行动表现先后而言,"走得远"是建立在"走得出"的基础之上的,特别是来自农村的寒门学子,如果没有走得出的成绩和分数,他将基本上没有走得远的可能。对宏志生而言,勤奋刻苦就是他们摆脱贫困的法宝。解决"三农"问题,仅仅着眼于金钱与物质的补给或政策的倾斜是远远不够的,把农民的孩子培养好才是根本的办法。但这"好",决不能停留于成绩好与分数高,因为人才的造就,决不是一个分数和成绩所能决定的。

学校教育在考虑让学生"走得出"的同时,必须伴有使学生"走得远"的考量。教育不能只顾学生眼下这"一阵子",而要考虑学生长远的"一辈子"。应结合每个学生的个性发展,在相应的年龄阶段,给予其适当的教育,学语言在幼儿园、小学,学思想品德在中学阶段。过度、过滥的训练淹埋了教育的灵魂,淡化了科学训练中应有的教育陶冶功能。

记者在采访黑龙江高考理科状元哈师大附中学生徐峰时发现,最让人印象深刻的不是他712分的成绩,而是他的老师、同学谈起他时都会重复的一句话:"他身边的人,没有谁没得到过他的帮助"。快乐生活,快乐助人,学习中的徐峰从来没只顾自己埋头读书,他不仅乐于帮助同学解答学习上的问题,还能细心地发现同学的学习情绪,并主动跟他们谈自己的学习体会,介绍考前如何放松心情的方法。这样一个慷慨而快乐的人却在生活中遭受了很多的磨难和考验。母亲下岗,父亲每月只有800元的收入,去掉300元房租,全家每月生活费只有500元。为了节省买教辅书的钱,他步行到书店看书,一看就是几个小时。租的房子只有12平方米,分为客厅、卧室、厨房兼书房,为了不影响辛苦工作的父亲的睡眠,他每天晚上10点前就必须睡觉。

面对如此艰辛的生活,徐峰做到了勤奋刻苦,但更为可贵的是,在这样的年龄,有这样的经历,他还能做到用阳光般的心情对待每一天、每一个人。在他看来,如果高考他取得了一个小胜利的话,他就胜在他的良好的学习品质和永远心怀希望的乐观精神上。

徐峰的健康成长无疑是一个成功的教育案例,我们可以充分相信,他是一个既走得出,也走得远的学生。然而"马嘉爵"事件不应该被我们遗忘,"我爸是李刚"的口号也赤裸裸地突显了教育的苍白,还有太多太多鲜活的事例给了我们深刻的警醒:很多学生成功走出高考,但人生之路还未走远即已迷失方向。

这更提醒我们教育工作者:我们的教育应该多一些"品格教育",培养学生自律、守信、谦虚、礼貌、尊重等基本品格;多一些"爱心教育",教会学生懂得爱,学会爱自己、爱他人、爱集体、爱家乡,并进而升华到爱祖国、爱民族、爱和平;多一些"个性教育",培养学生的竞争意识、抗挫折意识、正确的消费意识等,让学生形成对事业充满信心的正确心理。有了这样温和健康的土壤,我们才能培养出一个个面对困难永不言败,面对生活的磨难常心怀感恩的优秀毕业生。他们会带着阳光般的心情上路,他们也一定会走得更远……

附:案例一

每年暑假,《钱江晚报》都要组织"宏志精神报告会"。宏志生汤阳(化名)考上了国内一流大学,自然也在受邀之列。

那天,学校派车,高三年级组长带着汤阳等六位宏志生去浙报大楼。在四楼的会场里,已经坐满了学生和家长。主持人一一介绍主讲嘉宾,当介绍到汤阳时发现,刚才一起乘电梯上来的汤阳不见了,主持人灵机一动说,他在隔壁的办公室准备发言稿。

带队的年级组长马上四处找人,没有找到。我接到电话后,匆匆赶往现场坐在最后一排,写了个条子带给报告会主持人。最后一个轮到汤阳发言时,主持人说,汤阳因家里有急事赶回家了,我们请来了省内首创"宏志班"的陈校长,请他谈谈什么是宏志精神,如何学习宏志精神。

救场回校后,我来到教导处。见我走进去,有几位教师愤愤不平地说开了:"这个汤阳,一点感恩心也没有。""这种场合,怎么可以不辞而别!""他以为自己是天才,没有学校教师的辛勤付出,他哪考得上这么好的学校。"我连忙心平气和地请大家都别说了:"幸好事情发生得早,汤阳之所以会这样做,说明我们的教育还有问题,我们还欠他高中的最后一课。"

我找到了汤阳的班主任,告诉他,下午和我一起去汤阳家(离校150多公里的乡下),坐在门口等着他回家,想以此之举为他补上最后一课。

下午临出发前,班主任告诉我,汤阳找到了,在他姐姐打工的住处。

汤阳来到我办公室后,我先给他倒了一杯水,之后我们两个人进行了一次单独的交流:

"首先祝贺你录取在国内一流的顶尖大学!从严格意义上讲,你是一名毕业生,一位校友,我很期待有这么一次沟通交流的机会,很想听听你在毕业之后对母校工作上的建议和意见。"

"谢谢校长!今天的事我错了。可你们为什么要打电话到家里去找我?"

一上来就以攻为守。说着就哭了,还边哭边说:"你们知道吗?我妈妈她这么热的天,还拄着拐杖在地里干活。"

"你是一个很懂事,有孝心,有感恩心的孩子。但这里有一个基本的逻辑关系要先理清楚。"我一边给他拿面巾纸,一边说:"你是报社请去做报告的,一转眼人不见了,我们当然很急,是否已经回家了?还可能去哪些地方?这些都要向你父母有个交代。我们知道打了电话之后你的父母会着急,但如果你不径自走掉的话,我们会打这个电话吗?"

当意识到是他自己的过错造成了父母的担忧,汤阳哭得更厉害了。

"我们先不论对错。现在,你能告诉我为什么临阵不辞而别吗?"

"在去会场的车上,老师看了我的发言稿,说我写得不够好。我想既然还不够好,就不讲算了。"

他说出了这样的缘由,是我所没有想到的。我想他应该是角色定位上出了问题,潜意识里把自己与××大学的学生等同了起来,无形中自己提高了发言的要求,觉得要比其他学生讲得好才行,加大了自己的压力。时间上又来不及重写,又不好意思说出内心的真实想法,于是就选择了临阵脱逃。

"你想自己的发言能够说得比较完美、精彩,这是有责任感的表现。但你觉得下面的学生与家长今天来到现场最想听的是什么?"

停顿了一段时间后,汤阳说:"是我们宏志生的宏志精神。"

"这就对了。他们最想听的,就是你们平时生活、学习上是如何克服困难来体现宏志精神的。只需用朴素、平实的语言来表达,用所经历的自然、真实的事件来现身说法。你的角色定位就是一名宏志生,对大多数学生听众来说,就是一位学长。"

他叹了一口气说:"我想得太复杂了。"

"会场里来了那么多的学生与家长,据我所知,有些还是冲着你来的。你也确实有很多生活上朴素将就、学习上刻苦坚韧的例子可以讲。报纸上登了今天报告会的消息,现场主持人一一介绍了,你这一走,这么大的一个场面,如何收场呢?"

他又叹了一口气说:"我想得太简单了。"接着又是泪如泉涌,我想这应该是感到内疚的泪水。

我紧追不舍:"这岂止是简单,本质上应该是一种自私。因为你只考虑到保护自己的名声,尽管显得有些盲目,而没有考虑到自己的行为带给别人的感受、造成的社会影响。而且,事先我们征求过每个发言者的意见,既然答应了,就要有责任感,就得履行自己的承诺。"

至此,汤阳对自己的问题,有了初步的认识。

"上大学的准备做得怎么样了?经济上的困难怎么办?"

"谢谢校长关心,我存了5 000元钱,我想第一学期的学费可能够了。"

"你哪里来的存款?"

"这几年从学校发的生活费里节约下来的。"

我感到一阵心酸。其实,与发给宏志生每月300多元生活费相比,更重要的我们是要到餐厅去看看他们的真实生活。在这方面,我们已经做了一些,看来还是不够。每年高考后,我们都会依托社会热心人士和企业,给部分特别困难的宏志生安排好结对资助。汤阳自然也需要这样的帮助。

"你认为进入大学,需要做哪些准备?"

也许他意识到了我话的分量,只是说:"我还没有开始读,校长你说吧!"

"物质准备,看来你还是需要帮助,我们一定会安排好资助的,今后是否需要回报,怎么回报,那是以后的事。知识准备,高考已经为你作了证明,即使有偶然性,基本上还是没有太大问题的。精神、心理上的准备,具有一定的神秘性和不可言说性,从你刚才看似矛盾的'我想得太复杂了'和'我想得太简单了'来判断,好像这方面的准备还是有所欠缺的。"

简短的停顿,得到了汤阳认同的眼神之后,我接着说:"要找准角色定位,展示真实的自我,不要回避、逃避、掩饰,那会很累,不真实。每个人每天都会在生活、学习、思想、心理上遇到问题,人总会有成功和失败,关键是要冷静判断,理性思考。人在成功的时候的喜悦兴奋和失败的时候的痛苦煎熬是需要用'大德'、'厚德'来承载的。你是生活上的强者、文化考试的胜者,说明你在生活与学习上具备了较强的承载能力。而一个人的力量,他是否真正强大,能够走多远,主要取决于他的精神、心理上的承载能力。"

"很多时候,我想找您说话,但总是不敢,因为您是校长,您太忙,今天您说的,我都明白了,也都记住了。希望今后能够更多地给我指导。"

两个小时的谈话,很多时候我在不断地给他递面巾纸。我只是希望他从内心里接纳自己,抬起头来做人,希望他在精神心理方面有所提升,让精神能够与生活、学业一样强大。当然,我更希望我们所有的学生能够做到生活、学业、思想、心理同步成长。在走出高中校门之后,能够走得更远。

附:案例二

我来自建德,今年高考成绩文科608分,已被中央民族大学录取。

从很大程度上说,我的成长过程是一部精神奋斗史,将血肉赋予文字,是这本书的最大特色。翻开这本书,细细品味其中的故事,虽是悲苦,却也幸福。在血与泪的交汇中,始终有一种力量,或震撼人心,或发人深省,或催人奋进。如果说言语是心灵的表露,我的奋斗史则是我内心深处最耀眼的火花。它驱散了黑暗,伴着我在人生之路上前行,前行……

我是个不幸的孩子,刚出生就被父母遗弃在马路边。我的养父,从未结婚成家过,含辛茹苦、饱经风霜,花了毕生的心血,将我拉扯长大。从小我们俩就相依为命。养父是我在这世上唯一的亲人,其实在我心里,早就把他当成自己的亲生父亲了。如果不是他好心收留我,并细心地扶养我长大,或许我会永远成为孤儿,永远流落在自己的孤岛上。

父亲对我疼爱备至,他把所有的爱都倾注在我身上,为了供我上学,他离开了相对繁华的县城,回到农村,耕地种菜,过着艰苦而朴实的日子,为的是节省开支。他自己总是省吃俭用,终日粗茶淡饭,就连摔破了的脸盆也补了好几回继续用。父亲曾经告诉我,自己只有这么一个女儿,如果因为经济困难而使我辍学,他就会觉得自己罪孽深重。父亲在乡下受了不少委屈,爷爷的脾气不好,经常对他横加指责。他告诉我我功成名就之时就是他出头之日。正是因为这份伟大的父爱,我在学习上更加刻苦。对我来说,能够完成父亲的心愿,比什么都开心。

爱是相互的,这对于每一位子女及家长都很重要。除了学习之外,我会帮父亲料理家务。此外,我还要完成一项特殊的任务——与父亲沟通。在这个贫寒清苦的家庭中,没有什么比这更能带来温馨了。当父亲被生活负担压得喘不过气的时候,最需要的就是我与他之间的交流了。通过谈话,我明白了他的心事,也深深地体会到了他内心的失落与无奈。

造化弄人,父亲辛苦了半生,在还没享受到任何清福的时候,不幸降临到他身上了。一场无情的车祸,夺走了他的工作能力,夺走了他的朝气,留下的只是他头上那几缕灰白的头发,那不是岁月的印痕,而是身心疲惫在他外表上留下的最明显的标志。想当初,父亲外出打工,赚钱养家,虽然劳累,倒也自在,毕竟他还是个有用的人,而现在,他却只能空闲在家,忍受时光的煎熬,经受最残酷的考验。经历这一变故,父亲似乎变了,变得不爱说话,有时脾气也很不好。

那时的我非常镇静,经过家庭磨难、生活变迁,我学会了勇敢,学会了在困难面前崛起。生活越艰难,命运越坎坷,我就越不能被打倒。我没有选择逃避,而是为自己制定了一个标准,一个为人子女所应有的标准,并努力奋斗实践,努力地实现着。在父亲的孤独与失落无法排遣的时候,我会耐心地做"解铃人",在他脾气不好的时候,我会选择倾听,倾听他的不快乐,就这样,不由自主地进入他的感情世界。我一直认为:父亲心中的怨气,能发泄出来,是一件好事。难得他有这样的机会,难得我有幸成为父亲唯一发泄的对象,更是难得,有时他会主动向我道歉,得知我不介意之后,欣慰地笑了。其实我这样做的目的很单纯:我不想父亲活在过去的痛苦里,我要让他活在现在,并充满信心地展望未来。我要父亲明白,生活其实很美好,只要他愿意和我坚强地走下去,手牵着手,互相搀扶着,就算父亲失去了一切,至少,在他的生命里,还有一个我。

时间,无尽的时间,沉重而又深邃,我一直等待着父亲,也期待着自己,一起跳出生活的表象。终有一天,父亲明白了这样一个道理:"自己的付出虽然没有得到物质的回报,却可以得到精神的愉悦",而这种愉悦来源于我。他人生之中第二次转变由此开始,他抛下了心中的包袱,人也乐观了许多。无论我走到哪里,我与父亲之间总有一根无形的线,把我们父女俩连在一起,它使我们祸福与共,情感互通。随着时光的流逝,这根线没有越来越松,反倒越来越紧了。

经过坎坷,前方就是坦途了。我的人生反复交替着幸福与灾患,我因此学会了生存之道——要幸福,就必须要勇敢,而真正算得上勇敢的人是最懂得"适者生存,不适者淘汰",并以此勇往直前,敢于承担未来所发生的任何事的人。我怀着一颗感恩的心,感谢命运,让我拥有一个如此尽心尽责的父亲。父亲为了扶养我长大,不知花了多少心血,我不能让他再伤心难过了,绝对不能!养育之恩,无以为报,但作为子女的我必须去尝试。

父亲最大的心愿就是我能读好书,做好人。父亲的教诲,我时时刻刻都带在身上，珍爱备至。我经常会对我的未来充满美好的幻想，父亲就会提醒我预知未来，不如把握当下，要把握住生命中的每一分、每一秒。我做事一向遵循父亲所说的"一丝不苟"，不管我做任何事，拿出150%的努力，尤其是在学习上，像我这种家境的人，读书是一条出路。父亲没有权势，没有金钱，但他却给了我最完美的亲情。在我的漫漫求学路上，这份父爱就化作了和风细雨，呵护着我，使我有巨大的精神动力走下去。

青春所撒下的种子往往比较单薄，年轻的我经常会对眼前的困难估计不足，多了份跃跃欲试的冲动。进入"宏志班"学习，注定是我人生之中的一次转折。在这儿，我内心的许多想法走向理智并日趋成熟。同学们都非常刻苦，我们常常坐在教室里学习，互相探讨，互相帮助，有时争论了半天，个个面红耳赤，最后虽仁者见仁，智者见智，但我们实事求是、勇于质疑的精神已是问题给予我们的最大收获。仅我个人而言，在学习上定期设定自我的目标，努力去达到，是做到自我承诺、自我实现和自我肯定的最佳方式，也是我学习过程中的最好途径。学习必须付出汗水，才会有收获；学习更需要执著，才会有回报。执著与放弃一直都在赛跑，在许多场合下，放弃会比执著跑得快。只有意志坚定的人才愿与执著一起，做自己的主人。执著是种精神，更是一门艺术，大凡在学习上有成就的人，都不会轻言放弃，永不放弃自己制定的合理目标，永不放弃自我。不因为追求美好的东西而选择奢侈，放弃朴实奋进的岁月；不因为眼前的困难而选择懦弱，放弃坚忍不拔的意志。

仁爱比智慧更重要，这句话对老师和同学们都适用。在"宏志班"，我们彼此以仁相待，共同营造了这个温馨和谐的大家庭。在我生病的时候，一个短头发大眼睛的女孩子蹲下为我系鞋带，她的动作简单而又干脆，但带给我的震撼何止这一瞬间呢？毕竟我们认识才不到几天。上课时，我们和老师目光交汇，知识的交流自此开始；下课时，我们聚在一起，聊聊天，互通有无。在这样一个大家庭中，怎么可能失去创造和生活的勇气呢？

老师的汗水，在我们身上，化成了一份份的灿烂。每当下课时，看着老师袖口上厚厚的粉笔灰，心中都有一份莫名的感动。白色的粉笔灰，仿佛暗暗透着雪白的光，照亮了每一位学子的人生之路。老师用三年的辛勤劳动谆谆教诲，换取了我们的成长。老师的关心是无微不至的。当有学生生病时，老师会亲自送他去医院,细心照料,如同对待自己的儿女一般;当有学生碰到困难时,老师会主动与他交谈,将心比心,如同自己的朋友一样;当我们心系故土,思念亲人之时,老师会为我们举办集体生日,留下最完美的记忆。

社会各界,企业的关爱和帮助,使我们能顺利完成学业。我即将跨入民大(中央民族大学),并逐渐走进社会。我将心怀感恩,以一份强烈的责任感做好社会事务,就像我认真地完成自己的事务一样。

或许,许多东西我无从选择,低微的门第、贫寒的家境、痛苦的遭遇,但命运的车轮是掌握在自己手上的,我可以选择的还有很多。自信、爱、正直,都是身上最宝贵的财富。生活是水,门第、家境、功利只不过是杯子,别老盯着杯子,我们需要的是水,而不是杯子。

相信有一天,我的坚毅与自信会化为一柄利剑,帮助我穿透层层束缚,让我的生命破茧成蝶。我将带着宏志精神上路,走过晴天,走过雨天,走进美好的人生。

首届宏志生51名学生中有43名上了重点大学,在他们大三第一学期结束回校过集体生日的时候,我曾经问大家:"是否有同学打算继续出国深造?"当时没有一个学生举手,我知道,他们的手举不起来,多半是因为被出国的费用捆住了。我当即表示,如果有同学有出国深造的想法,学校将尽力给以资助。

在他们大四的时候,浙江大学就读的金鹏同学,获得了硕博连读的保送机会,但他婉拒了,并表示如果要读研,就自己考。我猜想,家境困难是主因。不久,金鹏同学在本校考研中考取了,但他连录取通知也没拿,就回到当地招聘他的电力公司上班去了。这进一步证实了我的猜想,他需要参加工作,获得工资来支撑在生活上已难以为继的家庭。

冯敏读完中央民族大学后,准备去法国深造。对方要求马上交八万元人民币,接到冯敏的电话后,学校就从宏志经费中资助了八万元。对于正常的家庭来说,出国读书是一件大事,必定要做很多的准备。但冯敏一个人在北京,也就把自己读大学的那点"行头"整理一下出发了。此后两年,一直没有她的消息,她在那边过得怎么样?生活费用从何而来?能够支撑下去吗?尽管也许她会有很多的牵挂,也一定会遭遇难以想象的生活困难,但我相信,凭着她强大的精神意志,一定能够顽强地沿着她自己认定的道路走下去。两年后的一天,趁着回国实习的机会,冯敏来到了学校。在我办公室的时候,我问她:"八万元交了学费以后,你的生活怎么过呢?这两年,你一定吃了不少的苦吧?为什么不给我们打电话?"冯敏眨巴了几下眼睛对我说:"校长,这两年在法国的生活,我们今天能否不谈。"其实,在这有意的回避中,我已经知道了答案。时至今日,每念及此,总会有很多的心酸,这些孩子们受苦了。但我坚信,他们是能够排除万难,走得更远的。

8.

善待学生，乃为师之底线

中小学教育是一项公益性的事业，面对的是未成年的孩子，是有待发展的人，未成年人的特点是情感脆弱、思想单纯、经验缺乏。他们认识肤浅、行为冲动、自制力较差、自以为是、向往成人的生活，容易犯错误。面对学生的错误，教师的批评、指责、恨铁不成钢的情绪，就会引起学生的反感、抵触和对立。"问题学生"也往往由此产生。他们不仅需要教师的尊重、理解、宽容、指导和帮助，而且需要一种精神上的抚慰。作为教师，唯有用善良去对待学生，才是对学生的最基本的保护，也是为师之底线。

善待学生，从何做起？我认为，善在尊重、理解、信任、帮助。

一、善在尊重

作为教师，首先要尊重学生的个性，接纳学生的差异，要对生命有一种敬畏感。尊重学生，就是要把学生放在与自己对等的位置，就是要公正公平地对待每一个学生。教师也许在知识储备和人生经验上胜过学生，但师生在人格上都是平等的。经常看到这样的描述：看见一只小鸟受伤，如果你不能治疗，那么把它轻轻放回原野，也是一种善良。对于教师来说，给学生一个反省纠错、自由成长的空间也很重要。学生犯了错误，内心很受伤，我们是否能不那么盛气凌人呢？是否能仍然给予足够的尊重呢？是否也能像对待小鸟一样"放回"学生呢？只有教师尊重学生，关心学生，朝夕相处的学生才能感到放心，感到安全，感到舒适。教师大多是大学毕业生，都有一条自己认为的成功道路，也总会不自觉地强行要求学生来走自己走过的那条路。只有教师用更宽泛的维度与深度来看待学生的成功，学生才能感受到成功的快乐。教育应保证学生"最大化差异，最小化差距"。

二、善在理解

最为重要的就是设身处地地站在学生的角度思考问题，体谅学生。就如爱因斯坦所言："对于我来说，生命的意义在于设身处地地替他人着想，忧他人之忧，乐他人之乐。"理解学生，就是要从学生的纯净简单出发来看待问题，从学生的见识阅历出发来把握问题，从学生的稚嫩脆弱出发来思考问题。理解学生，就是要明白学生不是仅仅就学你所教的一门学科，他们每天都有五六门课程要应对。理解学生，就是要宽容学生的过错，对于学习而言，出错是常态，学生都是在失误中成长的。蒙台梭利说："儿童是成人之父。"教师都曾经是学生，有的教师的子女也在经历学校的学习阶段，理解学生就像体谅自己，体谅自己的子女。

三、善在信任

作为教师，必须坚信，每个学生都是希望自己成功的。如果有的学生"破罐子破摔"了，也许那是因为暂时没有找到走向成功的路径，因为家庭的突然变故，因为受到了老师的轻视。必须坚信，每个学生都是有可能成功的。人的潜力是无穷的，每个学生是一座有待开发的金矿。心理学认为，通常情况下，人被开发的潜能都没有超过10%。教育是一项充满理想的事业，教育是慢活，需要等待，在等待的过程中，不要过早地给学生下定论。这种主观的判断与结论，对学生的伤害是巨大的。当下教育很不好的一点就是对待学生有整齐划一的要求，总是在改造着学生以适合教育，适合教师，而不是改变教师自己，改进教育的内容、形式、方法来适合学生。既不给学生时间，也不给学生空间，说到底是功利意识在作祟。其实，学生将来是各行各业的人才，他们中有很多人也许某些方面比教师更优秀，作为教师，完全应该放下身段，欣赏和信任学生。

四、善在帮助

我曾听到过这样一种逻辑：办人民满意的教育，就是搞好升学的教育，就是帮助学生提升高考成绩。在我看来，这就是搞教育的人以不懂教育的人的满意度为标准，是教育人的自我降格。因为大多数家长毕竟不搞教育，他们会急功近利，只关注眼下的分数，而忽视了培养孩子一生的为人。孔子倡导的"六艺"是"礼、乐、御、射、书、数"。韩愈说："师者，所以传道授业解惑也。"教育有它自身的"道"。我理解的教育之道就是两条——人的身心发展规律和教育教学规律。人的生存不同于物的存在，学生每天在思想、学习、生活、身体、心理等多个维度上同时生存，学习只是其中的一个方面。善于帮助，就是要在德、智、体、美各个方面的全面引领；就是要在思想、学习、生活、身体、心理等多个维度上全面关注；就是要在学生出现各种的问题时，既不急躁，不武断，不主观，也不纵容，不姑息，不放任。教师要善于观察，把握学情，在了解学生的基础上因材施教。好胜心强的学生要"激"，脾气鲁直的学生要"压"，个性鲜明的学生要"忍"，内向落后的学生要"扶"，性格拖沓的学生要"推"。孔子弟子三千，贤人七十二，对不同类型的学生有不同的教育方法，在不同阶段有不同的手段，这是帮助学生的最高境界。

作为一名教师，要创造出惊天动地的业绩也许会有困难，但做一个有爱心的善良的人还是人人可及且完全应该的。坊间有言："马善被人骑，人善被人欺。"那只是对人生一时一事的肤浅的理解，被欺、欺人、自欺是一个辩证的过程。老子曾言："上善若水，居辱得宠。"从科学的角度讲，有人在实验中让几十个人观看一部能引起同情心的电影，然后进行检查。结果所有人的免疫功能都急剧上升了。人在受到善的撞击时，常会感到一股暖流沐浴全身，从而加快气血流通。善良心态，似柔和之水，养育人之腑脏，改变人的内在机制。从佛教禅学的角度讲，心地善良的人，能保持枯静的心理，从而能接受到宇宙间的良好信息，与天地整体和谐运动，得到照应。善待他人，尊荣益寿。

都说教师是人类灵魂的工程师，那么，我们更有必要静下心来听听伟人们有关灵魂的箴言。卢梭说："善良的行为使人的灵魂变得高尚。"雨果说："善是精神世界的阳光。"罗素说："在一切道德品质之中，善良的本性在世界上是最需要的。"在我看来，如果说爱是教育的基础，那么善是爱的基础。善生爱，善养生，善铸魂。

9.
管,是为了不管

对于未成年的中学生来说,面对如何为人、怎样求知这些问题时,他们总是不免茫然。班级正如承载莘莘学子徜徉学海的渡船,而班主任则是这艘船的领航者。这么多人因为求学聚集在一起,在一定的关系内活动,难免在集体中会出现许多问题,思考如何组织、引领学生达到理想的目标是班主任的职责所在。

一、班级管理的概念

当人们以某种关系联系在一起为了某个目标而行动时,管理便随之产生。可以说管理伴随着人类历史走过了漫长的春秋。古往今来,统治者治理国家需要管理,将军带领士兵需要管理,老师教育学生也需要管理……管理其实就是在社会组织中,为了实现预期的目标,以人为中心进行的协调活动,它包括4个含义:(1)管理是为了实现预期目标而产生的活动。(2)管理工作的本质是协调,协调各种关系以实现最优配置和最大功效。(3)管理工作存在于组织之中。(4)管理工作的特点是对人进行管理,以便使组织有效、高效地运转。由上可知,管理的对象是人,管理的目的是为了达到预期的目标。

在教育领域,学生按照某种性质而被组织起来施以教育,班级就是这种组织。它是学生在校生活的基本单位,也是促进学生成长的正式组织之一。对这些以班级为单位的学生群体的管理就是班级管理,它是以班主任为主的教师以育人为目标,有计划、有组织地对学生施加影响,进而促进学生朝着这个目标迈进。班级管理作为管理下属的一个门类,有着和管理同样的追求和宗旨,即按照社会的要求和管理的规律对班级中的各种资源进行有效配置和合理利用,力求以最少的投入获得最大的产出。然而,效率不是班级管理的唯一追求,更不是根本追求。班级管理的根本追求最终是要回归到培养理想的人这一目标上来的。普通的管理一般是以人为对象,通过对人的管理,来实现一定的物质利益。而班级管理的对象是人,目标也是人,是为促成人从一种状态到另一种更佳状态的转变,这正是其特殊性所在,因而班级管理不能简单地套用一般的管理模式来治理学生。

二、班级中的管与理

据考证,"管"字在我国古代原意为一种管乐,如"箫管备举"(《诗·周颂·有瞽》);此外还有"钥匙"的意思,如《周礼》云:"司门掌授管键,以启闭国门"。又如《左传》:"郑人使我掌其北门之管"。后来逐渐引申为管辖、管制、主管之意。"理"字本意是指玉石内部的纹路,后引申为顺着玉石内部的纹路切割玉石,如《战国策·秦策三》曰:"郑人谓玉未理者璞"。再后来又引申为顺着事物的内部道理做事。由于"管"与"理"二字意思相近,且又分别从不同侧面反映了人类一种共同的社会活动,于是,后来人们逐渐把这两字合为一词使用。然而值得注意的是,正由于"管理"一词是由"管"与"理"二字构成,两者在管理中的侧重点也有所不同。"管"主要在于约束、限制,强调要遵循规范与制度,监督人们按照规范或制度而行;"理"是遵循规律、道理干预人内心的行为。"管"与"理"的区别在于"管"注重外在行为的规范和约束,而"理"注重内在心灵的干预和影响。在班级管理中,"管"重形的改变,需要班主任大量时间的投入以及高度的责任感;"理"重神的塑造,需要班主任找对方法,发挥智慧。既然管理由两者构成,两者都是协调人的活动,则在管理之中皆可运用,如何择取两者在管理之中的比重是了解管理之意后随之而来的一个问题,同时班级管理的特殊性让教育工作者在面对这个问题时需要有更加细致的考究。

三、班级中管与理的比重

传统的管理模式多采用"胡萝卜加大棒"的方式,即用把严厉管制和利益相结合的方式来激发出员工的高效行为,这种管理侧重于管。但正如前文述及,班级管理是管理人、成就人的特殊管理,其管理模式必然不能刻板地照搬企业管理模式。为了学生的发展是班级管理的最终旨归,那么班级管理中更需要人文呵护和人文关怀。曾有一位老师为了管理班级里几位打游戏成瘾的学生,用尽各种方法,如让学生写保证、写说明、请来学生家长等,仍无效果,于是和家长商定如果学生打游戏被发现就罚钱。这位老师的这种方法虽然在短时间内取得了效果,但也引来了许多质疑的声音。因为这种管理侧重于管,治标不治本,学生并没有真正认识到沉迷游戏是不可取的,如果教师的罚钱措施不复存在,学生极有可能旧病复发,甚至变本加厉,同时还可能带来其他的负面影响。

单纯的管只是让学生不敢,而非不想。我们知道,人的有意识的行为要经历认知、情感和意志等体验。这个转变学生知情意的关键则是理的介入。这并不是意味着管的行为就得全面撤出教育领域,而是两者要依据学生的身心发展规律平衡其在管理中的不同比重。正如孔子所言:"中人以上,可以语上也;中人以下,不可以语上也。"(《论语·雍也》)意思是具有中等以上才智的人,可以给他讲授高深的道理,在中等水平以下的人,不可以给他讲高深的道理。人的智力从出生到青年呈现出不断上升的趋势,即在不同的年龄阶段,学生的心智水平是不一样的,这是一个不争的事实,管理需"因材施教"。此外,在同一个班级里学生的心性与个性也不一样,因而班级管理中管与理二者更不可偏废。

一般来说,班级中"管"多时,班主任对班级拥有绝对的控制权,大小事务几乎是班主任说了算,学生只能跟着班主任的思路走。虽然班级在班主任的掌控之中有利于问题的发现,班级看起来统一、同一,然而"管"多容易压制学生的独立思考能力和阻碍学生创造性的发挥,同时也容易出现师生对立情绪,使双方关系紧张。管注重外在的形的改变,然而这种改变是因为管而存在,如果管得少了,问题可能还会出现,班主任的约束只是当场管用,无法延伸触及到班级之外的行为。除了观念层面以外,人的精力总是有限的。管多则理少,理的比重下降,往往造成班内的隐性问题得不到解决,特别是缺乏用理来引导学生心智发展以及促发学生对深层次问题思考的乐趣,学生的精神成长必然缓慢。相反的,如果班级中"理"多"管"少,则班主任擅长从学生的心理入手,动之以情,晓之以理。由于和学生及家长的沟通及时,与学生和家长的关系也会比较融洽。然而对于缺乏意志的学生而言,班主任的对策往往也容易一厢情愿,脱离实际。

同时,管得少了,对于缺乏执行力的学生而言,即使是很有道理的想法也会在现实中被消磨,最后教师良好的愿望和期盼也会慢慢落空。这样班主任对班级的管理只会宽松有余而严格不足,期望美好但终难实现。

四、班级管理的三种类型及其思考

经过长期的对班级管理的审视,我发现,不同的管理风格与学业成绩之间的相关性,大致可以分为以下三种类型:类型一:相对严格,"管"得较多。学生适应了严格的管理,精力都能集中在学习上,这类班级往往平均分比较高。类型二:相对宽松,以"理"为主。学生服于班主任的人格,主要精力都在学习上,这类班级往往尖子生比较多。类型三:严而无"格",学生抵触情绪较大,或者宽而过松,学生精力不够集中,这样的班级是没有什么指望的。

我们的传统文化认为:"养不教,父之过;教不严,师之惰。"为了适应我们的教育管理传统,以及小学、初中、高中之间的管理衔接,班级从管中起步是必要的,尤其在接手一些乱班的时候。但在形成基本规范之后,一定要及时转型,学生要靠内在驱动、文化引领从他律走向自律,从被教走向自教,从"人管"走向"自管"。可怕的是管之有效后,有的老师会思维定势,又受到功利驱动,视"管"为灵丹妙药,教师主导,简单易行。一味地管,是管不出健全的人格来的。

总之,不论是管多理少还是管少理多,班主任都需从管入手,才能初步建立起班级应有的规则,先管后理,才能从"管"中发现问题,进而在"理"中作出补救。此外,管与理最重要的是要根据学生身心发展的特点来择取不同的比重。学生的发展呈现出连续性和阶段性的特点,在学生年纪尚小时,许多行为不规范,此时可适当加重管的比重。随着年龄的增长,身心逐渐成熟,教师可提升理的比重。高中学生处于价值观、人生观发展的关键期,理的比重应当上升,才有利于促进学生精神的成长,直至最后不需要"管"的存在。诚如陶行知先生所言:"教,是为了不教。"我想,我们"管"学生的最终目的,也就是为了不管。

10.

做一名智慧型班主任

"选择学校,不如选择一个好的班主任。"此种观点,道出了班主任工作的重要性:对学生而言,班主任的影响常常延及终生;对家长而言,班主任是其首先接触的教师代表;对社会而言,班主任的形象常常是评价一所学校好差的直接根据。班主任工作,是学校教育的门户。班主任管理的水平,是教育质量高低的集中展示。要提升教育,完善当下的班主任工作是重中之重。

班主任因班级而存在。而班级,或班级授课制,从其诞生之日起,就是优势与劣势并存,长处与缺陷共生。将学生按大致相同的年龄和知识程度编成班级,教师按照各门学科教学大纲规定的内容和固定的教学时间表进行教育。这样的教育形式对普及教育、扩大教育规模、提高教学效率有着极大的优势,而且对学生而言,彼此间程度相近,学习内容相同,易于互相讨论、切磋,有利于发挥集体教育的作用。但是这样的教育形式,难以适应学生的个别差异,不利于发展学生的个性与独创性。教育是宏观的,而学生是微观的。宏观教育的提升,最终必定有赖于微观的一个个教育个体的改变。班级管理,就是连接这两头的桥梁:宏观与微观都要兼顾,而不能有所偏颇。

一、班级管理的常见问题

既然班级是连接教育宏观与微观之桥梁,班级管理就应努力提升管理品质,同时顾及两者发展,以实现两者价值的最大化。但在现实中,班主任在班级管理中常常顾此失彼,出现各种各样的管理弊端。

(一) 重共性轻个性

在班级管理中,常会出现过于重视共性而忽略个性的现象,比如共性要求多,特色活动少;统一指导多,个别谈话少等等。班级授课制的特点,本就有利于共性上的操作,有利于规模化的活动,而容易忽视个性问题。这是教育目的上的不周全。

教育具有两大目的,一是为社会服务;二是为个体服务。教育必须要促进这两者的发展。重共性而轻个性的问题,实质是更关注为社会服务的功能,而忽略了为个体服务的方面。此类问题的极致就是教育的"目中无人"。

(二) 重知识轻人格

当今许多班主任在管理学生时,常常是学业要求多而做人指导少。这是教育重知识轻人格的体现。

人的发展,在某种程度上就是人格的发展。健康的人格,是一个人能否幸福生活的关键所在。因为人格是个体内在心理系统中的动力组织,它决定着人适应环境的独特性。人格一旦偏离正常,人就会形成较为固定的异常行为模式,这种模式显著偏离特定的文化背景和一般认知方式(尤其在待人接物方面),导致其社会功能和职业功能的明显受损,造成其对社会环境的适应不够。这种适应不够的行为模式一旦形成,很难矫正,仅少数人能在成年后有着一定程度的缓解。人格障碍通常开始于童年期或青年期,并持续发展至成年或终生。故,人的一生,什么都可以通过日后的继续教育、终生教育来加以弥补,但只有一样东西是在18岁以前必须被教育好的,这就是人格。

人格不是知识、技术的积累,而是包含习惯、倾向和情操的组织系统,作为一个整体而存在。也正是这一组织系统才把群体中的人与人区别开来。知识和技术仅仅只是其中的一小部分,而不是全部。若把局部当作全部来对待,尽管不一定造成人格障碍,但至少会在某些程度上阻碍人格的发展。

学生是处在发展中的人,思想、学习、生活、身体、心理各个方面将综合地作用于人,过于关注成绩,成绩反而上不去。这也是当下学生最大的悲哀:几乎所有人(包括他自己),都把成绩看作是唯一重要的,而这唯一重要的方面恰恰又不怎样,于是生活是一片灰色,看不到希望,更没有激情。人生的大厦如果只有一根柱子来支撑,那是非常危险的。在投资中有一句话是"不要把所有的鸡蛋都放在同一只篮子里",免得篮子倒了,所有的鸡蛋都可能碎掉,理财尚且如此,生活更不用说。

(三) 重责任轻爱心

重责任轻爱心也是班主任工作中经常出现的问题。比如在校时间多,到班时间少;为了完成学校交给的任务多,工作中真情赋予少等等。一旦爱心不足,教育就会变得冷漠。

爱与责任是人类道德的两大基点,也是教育的两大基石,缺一不可。爱是个体对自身及其外部世界的一种关怀,具体表现为理解、关心、体贴、呵护、帮助、给予、宽容等等。有了这种关怀,就不会为了回报或所图而进行利益算计。对教师而言,有着"爱生如子"的情怀,就能够把学生的发展放在首位,就不会只爱学生的聪明、高分、长相好等条件,也不会看重家长的权势、地位或金钱。

责任是个体对外在社会规定与内在自我要求的意识与行为。责任的外在社会规定,即特定社会对个体的思想和行为的规定,这是由人类社会的群体性质决定的。内在的自我要求,即个体由于自身发展的需要与对善的追求而对自己提出的规范与要求。真正的负"责任",必是外在的社会规定和内在的自我要求的统一,这种统一,常常以爱为基础,同时又能加大爱的深度和广度。责任不仅仅是一种外在的社会规定性,更是一种内在的自我规定性。而爱,就是这种内源性的关键力量。爱,是对对方的关注和负责;爱,是在别人需要的时候承担自己的责任。

由此可见,教育中重责任轻爱心的现象,实质是某些教师既无爱心也无责任的表现,或者是仅仅对外在的社会规定负了一定的责任,而没有内在自我要求上的认同。这样的负责是一种表面现象,本质还是一种算计和图报。对教育的危害可想而知。

二、智慧型班主任应有度的把握

如何达至班级管理的最高境界,除了"道",还要"术"。

(一) 自信不自负

自信是对自己能够顺利完成某件事情的信心,它是一种积极的心理状态,是一种催人发奋的动力,是一种能感染他人的气质。自信不足的人容易怀疑甚至否定自己的能力,缺乏健康向上的精神气质,遇事常躲避或消极面对。而自负则是看低学生,自恃过高,总和学生较劲。自信不自负,意味着这样的班主任是充满自信的,并且这种自信并不偏执。它不会转变为刚愎自用、固执己见的自负,也不会沦为妄自菲薄、无所作为的自卑，而是虚怀若谷、胸有成竹、积极应对。

(二) 宽松不虚浮

有智慧的班主任是一个懂得掌控环境氛围的人，他积极营造有利于学生感到安全轻松的宽松氛围，让生活在其中的学生不感到压抑，敢想敢说，与教师积极互动，充分发挥主观能动性。同时，这种宽松是以一定的规矩为前提的，因为没有规矩不成方圆，智慧型班主任清楚把握宽松的尺度，既让学生的思维和个性得到发展，又不至于让学生变得过于浮夸与散漫。

(三) 严格不苛刻

一个班级的宽松体现在教师的心理容量上，能鼓励和接纳学生的意见。一个智慧型的班主任不仅是一个宽松的班主任，其实也是一个严格的班主任，他在遵守或执行规定、规则时，十分认真、不偏离原则、不容马虎。学生的心性未定，学习易松懈疲乏，有了相对严格的班级规定，才能让学生精力集中，学习投入。当然，物极必反，过于严格会使得班风沉闷、学风死板，让学生反感。因而智慧型班主任的严格不是苛刻，而是与宽松相结合，宽而不"松"，严而有"格"，张弛有度。

(四) 踏实不古板

踏实反映出一个人能脚踏实地、认真勤恳地对待工作。智慧型班主任一定是一个踏实的班主任。他说到做到，言必信行必果，在学生中拥有较高的信用度。他踏实，然而绝不是按部就班，古板不变。人是处在不断的发展变化中的，需要审时度势、因势利导，踏实之中也要有变通。智慧型班主任踏实之中寻求变通，善于把握"变"与"不变"的度，以尊重事实真相、维护学生尊严为前提，更好地促进学生的发展。

班级管理的本质，是要解决人的个性化和社会化的矛盾统一关系。人是个性化的人，但人又是社会中的人。在这个世界上，不是只有人一种生物；在人类社会中，不是只有"我"一个人存在；在这个班级中，不是只有"我"一个学生。在"我"之外，还有"我们"，"我们"之外还有"他们"。但是，唯有一个个"我"的充分发展，才能让这个班级充满活力和希望，这个社会才能变得民主、多元和开放，真正的自由社会才可能企及。班主任的工作，就是要触摸班级中每一个学生的心灵，引导他们去接通天道、地道和人道。

道常无为，而无不为。班级管理的最高智慧是"无为"。"无为"不是"不作为"，不是放任自流，不是眼不见心不烦，只管教书不育人。"无不为"也不是"无所不为"，看轻学生的能力,事事都要干涉,人人都要较劲;为了成绩,无所不用,以利言德、以分代智,是把学生工具化,把智慧分数化。

真正的"无为"是尊重学生的天性,信赖学生的能力,发展学生的潜力;是心灵唤醒,是精神奠基,是真爱施予;是努力让学生单薄的生命接通人类,把自己的命运与家国天下的发展联系起来。治大国若烹小鲜。鲜,鱼也。烹小鱼不去肠、不去鳞、不敢挠,恐其糜也。治国烦则下乱,治身烦则精散,治班级亦如是。

11.

爱之有理　行之有道

每一位教育人士都知道教育需要爱,正如马卡连柯所言:"爱是教育的基础,没有爱就没有教育。""爱"这个在中国传统文化中不轻易说出口的词,在日益开放和时尚的现今,似乎每个人都能侃侃而谈一番,但"爱"所承载的内涵却在诸多人轻松随意的言行中渐渐消失或扭曲。当下教育中的问题,不是缺乏爱,而是"爱"成为了另有所图的工具,爱得不纯,爱得不真。因何不纯,为何不真? 在这裹挟万物滚滚向前的时代大潮中,我们仍需沉下心来,去寻找沉淀在深远的历史长河中的精神启迪,从爱的源头去触摸爱的本真。

"爱"这个词,在我们悠久深远的传统文化里早有阐述。《周易·系辞上》有"仁者爱之理,爱者仁之用"之言,在先贤们看来,"爱"不是一个简单的情感字眼,其意义与"仁"有密不可分的关系。《论语·颜渊》中有"樊迟问仁",孔子只回答了两个字:"爱人";《孔子家语》和《孟子》里也出现了"仁者爱人"、"爱近乎仁"之语;这进一步指明了"爱"与"仁"的关联含义,脱离了"仁"的"爱"不成"爱",具有"仁"的内涵的"爱"才是真正的"爱"。

"仁"字在甲骨文中就已出现,《说文解字》的解释是:"仁,亲也;从二人,言其厚;厚以待人。"所谓"亲"有"近"的意思,所谓"厚"是指情意真挚,"仁"即"二人"各自都要亲厚地对待对方。由此可见,"爱"必须与"仁"相关,必须情感真挚,必须视他人为"人"。

教育中的师生关系也是一种人与人的关系,同样需要这种从两个人出发彼此亲厚的真挚情感。因其身份的不同,在教育活动中,教师是作为主动的作用者去"爱人",学生则作为一个接受者,是"被爱的人"。而一旦缺失了"爱之理"的"仁",这份教育的爱就变得不纯、不真、不仁,是一种"无道之德"下的"无'理'之爱"。美国的弗罗姆曾言:"所有的人都可以这样问一问自己:在'我'所见过的爱当中,有多少是真的呢?"瑞士教育家斐斯泰洛齐说:"道德的实质就是积极地爱人。"我们确实需要对作为"爱之理"的"仁"有一个全面认识。

一、"仁"是人与人之间的一种关系

"仁"的实质是人际亲和力,强调亲亲、爱众、和合、修睦。儒家正是通过贵仁思想,来增强人际亲和力,进而增强社会凝聚力。"依乎仁"而行的"爱"的对象就是活生生的完整的人,所以教育活动中,教师施予"爱"的立足点要始终放在"人"上,依循"人—孩子—学生"的观念逻辑。遗憾的是,现实中,师生二人之外的第三者——"物"常常会起主要作用,这里"物"或是学生的成绩,或是家长的财物,或是学生的某种特质。你成绩好,我爱你,你听话,我爱你,你的家长请了客送了礼,我就多给你一点关照。或者我爱你,你必须拿出更好的成绩来,我爱你,你必须听我的,我爱你,你的家长应该有所表示。这样的爱有前提、有条件、有所图、有所求,以利言爱,以利言德,看似爱生,实则爱己,爱的对象已异化为"物",而不是与教师共生于教育活动中的学生个体了。董仲舒在《春秋繁露·仁义法》中说:"仁之法在爱人,不在爱我。人不被其爱,虽厚自爱,不予为仁。"

在每个人的心中,爱,原是最自然的情感。人之初,性本爱。一切真诚的爱,在本质上都是给予,并不求回报。它是教师心中最神圣的净土中蕴藏着的巨大的财富。只有"依乎仁"(爱之理),才不致有置换爱之"对象"之虞,而且根本上不会把"人"和"物"放在同等地位,更不会落到"重物轻人"的地步。教育的真爱,其对象应该是学生这一不断向前发展的,有着人格尊严、情感需求的完整的生命主体。尊重学生的个性,接纳学生的差异,爱学生这个"人"本身。

二、"仁"是一种彼此亲厚的真挚情感

遵其道而行的"爱",应是一种令人温暖、焕发生机的力量,而不至于因过多而成为负担,或因过少而形成缺失。《礼记·经解》中说:"上下相亲谓之仁。"董仲舒还在《春

秋繁露·必仁且智》中说:"何谓仁?仁者恻怛爱人,谨翕不争,好恶敦伦,无伤恶之心,无隐忌之志,无嫉妒之气,无感愁之欲,无险诐之事,无辟违之行;故其心舒,其志平,其气和,其欲节,其事易,其行道,故能平易和理而无争也,如此者,谓之仁。"由此可知,"爱"是作为情感表现出来的作用,"仁"是其中所蕴含的"道理"。简单地说,"仁"的作用,就是使"爱"这种情感在表现时恰如其分,以免"过"或"不足",而这个"分",当是学生主体的成长发展规律。

在师生关系中,"爱"的程度的把握,主动权在发出这种情感的教师一方。教师对这个标准和程度的把握直接决定了爱的"过"或"不足"。如果教师对学生缺乏设身处地的了解,在沉重的质量压力下,为了提高学生的成绩而"爱"之太"过",可能出现"爱之深,则责之切"过度的情况。"责"是教师对学生有所指望,对学生的期望如果不适合学生,可能成为"过分的要求"使学生"不胜其负"。这种从教师自我愿望出发而罔顾学生实际的"自私"的爱,是教育的假爱——教育者出于功利驱动、个人喜好,或迫于压力而施予学生的爱。符合教师自我愿望的学生往往容易得到爱,因此这也是一种偏爱。偏爱的实质表明,教师真正爱的并非学生这个完整的主体,而是学生某些特定的能符合教师若干愿望的品质,比如教师所希望的智商高,或肯用功,或成绩好,或听话懂事等。而这种"爱"使教师的赞赏目光仅在于这些特定品质,学生的其他优点被忽略,其他的缺点也被掩盖,而学生为了得到并维持这种"爱",会有意地迎合甚至讨好老师。在这种迎合和讨好的过程中,学生渐渐失去自我,失去做人的骨气,其精神成长也成为一句空话。

同时,如果教师付出爱的标准取决于学生的品行优劣、成绩好差、外形俊丑、家境富贫等愿望,那么在一部分学生感受到爱得"太过"的同时,必然会有一部分学生感受到爱得"不足"。由于得不到真正的心灵眷注,也无从获得精神滋养,那么这些学生就不能形成一种归属感,不能与周围的世界形成一种同在感,由此他们会产生一种深深的不安全感和莫名的恐惧感,学生身心健康发展将受到严重影响。

三、爱的形式是多种多样的

《礼记》曰:"爱而知其恶,憎而知其善。"作为家长,难免因受情感的蒙蔽,出现"爱而不知其恶"的情形,以致"爱"成为盲目的"宠",一味宽容,误解爱之真谛,娇宠成害,爱溢反溺。一般说来，人天生的避苦求乐倾向往往强过大多数人的意志力，从而使得人的潜能得不到发挥。俗话说："严是爱，宽是害。"爱的形式是多种多样的，严肃的谈话、严格的要求、严厉的批评，都不失为是教育真爱的体现。面对学生的时候，重要的是做到既宽容，又不松懈。严肃甚至严厉固然是需要的，但必须合乎教育的"道"——人的身心发展规律与教育教学规律，做到宽而不松、严而有格。无论是教师还是家长，如果忽视甚至违背作为教育本体"人"的成长发展规律，在教育过程中要么"爱而不知其恶"，要么"憎而不知其善"，"爱"的"过分"或"不足"，都会造成教育上的假爱、错爱。

依据我的长期工作实践观察归纳，家长的失败，往往在于把对孩子的喜欢过多地表现在嘴上、体现在眼里，爱不得法，爱不得体，缺乏爱的智慧；教师的失败，往往在于把对学生的不喜欢过多地表现在嘴上、体现在眼里，缺乏爱的纯真。

《周易·乾卦》有云："君子体仁足以长人。"亦即："以仁为体，则无一物不在所爱之中，故足以长人。"仁就是要博爱济众，将心比心，推己及人，由近及远，民胞物与，"老吾老以及人之老，幼吾幼以及人之幼"。总之，"仁为体"，"爱为用"，"爱"是可以看见的表现，"仁"是表现所依据的"道理"或"理性"。我们需要贯通"仁为爱之理、爱为仁之用"的意义，使"仁"成为明白而可以"实践"的准则，使"爱"准确且适当地表现。让一个被我爱的人能以他自己的方式成长或发展，而不是要求对方服从于"我"。乐意接受他的本来面目，而不是要求他成为"我"预先设计好的模型，更不是把他当作"我"的工具。一如法国古老歌曲所唱："爱是自由之子，永远不会是支配别人的产物。"

不论是何种形式的爱，我们最终的目的都应该是让学生在我们的仁爱中感受到喜悦。爱，源自内心。真正的爱是自发的，它是我们生命的根基，来源于我们的本性，是一种对学生和教师自我的肯定。孔子向来把仁看得比生命还重要，认为没有仁也就不成其为人。孟子说过："仁，人心也。"仁存于心，是心固有的道德意识，是心的本质内容和要求。南宋叶适认为："仁者，人之所以为人之实也。"所以，我们的"爱"需要理性的指引，无论教师还是家长，在爱的实效不足时，需要对"爱"加一番修整，用"仁"来修缮"爱"，充分明确何为爱，爱什么，如何爱，明确爱的性质、指向和程度，以使爱之有理，行之有道。

我校秉持以学生的发展为本，强调精神成长重于知识增长，生活体验重于授受说教，崇德、贵仁、尚志思想贯穿于学校教育教学活动。在国家课程、校本课程、团委活动、班会课等各个系列中，都有求真、向善、尚美维度的目标体系。学校有十多个《爱的日记》接写小组，开展了以暑期城市孩子到农村宏志生家庭体验生活两周为内容的"走进农村大课堂"活动，以学生"修家谱、理家训、写家史、传家风"为主题的"家史教育"活动，还有"宏志毅行"、"宏志系列"社团活动等等，还与"浙江复兴国学院"合办了"宏志国学班"。

  每个人活在世上，都有对爱的需要，即使是内心很独立的人。没有人独立到不需要来自同类的爱的地步。一个人感受到的世界是否美好，很大程度上取决于他在受教育时所感受到的关爱、挚爱、热爱、严爱。仁者爱人，爱是目的，爱也是手段，其理为"仁"，我们对此要学会正确、合理地加以运用，树立爱心，践履仁道。让"爱"这一份能化生万物的情感力量，无所差别地"普育"学子。让我们的学生既有民主、法制、平等这些现代公民应有的基本精神，又富含仁爱、宽容、责任这些传统文化的精神细胞。让我们的学生成人成才，更重要的是，把这样的爱一直延续在他们的人生途中。

12.
再富也要苦孩子

"再穷不能穷教育,再苦不能苦孩子"由敬爱的周恩来总理提出以后,得到了广泛的认同,曾经作为标语刷在了神州大地大街小巷的墙上。各届中央政府也一直以此作为教育工作的信条一步一步地加以落实,对中国教育事业的发展确实起到了很大的作用。"再苦不能苦孩子",这句话用于对贫穷国家、贫困孩子的教育自然无可厚非,但时至今日,若将此作为一种普适的教条,就不是很妥当了。

一、物质上的苦须有度的把握

首先要正确对"苦"的理解。许多家长往往把"苦"仅仅理解成物质上的匮乏,因此对孩子百般呵护,孩子想吃什么就给什么,想吃多少就给多少,唯恐造成孩子的营养不良。但凡事过犹不及,营养不良自然危害很大,但营养过剩同样也是健康的杀手。以补钙为例,儿童缺钙很容易出现肌肉抽搐、骨骼发育迟缓,甚至佝偻病等症状,故大家都相当重视孩子的补钙问题。但许多家长却不知道过度补钙也会造成危害:长期重复、过量补钙会引起部分孩子食欲下降、恶心和消瘦等症状,而患血钙和尿钙的概率也可能增高,肾、脑、心和肺等脏器也有可能异常钙化。

营养过剩的一个直接后果就是导致青少年的肥胖。由首都儿科研究所等六家医院近日完成的一项调查显示,近年来在北京市的儿童和青少年中,肥胖、高血压、糖尿病、血脂异常这四种疾病的发生率明显上升,儿童的心脑血管健康状况与成年人一样,不容乐观。

不让孩子受苦的另一个表现就是父母对孩子欲望的无条件满足。当今很多家庭是独生子女家庭,往往孩子一提要求,许多家长就马上予以满足。宁可自己多吃些苦、多受些累,也不让孩子吃苦受累。宁可自己万分节约,也不能怠慢了孩子的要求。殊不知这对孩子的成长是相当不利的。对孩子的各种欲望,家长最好不要常常马上给予满足,有些时候适当延迟满足他们的欲望,反而更有利于孩子的成长。

有一个著名的延迟满足感实验即可说明这一问题。心理学研究者做过一个有趣的实验。他们请来一群3—4岁的小孩子,分给他们每人一粒糖,告诉他们,他可以马上就吃,但如果他愿意等一等,等到研究者出去办完事回来以后再吃,他就可以得到双份的糖。研究者说完后即离开了房间,并通过监控观察孩子们的反应。孩子们的表现可以分成三类:一类是急不可待,立刻把糖拿起来吃掉了;第二类孩子等了几分钟,但实在忍不住了,也把糖吃掉了;第三类孩子则耐心等待,一直等到研究者回来,终于吃到了第二粒糖。最后一类孩子中,有些为了抵制诱惑,故意闭上眼睛或头枕双臂作睡觉状,也有的孩子用自言自语或唱歌来转移注意以克制自己。之后,研究者对这些孩子进行了跟踪研究,一直到他们高中毕业。跟踪研究的结果显示:那些能等待并最后吃到两粒糖的第三类孩子,在青少年时期,仍能等待机遇而不急于求成,他们具有一种为了更大更远的目标而暂时牺牲眼前利益的能力,即自控能力;而那些急不可待只吃一粒糖的前两类孩子,在青少年时期,则表现得比较固执、虚荣或优柔寡断,当欲望产生的时候,无法控制自己,一定要马上满足,否则就无法静下心来继续做后面的事情。换句话说,能等待的那些孩子的成功率远远高于那些不能等待的孩子。

一个孩子,如果从小就是想要什么马上就能拥有什么,那么他的延迟满足感是很差的。一个延迟满足感很差的人,是不会有多大的自控能力的,一个没有自控能力的人,有再伟大的目标也是枉然。因为好走的往往是下坡路,若不能很好地控制、调节自己的行为,及时地抑制冲动、抵制诱惑,不适当地延迟满足,就不能坚持不懈地朝着目标前进,最终实现人生的目标。

二、身心上的苦是一种历练

"苦",其实除了物质匮乏、贫穷的意思以外,还有动词"使困苦"、副词"竭力"、"尽力"等意思。许多家长见不得孩子遭受物质上的"苦",更舍不得孩子忍受"身心上的苦",不愿孩子遭受任何困苦,也不愿孩子尽力、竭力地去做某件事,因为不想让孩子累着。如有些父母会因为担心孩子过度劳累就不让孩子参加学校的运动会。

孩子因为弱小而需要家长的呵护,这无可非议。孩子若是从小在没有爱的环境中生长,则不可能发展出对他人的信任。一个从小不信任人的人,是一个没有安全感的人,而一个没有安全感的人,是不可能有幸福可言的。因此,呵护、关爱孩子,让其在一个充满爱、充满安全感的环境中生长,是促进孩子心理健康的重要保证。许多成年后的心理疾病,其病根往往可以追溯到儿童期。

但在孩子能够感受到爱、感受到安全的前提下,适当让孩子承受身心的苦,同样也是必须的,尤其有利于培养孩子承受挫折的能力。在中国,许多父母(在隔代教育的情况下,可能更常见的是祖父母、外祖父母)往往见不得孩子遭受一点点的身心挫折。以最常见的孩子跌倒为例,一看到孩子跌倒了,大人便迫不及待地跑过去把孩子扶起来,一边仔细检查孩子有没有哪里受伤了,东揉揉西摸摸,安抚孩子身体上的伤害,一边嘴里还念念有词:"都是这地不好,让我宝贝受伤了,来,妈妈帮你打它",边说边狠狠地蹬踏着这块让心肝宝贝受伤的土地,安抚着孩子心理上的创伤,却偏偏没有帮助孩子分析为什么摔倒。这样做常常会造成孩子对自己的行为不负责任,把一切错误都归咎于外界的心理倾向。这样,当孩子以后再遭遇挫折时,就不是以积极心态面对,而是怨天尤人甚至愤世嫉俗。

在西方,一个蹒跚学步的孩子摔倒了,很少会见到父母万分火急地跑过去搀扶孩子,而是在旁边鼓励孩子,让孩子自己爬起来。孩子正是在这一次次的摔倒、一次次的尝试爬起来的过程中,培养了自控、自立、自强等品质,也正是这些品质,极大地推动孩子去追求独立的、有尊严的人生。

也有些父母生怕孩子走路摔着,就常常把他抱在手上,不敢放手让他去玩。这种行为的危害同样不容小觑。孩子在走路、奔跑的过程中,每一次姿势、动作的变换,都意味着相应神经系统的协作运动,正是在这种运动中,神经系统得以不断地发育。甚至连婴儿的哭对孩子的生长也是有利的。哭的时候,会看到婴儿的脸涨得通红,竭尽全力地大声哭喊,这个时候,孩子全身的器官、系统都已经调动起来,运动系统、神经系统都得到充分舒展,对孩子的发育是很有利的(当然要防止窒息情况的发生)。平常所称的"四肢发达、头脑简单"并不一定正确。一个在快速奔跑时遇到突变而又能化险为夷的孩子,一个能完成各种复杂、精细动作的孩子,必定拥有一个高度发达的神经系统。剥夺孩子尽兴地玩、尽兴地追逐打闹的机会,实质上就是剥夺了孩子包括大脑在内的各种器官健康发展的一次机会。身体的发展,仅仅靠营养是不够的。人的发展,仅仅靠溺爱、呵护也是不够的,还需要适当的身心锻炼。

在当今中国的独生子女家庭,孩子相对娇弱。除了因为父母或是祖父母、外祖父母等大人的溺爱、呵护而导致孩子缺少必要的身心锻炼以外,还有一个很重要的原因就是缺少兄弟姐妹之间的玩耍争斗。这种兄弟姐妹之间的玩耍争斗,甚至是吵闹打架,对一个孩子的成长同样是相当重要的。一个男孩子,若从小到大从来也没打过架,是很不可思议的事情。这种孩子,要么已经是麻木不仁,自尊感极度低下,要么等到忍无可忍的时候奋力一击,但这一击必定具有极大的破坏力,不是自毁就是毁人。许多惨案的发生,往往就源于此。教育所能做的,就是要让他学会在不同的情况下合理地表达自己的喜怒哀乐,既不委曲求全、低三下四,也不张扬跋扈、盛气凌人,让孩子掌控好情绪的发展变化。为此,对孩子之间普通的打闹、吵架其实不必太过干涉,在安全无虞的情况下,让孩子自己去解决,这解决的过程其实就是孩子在学习怎样与人交往的过程,也是孩子实现精神成长、社会化的一条重要途径。如在法国,遇到孩子吵架,父母往往也就在旁边观望,或有时会鼓励孩子各自陈述理由。孩子在反复地为自己辩解的过程中,也就逐渐发展了思辨能力。无怪乎法国出了那么多伟大的思想家!

对一个人一生影响最大的人是谁?一直以来,欧美的结论是他的父母;但经过进一步的研究论证后,现在的结论是他的兄弟姐妹。我想,父母对一个人一生的影响无疑是非常重要的,而对我们当下的独生子女来说,兄弟姐妹的影响功能中的相当一部分,应该是转移到同伴那儿了。一些孩子学习认真刻苦,双休日回到家中也总是埋头于书本与作业,独来独往,一些家长还对此津津乐道,认为自己的孩子如何听话,其实这是非常不可取的。

对孩子百般溺爱、呵护,小心翼翼地不让其饿着、冻着、摔着,这种"圈养"的抚育方式,已经违背了人的自然属性——生命性。人作为自然界的一员,作为有生命的个体,是必须遵循自然规律的。而在自然界,像豹、狮子等等动物,在幼仔能独立运动时,就开始以游戏的方式训练幼仔生存的技巧,如觅食、搏斗、逃命等等,直至其能够独立生存。可现在一些家长的做法,实在是连豹爸爸、狮妈妈都不如。

在欧美发达国家,学生必须做满规定时间的义工方可毕业,学生的视野跨越国界,他们甚至远到非洲、亚洲农村帮扶,借此锻炼自我,体验生活,并承担起一份社会责任。

其实我们学生的双休日、寒暑假应该少一点文化知识的补习,而应利用双休日、寒暑假补一补社会课程、家庭课程和亲情课程。应该走出水泥丛林,走出单一的生活方式。应该深入社区,走进农村,走进田野,走进大自然,在割稻、掘地、摘茧、砍柴、做饭、洗衣等农村生活中,实实在在地触摸农村。体会农民的辛苦,了解社会底层百姓的困难,开阔视野,历练意志,加强同情心,提升社会责任意识。从社会公平、教育公平的角度出发,"再苦不能苦孩子"自然是应该的,但在解决了生存问题以后,尤其是当社会物质富裕到一定程度后,在孩子的教育问题上更需要的是"再富也要苦孩子"。

责任编

　　教育即心灵唤醒，教育即精神奠基，教育即真爱施予。一个学生，对于一所学校而言可能只是几千分之一，而对于一个家庭却意味着百分之百。学校教育是一个使人"人"化和"文"化的过程，教师教育水平可以不断地总结提高，而学生的小学、初中或高中阶段只有一次。

13.
我的考试主张

教育的根本矛盾在于教育目的的伦理性和教育手段的功利性。教育的目的与手段之间矛盾的突出表现，就是教和考的问题。

教的目的是为了传递社会经验，帮助孩子从自然人走向社会人、精神人。考的目的，原本是为了检测教的效果，是为了教得更好。由此，从逻辑上推论，考得好说明教得好，教得好说明学生发展得好。从而可知，无论是教也好，考也好，最终的评价标准都要落实到学生的发展上。学生发展的好坏，才是评价教和考优劣的重要指标。无论是教也好，还是考也好，都要从学生的发展出发，来加以设计和操作。

但现实的情况是，考试往往仅剩下考纲、试卷与分数，而将诸如学生的发展、教育的本质等等源头上的东西则一概抛之脑后。学生成了考试的工具，而不是考试为学生的发展服务。愈演愈烈的功利化教育手段已使教育的目的渐趋功利，从严格意义上讲，很多教育已不能称之为一种教育，只是一种"训练"。

由此，本人提出如下考试主张：

一、重在考察思维能力

考试是检查、评定学业成绩和教学效果的一种方法。科学合理、鼓励创新、富有活力的考试有利于培养学生的创造力，而不科学、不合理、束缚学生思想、僵化的考试则会扼杀学生的创造力。而我国的教育评价体系中，传统的考试制度和考试方法存在着许多问题，如考试目的功利化、命题质量不高、导向作用不明显等，致使学生的个性化发展受到影响。

教育起源于上一代向下一代传授谋生技巧的活动,就是传递和继承。到了今天,前人已积累了大量的知识,把这些广泛而深刻的知识传递给孩子,依然是必须的,但显然又是不够的。现实中,这样的传递,往往事倍而功半,且不见得有多少作用。这是为什么呢?

首先,通过自身的领悟才能真正汲取知识。孩子的一生是要自己去走的,重要的是孩子自己的想法,孩子自己的实践、体验、感悟、提炼与归纳。在吸收前人知识经验的时候,识得的是"知",习得的是"术",悟得的是"道",相比较而言,重要的是对知识方法有"意义理解",有规律性的认识。知识总是外在于人的,重要的是让学生通过自身的感悟,让知识进入自己的认知本体,渗透进自己的生活与行为,唯此,才能让知识转化为人的素养,才可能让新一代人有新的发展。很多时候,教育不仅要告诉学生已经归纳出来的结论,更重要的是发展孩子的思维能力。

季羡林先生在《禅与东方文明》一书中指出:"若悟无生顿法,见西方只在刹那;不悟,念佛求生,路遥如何得达?"意为:任何的说教,任何的修行,任何的劝诫,任何的诱导,并非使人能悟见佛性,而最终需要的是自身的刹那间顿悟,明了尘世间的是是非非,达到一种心灵的澄明空镜,才能真正见到人之真性,立地成佛。学习何尝不是如此,单纯的上对下的传递并不必然换来知识的真正吸收和发展。

其次,培养学生的思维才能真正创造未来。大千世界,变化无常,社会时势,风起云涌。拥有知识并不等于掌握解决问题的方式;掌握昨天的解决方式并不等于能解决今天的问题。问题在改变,解决问题的方式也要改变。社会发展需要学生具有自主意识,形成自己的看法,而且能独立思考,创造性地解决棘手的问题。我们学军中学的教学理念,就是"以学论教,先学后教,因疑施教,发展思维"。

从"一问三不知",我们可以知道事物的开始、发展和结果都很重要。教育者要培养学生的问题意识,对问题本身抱有好奇心,就是批判性思考的开始。同时要抓住问题不放,找出最深层的原因,搞明白问题的演变过程。学生的目光应该不只停留在当下,只注意表面现象,应该看到过去,也想到未来,系统地思考,把各个要点连接起来,从整体分析,而不仅仅是直线型思考。

一般认为,当孩子可以进行抽象思考的时候,就应该立即教他如何批判性思考。如果一个孩子在基础教育阶段一直都以同一种方式思考,那么以后再教他新的思考方式就非常困难了。而我们的学校教育大部分时间只是在教学生怎么通过考试,而长期处于这样的应考、做题思维下的学生,很难学会新的思考方式。

我校 2014 届高三学生楼俊麟,通过笔试和面试后,被英国牛津大学预录取。根据楼俊麟的回忆,面试老师现场编了两道数学题让他做,"他们不关心题目最终答案,而是关心我在每个步骤中所思考的内容",每写出一个点,面试老师都会问他此时心里的想法。可见,与套用公式、得出结论相比,他们更为关注的是"为什么要选用这个公式",即更注重考生的思维品质。

相比之下,我们的课堂,教师总是带着知识走向学生,一切都在教师的预设和掌控之中,把注意力更多地放在公式的变式、拆解训练上,依据所谓"精讲多练"原则,更多强调操练到位,培养所谓的解题高手,教学过程显得十分功利。往往是一个问题往黑板上一放,教师三言两语告诉学生解决问题的方法,然后就让学生开始做题,教师则在教室里来回走动,以发现学生解题过程中的问题。

作为教学检测的考试又考得太具体太细致,学生往往采取大量"刷题"的对策,生怕漏掉其中的一种变化,在考试时碰上"新面孔"而无从下手。所谓"道高一尺魔高一丈",命题人与押题人(教师和考生)之间成为了"道"与"魔"的较量。举一个简单的例子,中学阶段学过的函数可以用不同的方法进行分类,譬如从名称上分就有三角函数、指数函数、对数函数、幂函数……,在幂函数 $y = x^a$ 中,随着 a 的正负变化、整数与分数变化,又可以分出好多类,在 a 是分数的时候,随着分子分母的奇偶性不同,又会呈现出不同的图像变化。如果拿其中的一种进行命题考试,再配以自变量 x 的绝对值变化,学生就难以招架。很多时候,知识总是呈现为树状结构,如果我们的考试聚焦于某一枝桠上经过几次分叉之后的某一小枝上某一片叶子的形状、结构,一些学生除了把整棵树的每一张叶片都详细掌握起来,还有什么别的办法?

忙于应付作业,大量"刷题",容易知其然而不知其所以然,这样的学生,至多只是基础扎实,适合考试,但往往缺乏有深度的思维品质。学校让孩子花太多时间准备考试和背诵考试内容,代价就是用来教孩子思考的时间更少了。

在"携手同龄宏志生,走进农村大课堂"的活动中,我们安排城市孩子利用暑假时间到农村的宏志生家庭生活 10 天,希望城市孩子通过亲身体验,感受宏志精神,写出自己的感悟文章。一些学生尽管平时成绩比较好,但他们不懂得如何观察生活,总是想知道学校想让他们写什么,正确的答案是什么。写出来的感悟文章,大多停留于简单的生活"流水账",部分文章有点感想,但都没有"悟"出之所以能够产生宏志精神的道理来,更别提什么生活哲理、人生智慧了。

所以,考试不能局限于比较学生记住前人总结归纳的已有知识结论的多少,而应该重点考察学生的思维能力:既要考察学生解决已有实际问题的思维能力,也要考察学生发现问题、提出问题的思维能力;既要考察学生消化吸收前人智慧的领悟性思维能力,也要考察学生面向未来、勇于创新的批判性思维能力;既要考察学生科学实证的逻辑推理的思维能力,也要考察学生哲学思辨的综合分析的思维能力;既要考察学生面对普遍问题的常规思维能力,还要考察学生面临绝地困境的幽默思维能力,以及站在对方立场的逆向思维能力、大胆放手一搏的发散思维能力等。人到万难须放胆,事至两可要平心。

二、定量与定性相结合

教育是一种培养人的社会关爱活动,学校是培养人的地方,各个学校都是在为社会培养"人才"。如何检测人才培养的效果?社会以什么样的标准来选拔人才?怎么样的选拔能够让社会接受?发展至今,考试已成无以替代的手段。这里的问题在于,我们赖以检测和区分学生的考试能够解决的是成"才"部分,是获知的多寡,却没有对一个人的全面发展进行检测。

传承人类经验,获取科学知识,无疑是十分重要的。这种以接受为主的"知"的获得,如果与区分、选拔挂钩,往往对"成才"部分"过头",而对"成人"部分关注"不足"。

但这种大量的"获知"部分的测试,却被作为甄别与选拔的重要标准。在多年片面追求升学率的大背景下,中小学形成了一套根深蒂固的以单纯功利价值为取向的评价标准。这一评价标准过于强调甄别与选拔功能,以学业成绩为主要的评价指标。评价结果被简单、机械、错误地使用,主要表现在过于注重纸笔测验,评价方式单一;偏重智育,忽视体育和美育,德育实效性差;教师日常教学中关注更多的是知识与技能的掌握,是解题技巧,而对于创新精神和实践能力的培养、情感态度、个性发展则关注较少,影响学生学习的积极性和主动性。

考试本身,自有其独特的价值,许多研究已发现,考试是促进学生智能发展的环节之一,是培养和发展学生的思维能力、创造精神,增强自学能力的过程。教育心理学也主张,考试还是激励学生学习兴趣和进取精神的有效手段之一。可见,无论从哪个角度来看,学校考试都是完成教学任务、实现人才培养目标的手段,而不是目的。但当下的考试模式弱化了考试的"手段"功能,强化了考试的"目的"性,把学生引向为考试而学习的歧途,即产生了"考什么,教什么,学什么"的现象。要避免这些现象,不能只是简单地否定考试,而需要对考试进行思考和改革。

  首先我们要认识到,智育是一个知与不知的认识问题,是一种事实认定,可以测试;德育是一个信与不信的情感问题,是一种价值认定,难以测试。一个人的思想品德,是很难用一份试卷来下结论的。我知道这样一个真实的例子:在某小学五年级的一堂期末思想品德课上,老师在临近下课时发了一张讲义,叫学生回家去背。第二天思想品德考试时,一位男生当场提出:"全班作弊! 因为昨天发的讲义就是今天考卷的答案,我拒绝考试"。过了几天,班主任把孩子的母亲找去说:"这个小家伙真不听话,试卷上一个字也没写,这个学期的思想品德课成绩只能是零分了。"我想,如果这是一场数学的考试,孩子全然不知,一字未写,当然只能是零分。而一个人"做人"怎么样,当下形成性测试的方法是解决不了的。育德的工作,不能用一般的知识传授的方法来进行,也不能简单地用智育的方法进行评价。拒考男生的思想品德被判零分看来是一个苦涩的笑话,却又真实地存在。

  其次我们要明白,掌握了多少现有知识,仅仅是衡量学生的一个尺度,并不能反映学生的未来发展。我们的考试考得过细,过于讲究细枝末节,结果的偶然因素影响较大,如果高考连续考两次,一定会出现全然不同的"重新洗牌"现象。另一方面,我总认为,考得太具体,教育没希望,过细的考试呈现出来的分数高低,并不意味着学生各方面素养的高下。因此,就未来的发展而言,考了 580 分和 600 分的学生,没有多大的本质区别,但在现实中,学生就是被几分之差划分为不同的等级。而事实上,以现有知识掌握的多寡来区分学生,是不公平的,其导向也是有问题的。实践也一再证明,以此认定的所谓好学生,甚至一些省级优秀毕业生,走上社会后并没有什么优势。

  因此,比当下"一考定终身"、严格以分取人制度更为科学的,应该是实行定性与定量相结合的录取方式。由命题专家依据试卷的难度和考分的分布状况,划分出几个分数段;在每个分数段内,依据综合素质表现录取。

  问题的难点在于综合素质评价的客观真实性。在一次交流中,一位负责高校评价的专家说,他查阅了全国 600 所高校的学生综合素质评价,结果发现,描述思想品德的指标清一色就一个字——"优"。

那么,如何确保综合素质评价的客观真实性?我认为,我们需要以下新的认识和改进。

其一,改变观念,强调教师责任意识。在综合素质评价的实施中,高中学校的最大挑战就是育人理念的转变和育人模式的转换。教育者必须明白,学生的综合素质评价不仅仅是写给高校看的,更是学生全面发展的成长记录,是人民教师的育人观念、社会责任感、真实诚信的写照。班主任和科任教师不能只是一味地关注学生的学科成绩,而是要切实地担当起学生综合素质评价的重任。组织学生开展有意义的活动,指导学生收集、整理可以集中反映其综合素质的具体事实和材料。班主任要在征询科任教师意见的基础上,客观、准确地揭示每个学生的个性特点,讲原则,有诚信,每个学生的评语要像这个学生本人。不能千篇一律,千人一面。

其二,制度保障,建立教师个人诚信档案和责任追究制度。在强调人民教师的责任意识的同时,建立教师个人诚信档案,使教师不愿放弃自己的诚信而感情用事,也不敢"出卖"自己的诚信而与学生、家长做"交易"或屈服于其他压力,从而减轻教师的心理压力。建立责任追究制度,谁推荐谁负责,谁录取谁负责。

其三,开展多元化评价与考核。从世界各国教育改革的趋势看,评价的功能和评价的技术都有了本质性的变革。评价不再仅仅用于甄别和选拔学生,而且能够促进学生的发展,促进学生潜能、个性、创造性的发挥,使每一个学生具有自信心和持续发展的能力。从单一考试到多元评价,这是考试与评价制度改革的根本方向。

多元评价是要改变考试活动单一化,取消只采用少数的几次考试即"一锤定音"的考核方式。在单一化考试中,考试在教学过程中的反馈作用被大大削弱,不利于教师根据考核结果及时调整教学内容和教学方法,也不利于发挥考试对学生平时的激励和引导作用。

多元评价与人的多元智能相对应的。多元智能理论提出世界上并不存在谁聪明谁不聪明的问题,而是存在哪一方面聪明以及怎样体现聪明的问题。这样的观念就把考试测验从仅仅作为人的优劣区分根据的误区中解放出来,在评价的实践中注意对非智力的心理因素如兴趣、情感、意志等的了解,把非智力因素作为一个与知识能力同等重要的领域进行评价,在测验技术、应用模式和人才选拔等方面建立起多元的评价体系。

三、探索精神成长的量化机制

教育应追求先成人,后成才;不成人,宁无才。教育首先是精神成长,其次是科学获知。这些道理大家都懂。问题还在于人的精神成长难以测量,与当下的高校录取方式无关。

学校德育应该关注孩子的精神世界。教育应该有灵魂安顿的设计和精神居所的创生。人的精神的成长、信仰的确立,是人文领域内的事,科学不涉及终极关怀。只是在现阶段,人们忙着追逐富裕,总是相对重物质轻精神,重科学轻人文,德育说起来重要,做起来次要,考起来不要。

作为教育人,每天上课、备课、批改,确实很忙,这些也都是重要的,但要思考一下,我们这样做的最终目的是什么。一个孩子,每天都在思想、学习、生活、身体、心理等多个维度上同时生存,我们即便不是主要,是否应该至少分出一部分精力来关注孩子"成人"问题。

精神的成长不在于授受和说教,而在于实践与体验。比如,要让孩子自主学习、用心学习,就要培养孩子责任感,而责任感是一种精神,一种态度,是人对个人以外的世界,包括团队、社区、自然、社会、国家、人类事务的关怀与忧患,而切断了学生与自然、社会生活直接、深入的接触,也就切断了滋养学生责任感的阳光和水分。所以,如果学生只是一味地死记硬背责任感的概念、结论,他很难形成社会责任感。

精神的成长大多是在活动中完成的。应该让孩子走进社区,走进农村,触摸真实的社会,在服务社会中体会真、善、美。这种活动的安排,要细水长流,要有德育的"最近发展区"思考,有让学生产生顿悟的情景与载体的设计,让学生有切身的现场的真实的心灵震撼,而不是每年到了3月5日"学雷锋日",让孤寡老人一天洗好几次脚。并可以对精神成长活动的设计、开展、反馈各方面相应的记录进行相应的量化评价。

在孩子精神成长维度的测评中,寻求探索与突破。本人曾主持过有关学生精神成长的教育部重点课题,尝试着从求真、向善、尚美三个维度对学生进行测量,得到了有关专家学者的认可。

学生的精神成长,是相对于身体的成长和知识的获得而言的,是学生在理智、道德和审美等领域的发展,具体表现为求真、向善和尚美三个领域的变化,最终体现于学生对生命意义和价值的理解、感受、向往和追求。

附:"测试问卷"

一、求真

(一)求真的意识

下面陈述的各种情况,与我的符合程度分别是(A 不符合,B 不太符合,C 说不好,D 基本符合,E 完全符合):

1. 我很渴望学习一些东西,哪怕现在或将来对我用处不大。

2. 有些题目有点难,要动脑筋,不过这个过程很有意思,我很享受。

3. 遇到不懂的,跳过去再说,而不是想方设法去弄懂。

下列行为在我身上发生的概率是(A 完全没有,B 很少这样,C 说不好,D 经常这样,E 总是这样):

4. 主动学习。

5. 执着地思考某一问题直到找到答案。

6. 仅完成老师布置的作业,不太想多看书。

7. 一读书就会觉得疲劳与厌烦,想睡觉。

8. 急着上交作业而不能耐心思考。

9. 对我来讲,考试成绩是否名列前茅:A 很不重要,B 不重要,C 说不好,D 有点重要,E 很重要。

10. 对我来说,在学习时能否有独立发现或解决某个科学问题:A 很不重要,B 不重要,C 说不好,D 有点重要,E 很重要。

(二)求真的态度

下列各种陈述与我的符合程度分别是(A 不符合,B 不太符合,C 说不好,D 基本符合,E 完全符合):

1. 在长跑中感到很吃力的时候,我常咬紧牙关,坚持到底。

2. 对于计划中那些重要的事情会坚持做完再休息。

3. 做事决心很大,但很难完全落实。

4. 为实现一个大目标而制定循序渐进的小目标。

5. 只要走进教室，不管时间有没有到，都能很快进入学习状态。

6. 在学习的时候，如果遇到与学习无关但对我吸引力很大的事情，如看电视、打球等，会停止学习去做那些更有吸引力的事情。

7. 遇上一些枯燥而又重要的事情，常常因坚持不住而放弃。

8. 学习时，如果旁边有人闲聊，自己也会忍不住参与进去。

9. 一般情况下，在自修课时，教室里发生什么事情，如老师进来了等，我都非常清楚。

10. 虽然已经找到了自己学习不理想的原因，但我还是不太愿意改。

(三) 求真的方法

在学习时，遇到有疑惑时可能会发生下列行为，这些行为在我身上发生的概率分别是（A 完全没有，B 很少这样，C 说不好，D 经常这样，E 总是这样）：

1. 通过翻书或查资料，尽可能自己弄懂。

2. 与同学或老师探讨。

3. 如果可能，自己动手做实验验证。

4. 在家的时候，一边看电视一边做作业。

下面陈述的各种情况与我的符合程度分别是（A 不符合，B 不太符合，C 说不好，D 基本符合，E 完全符合）：

5. 在日常生活中，我做事情的计划性很强。

6. 对一些学习的内容进行分类、整理和比较。

7. 做作业时，会经常去看参考答案。

8. 当听到一些学习的好方法时，我会结合自己的实际，对自己原有的方法进行适当的改进。

9. 我常常能利用一些零碎的时间，如睡觉前等，用来学习。

10. 我的课堂效率很高。

11. 对于学习，我有自己独到的方法。

二、向善

(一) 人与人的关系

下面陈述的各种情况在我身上发生的概率是（A 完全没有，B 很少这样，C 说不好，D 经常这样，E 总是这样）：

1. 在外面吃到好吃的,会带回家给父母尝尝。

2. 帮助一些有困难的同学。

3. 做事时即便影响别人的利益,但只要对自己有好处就会去做。

下列各种情况对我的符合程度是(A 完全不符合,B 基本不符合,C 说不好,D 基本符合,E 完全符合):

4. 与别人定下会面的时间,我从不迟到。

5. 回家时,我经常做家务。

6. 我很受同龄人的欢迎。

7. 遇到与自己做事风格不同的人和事,我会耐着性子与其交往。

8. 当父母和我唠叨一些我觉得没必要的事时,我会耐着性子听。

9. 我愿意节省一些零花钱去帮助那些素昧平生的人。

10. 当陌生人向我问路时,我总是耐心回答。

(二) 人与社会的关系

下列各种情况对我的符合程度是(A 完全不符合,B 基本不符合,C 说不好,D 基本符合,E 完全符合):

1. 我总是对集体的事尽心尽力。

2. 我很关心时事问题。

3. 我比较关心中国未来的发展。

4. 在个人享受与为社会做贡献之间,我更看重个人享受。

5. 我能遵守集体定下的行为规范。

6. 当有违反规则的事情发生时,我会主动站出来制止那些不好的行为。

7. 我愿意牺牲一点自己的时间来为集体服务。

8. 我很乐意干这样的事情,例如为集体制定规则,并说服与督促大家遵守。

9. 对于经常违反集体规则的人和事,我:A 很反感,B 比较反感,C 说不好,D 不太反感,E 完全理解。

10. 有人说偶尔违反一下集体的规则是正常的。我对此的态度是:A 完全不赞同,B 基本不赞同,C 说不好,D 基本赞同,E 完全赞同。

(三) 人与自然的关系

1. 对于改善人类环境的志愿者活动,我:A 总会参加,B 经常参加,C 说不好,D 偶尔参加,E从未参加。

2. 当看到一些水沟变成黑色并有异味时,我会极度不舒服:A完全符合,B基本符合,C说不好,D不太符合,E不符合。

3. 如果在公共场合遇到水龙头未关紧,我会及时把它关上:A总是这样,B经常这样,C说不好,D偶尔这样,E从不去关。

对下列事件,我的意见分别是(A完全同意,B比较同意,C无所谓,D比较不同意,E完全不同意):

4. 工厂扩建需要动用大量农田。

5. 为给动物让道,把某段公路改道——由地上改为地下。

6. 为降低塑料袋的使用而自带购物袋。

7. 如果身边没有垃圾箱,就会把废物随手扔在马路上。

8. 山羊吃青草、草根,甚至互相吃毛,很破坏环境,但羊绒衫舒适、柔软还漂亮,因此只要价格合适我就会考虑买羊绒衫。

9. 虽然坐公交比较环保,但太挤、不舒服,因此我还是喜欢坐私家车。

10. 为了方便,我常常用一些一次性的东西,如纸巾、纸杯等,而不是选择那些可重复利用的,例如玻璃杯等。

三、尚美

(一) 审美

请指出下列各种陈述对我的符合程度(A不符合,B不太符合,C说不好,D有点符合,E比较符合):

1. 在日常生活中,我能经常留意一些美的东西。

2. 看到或听到一些美的东西,我就觉得很快乐。

3. 在选择商品时,除了质地、实用性等因素外,我还很关注商品美不美。

我对下列观点的态度是(A完全不赞同,B基本不赞同,C说不好,D基本赞同,E完全赞同):

4. 学生的穿着除了好看以外,更应该符合学生的身份。

5. 流行的东西未必都是美的,我有自己的判断。

6. 对我来说,能否有美的享受是很重要的。

7. 任何东西,只要独特、有个性,就是美的。

8. 生活中好像没什么东西是美的。

9. 如果可能,希望自己的发型、服饰等等可以美一点。

10. 我认为自己的审美标准与大多数同龄人是相同的。

(二) 立美

下列陈述符合我的情况的是(A 完全不符合,B 基本不符合,C 说不好,D 基本符合,E 完全符合):

1. 我能把一些材料加工成自己觉得好看的东西。

2. 在情绪波动的时候,例如快乐或者悲伤,我会通过一些创作来宣泄。

3. 在布置自己的房间时,除了整洁与实用外,还非常注重是否美丽。

4. 文章写好以后,会多读几遍,从节奏、韵律等方面进行修改,而不仅仅是错别字。

5. 我会对一些日常用品进行修改,使它看起来更美。

6. 我喜欢在日记本、校服等地方画些美丽的插画。

7. 在书写东西时(如作业、答题、写信、记日记等),我会做到工整美观。

8. 对于我觉得美的东西,我会把这种感受通过一些方式保存下来。

9. 有过一些创造美的活动,例如设计班徽,或者制作班歌等。

10. 看到一些美丽的东西,我会用一些方式表达出来,例如朗诵、唱歌等。

14.

教育应多一点棋类思维

华人好赌,世所公认。据说在美国拉斯维加斯的赌场里,平均每张赌桌上至少会有一名华人,澳门的葡京大赌场就更不用说了。我到过这两个地方参观,所看到的景象,也印证了上述观点。

在国内的一些城市里,每个十字路口往东西南北四个方向不出百米,一定会有"棋牌室"。但如果你走进这些棋牌室仔细一看,就会发现一个有趣的现象,所谓的"棋牌室"里只有牌而没有棋。说明当今的民间娱乐中,出现了远离"棋类"而亲近"牌类"的现象。细究这种现象的发生之因,则发现颇耐人寻味,对教育也有很大的启示。

一、棋与牌的不同之处

在我看来,作为娱乐消遣的"棋"与牌,存在着以下几点不同之处:

其一,棋牌的摆放不同。在棋类比赛中,所有的棋都是"朝上"摆放的,是"明"的;而在牌类比赛中,所有的牌都是"朝下"摆放的,是"暗"的,比棋类多了几份悬念。

其二,比赛的时长不同。在正规的比赛中,一局棋,大致都要几个小时;而牌类比赛相对较快,一局牌,通常只要几分钟、十几分钟就分出胜负。

其三,影响胜负的机制不同。棋类比赛靠的是实力,一局终了,重新开始,大家又回到同一个起点上。水平差一点的,即使殚精竭虑,依然没有什么取胜的机会。所谓"棋高一着,缚手缚脚"。而牌类比赛存在着机遇问题。扑克和麻将的游戏中,短暂的一局终了,立马重新洗牌,即使水平略逊一筹,只要拿到一手"好牌",就可以有赢得胜利的机会。反之，如果拿到的是一副"烂牌"，即使水平高超，也难有胜算。

其四，思维方式不同。棋类更多的强调从战略层面布局思考，《棋经十三篇》有载："善胜者不争，善争者不战，善战者不败，善败者不乱。"这里的不争、不战、不败、不乱，体现的是善弈者总是运用战略思维，虚怀若谷，从整体出发，有大局意识，不计较于局部。而牌类相对的更为注重战术，所谓守着下家，等着上家，瞄着对家，每手必争；总是盘算于局部，计较于当下，显得急功近利。

其五，规则的变化不同。"棋类"具有较强的规则意识。中国象棋有32枚棋子，将有将法，兵有兵招。但无论棋盘大小如何变化，楚河汉界，两军对峙，千古不变。国际象棋虽略有不同，但规则的千载传承仍是亘古未变。围棋亦如是，纵横19路361个点，一黑一白，依规而行。既要保证自己的棋有两只"眼"而活，又要围抢尽可能多的地盘。由此观之，世上很多事情的运转仍然依赖于规则。与棋类规则的千百年来坚守不变相比，牌类规则则有较多的创新。网络上随便一点，"德州麻将"、"江西扑克"，不一而足。用于游戏的扑克牌虽有固定的张数，但同样一副54张的牌，各地有各地不同的玩法，即使在同一个地方，不同的小群体中也会有各自的玩法。而且扑克牌还从四人一副发展到了四人两副甚至三副、五副。麻将也一样，四个人坐下来，临时约定一个四方都接受的规则，就可以产生一种新的玩法。

二、规则与创新都是永恒的

纵观当下社会大众娱乐的兴趣爱好变化，喜欢"棋类"的人越来越少，而更多的人喜欢"牌类"的扑克、麻将。说明人们的机遇意识增强了，而规则意识淡化了。众所周知，人能获得的东西并非一切都是上天注定的。人们不想认命，也不再认命，甚至不愿从一而终。要求更多的变化，追求更多的机会，谋求更多的成功。

参与者手上的牌越来越多，伴随着新规则的制定，刺激更多，满足更多，享受也更多。当今社会，很多原先相对遵守规则的人，也敢于挑战既有的规则，而学会了多维、立体地观察社会，求异、求变、求新的思想日益强烈。人们不再轻易满足于现状，而是希望看到变化，希望拥有更大的自由度和更多的机会来更好地满足自我的需求。规则可以有变化，可以有创新，正是因为有了变化和创新，我们才能享受到更多的快乐和成功。

人的缺点有时是他的优点的不适当延长。敢于打破既定的规则、善于展现灵活的变通，这固然有利于个人的创造和发挥，但也为社会的发展埋下了极大的隐患。因为这在一定程度上反映的是人们急功近利的投机心理。

究竟何为创新？创新有两层含义，一层是为整个社会、文化带来有价值的变革；另一层是对个人而言，是指给个人带来的新经验。通俗地说，凡是解决前人未能弄清的问题，改变前人已认定的东西，提出解决前人未能解决的问题的办法就是一种创新。而在已知的基础上去探求未知，创造新知，改变已知的进程与结果也是一种创新。不管是哪个层面上的创新意义，都离不开对传统的继承。由此看来，创新也是有一定规则的，创新也是在遵循规则基础上的创新。

历史上的许多新发现、新发明都有这样的共同点：一是来自人的大脑，二是新想法往往是通过对原有知识体系的重新组合而产生的。由此我们可以归结出创新的意义是对知识和信息的继承、学习与组合。我们已无法获知发明象棋的人当时的情况，但可以肯定的是，他必须有一定的楚汉相争的历史知识和古代军事知识的积累。而他的这一创新又成为千百年来人们共同遵守的规则。

美国管理学家斯威尼在《致未来的总裁们》这本书中写道："为了产生创新思想，你必须具备：(1)必要的知识；(2)不怕失误、不怕犯错误的态度；(3)专心致志和深邃的洞察力。"所以可以这样说，继承是创新的起点，创新并不拒绝继承。我们要树立正确的创新观，明确创新并非推翻一切旧的东西，建立全新的东西，也包括在现有的基础上进行改进，进行创造性地模仿的部分。同时，我们不能满足于现状，要乐于在现有的基础上不断地创新，坚信没有最好，只有更好。

规则和创新看似矛盾，实则是辩证的。从规则来看创新，创新就是继承必须继承的规则，打破可以打破的规则，完善能够完善的规则。从而实现在规则中寻找突破，突破后创造新的规则。

世界变化多端，规则也遍地开花。世界有世界的规则，我们有我们的追求，而我们与世界应当相互尊重、彼此改变，直至既遵守现有的规则，又能考虑到形势的变化而创造出新的规则。和而不同，是谓大同。

故，创新有道，乃规则之化！无中生有，固然是石破天惊的创造发明，以旧换新也许更为普遍地存在于我们周遭。对尚处于知识积累阶段的学生而言，学习是创新的基础，渴求卓越是创新的动力，持之以恒的行动更是创新的保证！为着我们的将来，我们应该在规则中求生存,在创新中谋发展。

三、教育应多一点棋类思维

娱乐远离"棋类"而亲近"牌类"这一变化带给我们更多的是一种提醒:当人们需要更大的自由度的时候,当人们希望拥有更多机会的时候,当人们渴望更多的自主权力的时候,我们的教育究竟应该为未来做怎样的准备?我们的教育要怎样用昨天的教材培养明天的人才?我们应如何在规则与变化中保持平衡?我们将如何唤醒创新意识,挖掘创新能力,呼唤创新活动?我以为,办教育应该多一点棋的思维,少一点牌的思维。

其一,教育应有规则意识,遵道而行。我始终认为,教育之道,就在于人的身心发展规律与教育教学规律。为了一个功利的目标,而置孩子的身心于不顾,这不是教育。棋类的规则千百年来不曾变化,与此相仿,教育的道理都是古老的大道理。孔子提出的"有教无类"、"因材施教"这些基本原则,为人类所公认,只是至今没有很好地得到贯彻落实。在人们藐视既有规则、一味追奇猎异的时候,在人们推崇创新、认为古老的大道理已过时的时候,在人们急功近利、各种招生录取存在"暗箱操作"现象的时候,教育者的执着与坚守显得更为可贵。我们在强调有教无类的时候,应该不论品行优劣,不论成绩好差,不论长相俊丑,不论家境富贫。与此同时,切不可用有教无类的口号来阻碍因材施教的落实,"一刀切"、"齐步走"只是形式上的"公平",会严重妨碍创新人才的培养。

教育者要强化学生对社会基本规则的尊重,不是所有的规则都可以打破,不是所有的规则都适合创新。人类是群居动物,社会基本规则是人类的共识,是维系人类有序生活的基础,是人类诚信相待的前提。如对个体生命的敬畏、对个人隐私的尊重、对私有财产的保护,等等。这些都是永恒的,不但不可以打破,而且应该加强遵守的力度。不能因为在既定规则内比不过别人,就寄希望于改变游戏规则,甚至不惜采取坑蒙拐骗的手法来达到目的,而应积极地通过努力创造条件,增强自身的竞争能力。庞涓对孙膑的陷害,终究为世人所不齿。在这方面,学生守则、经典书籍都是很好的教育载体。而太多的"脑筋急转弯"往往成为人们藐视规则、逃避责任的借口。

在强调对基本社会规则遵守的前提下要增强创新的力度。对于教育而言,则是需要我们在要求学生"齐步走"的同时,培养他们更多的创新意识。美国哈佛大学校长普西曾经深刻地指出,一个人是否具有创新能力,是"一流人才和三流人才之间的分水岭"。中国有学者认为:"在人类日趋拥挤的生存空间里,唯一可以使人摆脱拥挤感觉的,不是别的什么,而是创新之路。"现代美国著名企业家艾柯卡更是语出惊人,提出"不创新,就死亡"。如此直白的语言,直指要害,呼唤创新。

其二,教育应学会等待,追求终身保质。改革开放30多年过去了,我们的教育依旧以"应试"为主流。各种备考资料满天飞,校内校外的"补弱班"、"强化班"、"备考班",莫衷一是,学生疲于奔命,被占领大量时间。不管方法手段,只要学生考试成绩好,在质量竞争中取胜,他所在学校就是好学校,他的老师就是好教师。如今很多地区都派人到河北衡水中学开展质量管理学习取经活动,这是教育的悲哀。教育不能只顾一阵子,不能只考虑让学生能够带着一个光鲜的分数走出校门,而是要考虑学生的一辈子,要考虑学生走出我们的校门之后还能走多远,要追求终身保质。

虽然英国发明了乒乓球,但这一体育竞技活动却在中国得到很大发展,成了全民追捧的"国球"。在短时间内,几个扣人心弦的来回之后,或得或失,胜负立分,高下立判。每球都仿佛处在胜负的悬崖,打球的人也好,看球的人也罢,都可在短暂过程后看到结果。同样,足球的起源据说是在中国,史载唐朝即有蹴鞠,宋代的高俅更是以出色的球技赢得权势和富贵。但这种游戏未能在中国大地上绽放光彩,却于异邦倍受关注。时间和精力的耗费远大于一场乒乓球赛的一场足球比赛结束后的最终结果却可能是零比零。但即使是这样的结果,仍然无损足球的魅力,它仍然让很多人为之发狂,因为他们享受了激情四溢的过程。不同的运动,有着不同的规则,体现了运动者和观看者不同的性格倾向和意志追求,带来了不同的精神体验。

在倡导终身学习的今天,我们要在学习中生活,在生活中学习,重要的是过程,在过程中学习,在过程中享受。人的生长发展是循序渐进的,人生的每一个阶段都有其存在的价值,没有一个阶段仅仅是为了另一个阶段而存在的。所谓"你忍过当下的煎熬,就会有美好的未来"基本都是谎言,失去了当下,哪还有未来?教育者应该对学生的一生发展有一个整体长远的战略思考,收敛一点急功近利,减少一点予取予求,应该学会等待——等待花开,等待果熟,等待成长,并要让等待变成一种态度,一种境界。

其三,教育应求真求是,凭实力说话。宏观而论,办教育要抓住一些社会发展的机遇。但教育不能有太多的"牌类"思维,培养人的工作,不能讲概率,因为无论学业如何,每个人都是要独立地走上社会的。一些学校只关注名校名声,不论生源素质,不分青红皂白,认为"只要狠抓下去,总会冒出几个尖子生来",一大批学生围着个别学生进行陪练,这是"赌徒心理"。教育应该讲规则,论实力,求真功,不能讲机遇,碰运气,求讨巧。所谓的实力,是建立在每个人先天基因基础上的。在我看来,成功的教育,就是让孩子与生俱来的潜能得到充分的发挥,不是一大堆活泼可爱的孩子围着功利目标的实现折腾。

人有智愚之分,世所公认。为了找到影响智商的遗传密码,英国爱丁堡大学等机构的研究人员对英国和挪威的 3 500 多人进行了基因和智商测试。结果表明,与智商相关的基因的数字并不确定。可以肯定的是,这些基因里面,单个基因对智商的影响是微乎其微的,也就是说没有发现所谓的"学霸基因"决定性地影响着人的智商。关于先天基因和后天环境对智商的影响孰轻孰重的问题,科学界的研究结果一直存在争论。对于知识性的智商而言,人与人之间的差异约 40% 与基因有关;而对于解决问题能力这方面的智商而言,约 51% 与基因有关。我们倡导天道酬勤,刻意无视遗传的作用,是为了避免在孩子的起步阶段就被贴上标签。在一些研讨会上,在一些经验介绍里,所谓"我们用三流的生源造就了一流的毕业生"让人不免心惊肉跳,首先想到的是这些孩子们不知遭受了怎样的"折磨",会联想到孩子们拿着书本在操场跑步的场景,也会联想到一些学生进了一流大学无法继续学业而退学的事实。

规则有着深厚的历史沉淀。就围棋而言,如"烂柯山传说"、吴清源和本因坊秀哉的"世纪之战"等。而讲求机遇巧合的,总是如过往烟云,难以得到真正有价值的流传。

15.

教育应学会等待

效率是指单位时间里实际完成的工作量。所谓效率高,就是在单位时间里实际完成的工作量多。"效率"一词被广泛运用于社会生产、生活的方方面面。但凡事过犹不及,教育是慢活,应该讲规律,遵道而行,过于讲求效率,效率也就成了拔苗助长、急功近利的帮凶。

一、效率,从工业生产到生物技术

1913年,世界上第一条流水线在福特的汽车车间诞生。这条流水线使每辆T型车的组装时间从原来的12小时28分钟缩短至10秒钟,使T型车的售价从最初的800美元降到了290美元。汽车由此进入美国的千家万户,世界也因此"装上了轮子"。标准化、精细化正是流水线在工业竞争中制胜的法宝,它完美地诠释了贯穿工业时代始终的主题:"效率"。100年过去了,流水线依然是小到儿童玩具大到重型机械的工业生产的基本组织方式。

我的家乡是中国竹子之乡。"雷笋",即"早园笋",因早春打雷后不久就出笋而得名。我的一位鲍姓的老乡,是小学老师。暑假的小学操场被用于竹丝筲帚的制作,堆放着大量的竹叶。眼看快开学了,情急之下,鲍老师就把竹叶搬到了操场边自家的雷竹林里。到了年底,铺着竹叶的竹林里长出了笋,而别的地方没有。于是大伙推断,是因为铺着竹叶的地方改变了地气温度,促成了笋的反季生长。由此,一传十,十传百……没有什么知识产权的意识,人们纷纷适时地在自家的雷竹林里铺上竹叶、木屑、刨花等保温物质,从而成功地控制了雷笋的出笋时间。如今在一年四季的餐桌上,我们都能吃到新鲜的雷笋。鲍老师的无意之举,增添了一道菜肴,成就了一种产业,致富了一方百姓。

与此类似的还有大棚蔬菜,此技术大大地丰富了农贸市场上的蔬菜供应,极大地提高了农业生产的效率,也让人们模糊了"当季蔬菜"的概念。

我的姐夫从事甲鱼养殖已经 30 多年了。人工养殖分为"外塘"和"暖房",自然环境下的"外塘"甲鱼,进入冬眠期后就不需要喂食了,当然生长是缓慢的。在暖房里,每年的 9 月中下旬到次年的 5 月底,需要保持足够的温度,促使甲鱼不再冬眠,一年四季都能快速生长,以此提高甲鱼的产量,从而提高养殖的效益。一般来说,暖房一年的效益,相当于自然环境下三年的效益。

通过媒体,我们知道了"45 天速成鸡"是怎么养成的。以往自己家里养鸡,往往要等上大半年时间。但是在"速成鸡"的养殖场里,上万只鸡都被关在狭小的空间里,没日没夜地暴露在强光的照射之下,吃着精心配制的 1 号、2 号、3 号饲料。短短的 45 天之后,这些鸡就被搬上了人类的餐桌。

二、效率疯狂的隐忧

从汽车到雷笋,再到甲鱼和"速成鸡",从工业的流水线生产到植物的反季培育,再到动物的速成养殖。人们追求快速再快速,速度背后是效率,效率背后是利益,利益常常容易使人疯狂。所有"效率"的背后都是科技在发挥作用。科技的发展为人类带来了前所未有的丰富和便利。

当下的现实世界越来越依赖于科技。光线不适应,人类发明了墨镜、电灯;温度不适应,人类发明了空调;体力不适应,人类发明了激素;皮肤不适应,人类发明了防晒霜;联络不适应,人类发明了电话、手机……人类稍有不适,不是改造自我去适应环境,而总是设法借助于科技来使环境适应自我。人类正向着超越昼夜,超越季节,超越距离,超越年龄的方向发展。借助科技,人类在超越自然规律的道路上越走越远。

科技在工业生产中的应用,以追求"效率"为目的,无可厚非。虽然"流水线"式的生产方式,禁锢了工人的创造性,只适合于进行大批量、少品种的集中式生产,无法满足消费者个性化的需求,甚至牺牲了部分品质追求,但是它极大地提高了生产效率,满足了人类生活的需求。毕竟它的产品是没有生命的,实用即可。

但是农业生产呢？它的产品是有生命的动植物。人类以超越生命规律的方式实现大规模的生产，真的没有副作用吗？甲鱼进入暖房，没有了冬眠，这还是甲鱼吗？两栖类动物将如何进化？甲鱼一旦进入暖房，温度稍有不慎，就会患上腮腺炎，脖子部分发红，会出现大面积的死亡。45天速成鸡昼夜不眠，动弹不得，靠大量抗生素保持健康，这还是正常的鸡吗？它们真的没有生病？雷笋在寒冷的冬天破土而出，真的对竹林的未来毫无影响？

生物有着昼夜明暗循环的内部生物钟，即昼夜节律。有研究表明，在身体的自然睡眠阶段进食，可能会对母鸡的健康产生影响。而当公鸡陪伴在旁的时候，母鸡会感到安心，并产出质量较为优质的鸡蛋。所以英国的"快乐蛋公司"想出了一个好方法，请摄影师拍摄一套"帅公鸡月历"，挂在鸡舍里让母鸡看。为了提高效率，人类简直是无所不用其极。

人类是大自然的精灵，但我们怎么也改变不了人类也是自然界的物种之一这一事实。抛开这些看起来不相干的怀疑，即便从人类切身的角度出发，在追求利益最大化的疯狂中，我们食用了这些超越生命规律、自然规律的农产品，我们的身体真的不会有伤害吗？只可惜还没有人从长远的角度用科学实证的方法去做认真的研究。

三、强调效率对教育的警示

毋庸置疑，以追求"效率"为目的、大规模少品种的生产方式也正在影响着教育领域——这个以培养有生命的人为目的的事业。"量化"、"精细化"、"精讲多练"、"高效学习"……这些明显带有工业生产痕迹的词语在教学教研领域大量出现。寒暑假补课、周六周日补课、延长高考科目上课时间、压缩活动时间、晚自修上课等等，这些像养鸡养甲鱼那样简单粗暴地以增加学习时间来提高学校的产出的方式也层出不穷。人们急不可待地想方设法能够以最快的速度把所有要考试的知识装进学生的头脑里。学生读了四个多月书后，理应有寒暑假来进行身心的休整，一周学习了五天，应该得到放松。但是这些时间大多都被全方位的补课取代了。

我认识的一位学校司机，爱人待业在家，经济负担十分沉重。唯一的女儿在读初二，大约处在年级600名学生中的200名左右。双休日有三个半天的时间，家长给孩子安排了数学、科学、英语的家教，孩子几乎没有假期可言，这位司机无奈地说："现在的问题是好学生都在找家教,我们不找家教差距就更大了。"

流水线上的工人成为机器的一部分,手工业时代匠人们通过一双巧手制造一个产品的成就感也就荡然无存。学校里的学生如果也被像机器一样对待,这是时代的悲哀。

北大教授李零写过一篇文章,叫《大学不是养鸡场》,他说:"学校是培养人才的地方,是做学问的地方,千变万化,说破天,它也不是养鸡场。现代建筑朝养鸡场发展,我们无可奈何;办公室朝养鸡场发展,我们也无可奈何;但一流大学办成养鸡场,我是坚决反对。"因为"一流的鸡,肯定不是养鸡场的鸡。但养鸡场的道理要的不是口感,而是效率"。

肉鸡、甲鱼、雷笋这些生物,在人们的催生下成熟后,就立马能摆上餐桌被食用,它的生命就到此为止了。而我们培养的学生成人了,还只是走上社会的开始,暖房式的培养,让他们离开我们的校园后,接下来如何自然式地生存?

野生甲鱼的质量比人工养殖的甲鱼好,本鸡的质量比养殖的肉鸡好,山里人都知道,自然生长出来的笋比催生出来的雷笋口感好。过多的人为干预,违背自然规律的结局是可想而知的。如果我们的教育也这样被考试、升学率绑架,仅仅截取规律中对成绩有利的部分,将它应用于我们的教学,学习时间被无节制地延长,体育活动被有意地集中或限制,艺术课堂、社团活动被刻意地减少,短期内也许出了"成绩",但是这样能培养出真正高质量的人才吗?这样的做法真的对学生的"终生幸福"有利吗?

自然界的万事万物都按照一定的规律来生存。日夜更替,寒暑易节,草木枯荣,虫豸冬眠,土壤耕种了几年后需养需息,无一不是此理。一棵树,在春天发芽、抽叶、开花;在夏季,为累累硕果而奋力生长;到了秋天,果实成熟,树叶黄落。这就是"息",这就是生命的自然规律。落叶,是为了更好地迎接冬日,在冬季休养生息。这就是"生有所息"。这个生命的规律不能被超越。人类也是如此,脉搏一起一伏,呼吸一进一出,运动员为了蹦得高、跳得远,首先都要蹲得低,生活中的很多人却常常像拉得满满的弓,只图张得够紧,不顾弛得到位,一旦过了限度,我们的身心之弦就会戛然而断。常闻一些社会精英因过度劳累,英年早逝,令人扼腕叹息。人的精神是可以强大无比的,但其躯体终究是物质的。

四、教育是慢活

　　教育工业化说到底是我们急功近利的行为。我们牺牲了一代人最宝贵的时间，让生命中最宝贵的青春拘禁在逼仄的课桌前，耗费在无穷无尽的题海之中。我们牺牲了一代人最宝贵的体质，体育课日受挤压，中学生的体能逐年下降，肥胖率却居高不下。我们牺牲了一代人最宝贵的学习热情，为了高考，可以放弃一切。进了大学却对学习失去了热情，探索欲望消损了，创新冲动消磨了，梦想憧憬也就消失了。

　　更遗憾的是，我们没有培养出使孩子终生受益的生活自理能力。现在有些年轻人责任意识缺乏，"月光"、"啃老"、离婚率高……缺乏基本的生活能力。我们也没有培养出人才的创新能力。一味的公式变形、方法操练，与大棚蔬菜、45天的速成鸡没有什么两样。长此以往，我们永远只能等着别人发现公式，掌握核心技术，而我们只是运用公式，培养"操作工人"，生产"贴牌产品"。培养大师级人才，更是无从谈起。

　　大自然是人类的母亲，人类源于自然，创于自然，归于自然，我们怎么感恩大自然都不为过。为了满足人类利益的最大化，人们利用科学技术，仅仅截取自然规律中对人类有利的部分，将它应用于我们的生产。于是乎，甲鱼可以不冬眠，肉鸡可以不睡觉，雷笋可以不怕冷。但这些都没有经过整体的考量，也没有经过时间的考量。人类的自然生存能力本来不及其他生物，在用进废退中，人类自然生存能力将会越来越弱。长此以往，对科技的依赖越来越强，与大自然的默契就越来越弱。

　　法国杰出的启蒙思想家卢梭在《爱弥儿》一书的开卷中即写道："出自造物主之手的东西，都是好的，而一到了人的手里，就全变坏了。他要强使一种土地滋生另一种土地上的东西，强使一种树木结出另一种树木的果实……如果你想永远按照正确的方向前进，你就要始终遵循大自然的指引。"创新意识、创新精神、创新思维都是永远需要的。当下的问题不是科技发展得太慢，而是人类的心灵跟不上科技的发展。我们能否放缓一点科技创新的脚步，思索一下我们前进的方向是否需要调整。一个国际专家小组在美国《科学》周刊上发表报告称，因为人类的影响，地球已经超出了大自然的多个承受极限，这种"越界"让人类自身处于危险境地。人类在抗衡规律、抗衡自然的道路上越走越远，也就意味着人类向下沉沦的速度越来越快。

　　在科技日新月异的今天，人们越来越急功近利，迫不及待，希望水果蔬菜快速生长,希望猪牛鸡羊快速长大,希望孩子快速成熟。在电视节目里,五六岁的孩子,能说出成人的话语、唱着成人的歌曲、表达成人的观点,被认为是老成、超常,甚至天才、神童。我们的孩子正在经历从"身"的早熟到"心"的早熟。人类的童年正在缩短。令人目不暇接的"现代科技"吞没了人生的黎明,孩子已变成电脑的附件和电视屏幕的随从。二十一世纪的孩子们,得到了机器带来的便利,却远离了山脉、河流,失去了月亮、星辰。

教育不应该仅仅基于眼下的成绩,更应该基于爱和尊重,基于对生命的敬畏。美国实用主义哲学家和教育家杜威先生对这一论点做了进一步阐发,提出"教育即生长"的命题,言简意赅地道出了教育的本真要义:学校教育的首要任务是促进儿童的生长,一切从儿童的需要出发。"生长是生活的特征,所以教育就是生长;在它自身以外,没有别的目的",杜威这一"教育无目的说"实指教育要使每个人的天性和与生俱来的能力得到健康生长,而不是把外在的东西强加给儿童,把儿童当成控制的对象和灌输的容器。我们无法想象,从小在"控制"和"灌输"中长大的孩子,还能有什么创新的冲动和想象力。

在当下强调效率的大背景下,教育者应该明白,教育是慢活,人的成长是需要时间的,是有规律的。教育应学会等待。

16.
教育应追求"终身保质"

2005年暑假,我当时所在的学校整体搬迁进入了120亩的新校园,全校师生沉浸在无比的幸福之中。新校园的建筑质量总体上看是好的,但一年后,陆陆续续地暴露出了一些问题,而且还找不到索赔的依据。保质期一年的自来水龙头、不锈钢栏杆等,一年内没有问题,一年之后不出几个月就不行了,保质期三年、五年的也大致如此。从某种意义上来说,建筑公司对产品保质期限恰到好处的控制,还真让人不得不服。

倘若只是自来水龙头、栏杆这些裸露在外的显性问题,维修起来倒也还方便。接下来墙体内的水管出现了渗水现象,地下的学生宿舍楼供热气管这些隐蔽地方出现了多次漏气事故,维修的麻烦就大了。要知道,出现问题之后,维修、翻工的成本,往往是当时建筑时的几倍,甚至十几倍。

在重物质轻精神的社会大背景下,人们总是急功近利。搞建筑的,只求眼前的应付,只图交货时的光鲜亮丽,由此,所谓的"楼脆脆"、"桥脆脆"、"路脆脆"的出现,就在所难免了。

在感叹建筑业问题的同时,我很自然地就想到了我们的教育。我们的学生在日复一日地听课做题,考试订正,除了应付考试,还有多少真正的作用?我们是否也只是考虑着让学生以光鲜亮丽的分数走出校门?我们是否把"教"与"学"都当成了敲门砖?我们是否也被功利蒙上了眼睛?

对于学生来说,智育是知与不知的认识问题,德育是信与不信的情感问题。显性的知识掌握部分总是容易检查,我们的学生基础知识扎实,是世界公认的。而作为"隐蔽工程"的部分,学生隐性的品行修养、精神信仰方面,究竟怎么样呢?相对于"楼脆脆"、"桥脆脆",我们是否也有"心理脆脆"、"精神脆脆"的问题呢?

对照着"建筑"来看教育,我深深地感到,教育应追求"终身保质"。我以为,学校教育的根本宗旨是一切工作为了学生的发展。学生,首先是一个人,然后才是学生——发展中的人。因此,教育要追求终身保质,必须要促进学生的终身健康——健美的身体、健康的心理、强健的精神;要促进学生的终身学习——基础性学力、发展性学力、创造性学力,并最终促成学生的人格完善。

一、为了学生的终生健康

一个人的终身健康,意味着这个人需要拥有完满的人性——健美的身体、健康的心理和强健的精神。

(一) 健美的身体

学生在中学时期需要奠基身体、奠基知识、奠基精神。而身体是承载知识和精神的物质基础。当下教育中,存在着过于重视知识增长,而忽视了身体与精神的成长的现象。随处可见现象是,不少学生知识学到了,但由于承受着巨大的身心压力,眼睛高度近视,个子矮小,有的甚至背也驼了。一个个像动画片里的小精灵。知识丰富,身心压抑。我对自己孩子的生长发育,平时还算是比较关注的。高考结束后的暑假里,孩子吃好睡足,加上游泳等锻炼,体型一下子魁梧了很多。每次与欧美学生一起联欢,发现他们的学生几乎没有一个是眼睛近视的,而我们的孩子八成以上是近视的。在这生长发育的关键年代里,还有什么比身心的舒展更为重要呢?

在学军中学,我们高度关注学生身体成长,保障学生每天都有一小时的活动时间。学生处和团委组织的以培养学生健美身体为目的的各种体育比赛项目贯穿于每个学期的始终,倡导学生要动得起、静得下。我们推行学生"一日三跑"——晨跑、课间跑、课后跑。每学年结束,在统计各班文化课成绩的同时,同步统计、公布学生的近视率、身高体重等变化数据,坚决反对以牺牲学生的身体素质为代价而获取考试的高分数。在省教育厅发布的全省学生体质健康测试报告中,我校学生的情况名列前茅。

(二) 健康的心理

世界卫生组织(WHO)提出:"健康不仅仅是躯体没有疾病,而且还要具备心理健康、社会适应良好和道德健康。"中学生是个朝气蓬勃而又极其脆弱的群体,中学时代是人的一生中最关键而又最矛盾多变的时期。在当今多元多变的社会条件下,中学生正面临着前所未有的挑战,其心理负荷能力也遭受到巨大的考验。有资料显示,在我国大约有五分之一左右的青少年都存在着不同程度的心理行为问题,比如逃学、厌学、说谎、考试作弊、偷窃、焦虑、胆怯、抑郁、沉湎于网络等各种心理行为问题,这些心理行为问题已经成为严重影响青少年健康发展的因素。根据我国心理学家对高中生心理健康提出的标准:正常的智力、健康的情绪、积极的意志品质、适度的反应、统一的人格、和谐的人际关系、个人与社会的协调一致以及心理与行为符合年龄特征,我校采取了以下几方面的措施:

认真做好学生心理辅导及心理咨询工作。充分利用课堂教学,扎实推进心理健康教育。心理辅导教师围绕大多数学生经常遇到的或关心的话题,结合实际加以解述,给学生最及时的辅导和帮助。如针对高一新生入学后学生中普遍存在着的对新的生活环境、新的角色的适应问题,结合心理问卷调查结果,开设了《山不过来,我就过去——与高一新生谈适应问题》的课程;针对高二文理分科后学生的心态变化,开设了《方法与心态》的课程;高三学生面临的主要问题是随着学习压力的增加,如何调整心态,增强心理素质,找到适合自己的复习方法,对此,我们在高三开设了《走好高三第一步》的课程;临近高考又举办《轻松进考场——克服考前焦虑,做好高考准备》的讲座,这些课程都是针对学生在某一阶段的心态,具有针对性,收到了良好的效果。定时开放"心晴小屋",重视个别辅导,每天中午12:10—13:20,接待学生个别咨询,值班教师认真做好辅导记录。设立心理咨询信箱,做好学生的心理咨询和心理训练工作。善用团体式心理辅导,让学生们在游戏中学习,在欢笑中感悟,获益无穷。游戏内容丰富多彩,包括寻人卡片、最佳配图、人体拷贝和价值拍卖等。结合班主任工作做好学生的心理辅导工作,积极发挥课堂主渠道作用,把心理健康教育和班会课结合起来,增强预防功能。邀请校外心理专家对全校德育干线上的教师进行了心理健康教育C证培训。借助广播站、宣传栏、橱窗、板报、书籍、网络等宣传途径做好心理健康知识宣传工作,让更多的人正确认识心理健康教育,让心理健康教育走进千家万户,使家校教育形成合力,促进亲子沟通,进一步提高学生的心理素质。

利用各年级的家委会、家长会向家长宣传普及心理学常识。让家长了解孩子在这一年龄段的生理、心理特点,了解孩子可能出现的心理问题及行为表现,提醒家长关注自己的孩子,学会与孩子沟通的方法。尊重孩子、理解孩子,给孩子一个民主和谐的家庭氛围。与家长共同探讨"怎样恰当地评价孩子的学习成绩"、"父母的自我形象"等，受到家长的普遍欢迎。除利用家长会的机会对家长进行辅导，我校还专门举办"家长学校"，请心理咨询专家到现场与家长交流。

丰富校园文化，通过各种喜闻乐见的活动来推进心理健康教育。在学校开展的"立志向、恒志气、养志趣"活动中，我们在培养学生精神意志力的同时，也高度关注学生对待学习与生活的兴趣、情趣和乐趣。在每年的"红五月"社团文化节上，定期举行校园心理情景剧大赛。学生们自己当导演，自己当编剧，写自己的校园生活，演自己的日常故事，从台前到幕后全由学生协作完成。心理漫画创作大赛，仅需一张纸、一支笔，无需多深厚的画功，便可让画笔随着心灵一起跃动，自由宣泄、表达，更能起到良好的自我解压效果。此外，每年的心理活动月，校心理辅导站联合团委举办了心理健康板报比赛、心理漫画大赛、心理健康有奖征文、心理健康讲座、心理电影赏析、心理绘本阅读等一系列相关主题活动。

（三）强健的精神

精神，对学生个体而言，是一种力量，是"人的心理智慧、能力、意志、情感和理想、信仰等综合而形成的一种力量"。精神作为人的内源性动力，集中表现在人的主体性上，尤其是在对主体内在力量的调控上。扑腾藩篱是燕雀，奋飞苍穹称鸿鹄。人的精神发展水平，影响甚至决定了人的整体发展状况。关注精神，理应成为教育的重中之重。精神，应该渗透在一切教育要素之中。正是由于人的精神对于人的生活的重要性以及精神发展在教育活动中的普遍性和渗透性，西方人一般认为精神是任何教育实践的核心。

能否关注学生的精神性，应该是衡量一种教育优劣的重要标准。如何实施精神教育，王坤庆教授提出了六个基本策略，分别是知识、劳动、交往、读书、闲暇和修养。如他提到，知识是人的精神生活的基础，也是人提升精神生活水准的前提。一个知识丰富的人，由于对外界的认识丰富而拓展了思维的空间和想象空间，又因对许多问题的迷惑而引起多方面的兴趣。于是，他探索世界奥秘的精神驱动力也就由此产生。就学校教育而言，传授知识就是在传播精神。千百年来，人类文明赖以为继，科学文化得以兴盛，正是依靠学校的精神生活教育。

王坤庆教授还指出了当前学校教育在知识教学上存在着三种根本的失误。首先是把知识当做僵死的教条，硬性"灌输"，而隐去了知识背后所包含的人的情感、意向和发现知识的热情。其次是把知识的掌握看成是机械训练、死记硬背的结果,忽视了人在掌握知识的过程中体现出的求知欲望、主动精神和探索的品性。再次是将知识限制在专业、实用和功利的维度上,缺乏对知识体系的完整把握和对知识类别的融会贯通[①]。

除知识外,劳动、交往、读书、闲暇和修养对学生的精神成长也起到很好的作用。学校教育要通过实施包括这些策略在内的精神活动,帮助学生形成对生命的价值与意义的领悟,唤醒学生对真善美的向往和憧憬,为他们铺设一条由狭隘走向广阔的大道,引领学生获得足够的鉴赏力,去享受整个人类千百年来所创造的那些最富有价值的精神财富和文化精品,使学生有机会去创造属于他自己的美好人生。

二、为了学生的终生学习

现代社会的特点,决定了学习必将成为人类生存发展的第一需要和终身需要。终身学习,对发展中的学生而言,意义更是重大。对个体来说,终身学习的各个阶段总是相互依赖的,是一个终身学习链。在这个终身学习链中,有两大关键性的要素贯穿始终,即学力和人格。基础教育学校的根本使命就在于奠定学生"学力发展"与"人格成长"的基础。

学力,即"学问之力量"或"学问之效力"。原指"读、写、算"的能力,现广义地解释为"通过后天学习与实践获得的态度、能力与知识的集合。学力的养成包括积极态度的培养,学习能力、理解能力、提出问题和解决问题能力、社会适应能力的提高和知识的积累"等。

学力是作为生命体的个人长期学习的综合产物,而且是与时俱进、循序渐进的,处于动态的发展之中,不是一成不变的。从纵向结构上来看,学力可以分成三个层次:基础性学力、发展性学力和创造性学力。

基础性学力。基础性学力可以理解为作为合格公民所需要的基本的态度、能力与知识的复合,是发展性学力与创造性学力的基础。学习是认知结构的组织和重新组织,是把有内在逻辑联系结构的教材与学生原有认知结构关联起来,让新旧知识发生

[①] 王坤庆.精神与教育[M]湖北:华中师范大学出版社,2009.

相互作用，使新材料在学生头脑中获得新的意义的过程。由此可见，重复"已知的"不是学习，好高骛远，追求"跳跃式"的新知，也不是学习，"关联"说明，讲课需要有连续性，学习需要循序渐进，需要扎实的基础。

发展性学力。发展性学力亦即学习主体为主动适应迅速发展的未来社会，所必须具备的自我发展的态度、能力与知识的复合[①]。生命体是一种自适应系统，具有调整自我以适应环境变化的能力。发展性学力就是这种能力的综合。

发展性学力要强调态度、能力与知识的复合，是由人脑高效运作的条件所决定的。大量的研究表明，当个体处于身体放松而注意力集中的状态时，学习的效率非常高。身心的放松，意味着学生在学习时是接纳的、平和的，而不是对抗的、厌恶的。这时候，他的心跳、呼吸频率和脑波流动是同步的。这种平和、愉悦的状态能够极大地整合他的心理资源，表现出注意力比较集中等特征，使大脑进入一种准备接收新信息的状态。反过来，如果学生的内在动力没有调动起来，动机水平不够，甚至处于一种厌恶的状态，那么他的很大一部分心理资源将需要用来对抗自己的负面情绪，真正用于学习本身的资源将大为减少。学习的效率自然降低，学力的表现自然不佳。因此必须要注意态度、能力和知识的复合，注意人的发展的动态性与自调性。

创造性学力。为适应知识经济时代所必须具备的探求态度、批评与创新能力、必需的知识、经验累积和对知识的开放性、多维性的认识[②]。如果说发展性学力侧重的是对环境的适应，那么创造性学力侧重的是对现有状态的超越。因此，发展性学力可能是人的智能与人格（态度）持续发展力量的展示，而创造性学力则将是人的智能潜力与人格（态度）力量的集中表现。

在中学阶段，培养学生的这三种学力无疑是非常重要的。现在的问题在于作为合格公民所需要的基本的态度被局限于以追求高分为目标的学习态度，基本能力被窄化为解题能力，并局限于知识的学习、解题方法的掌握，教与学的原动力源自于考试，一切都以以光亮的分数走出校门为目标。学生往往读了三年书，做了三年的练习，机械、重复的基础性操练过度。学生往往知其然而不知其所以然。

学的真谛在于"悟"。知识总是外在于人的，只有让知识进入人的认知本体，渗透

[①] 袁运开．再论培养学生发展性学力和创造性学力的内涵及意义[J]上海：华东师范大学学报，1999(1)．

[②] 同上．

进入的生活与行为,才能转化为素养。进入认知本体的途径就是"悟",就是要对知识方法有"意义理解",有规律性的认识。教学中,要给学生有悟的时间、悟的情景、悟的载体。在接受新事物能力最强的年龄阶段,好奇心都消磨在反反复复的"炒冷饭"之中,抑制了学生的进一步发展。

影响学力的因素有很多。如有学者认为学力的形成受三个要素影响。一是时代和社会的文化水平决定学力的最高界限,它反映在学校的培养目标、教育内容、教育计划上;二是传递的水平直接影响学力形成的效果,反映在教师的教学水平和教学方法上;三是学习者的学习动机、兴趣、意识及主动性,因为传递的结果是要他们掌握。宏观上说,学力是文化与学习者的统一,微观上说,学力是学习内容(学科、教材等)与学习者自身诸因素的统一①。如图1所示。

图1 学力形成过程

学习的过程是个体不断生成意义的过程,生成意义是理解不可缺少的过程。在学习过程中,学生不是掌握客观知识,而是生成自己的意义、理解和假设。生成不完全等于"语义加工",也不限于将信息纳入图式中,而是对信息进行自己的建构。意义的生成越是丰富,学生的动机和兴趣也就越高,主动性就越强。在增强学生的能动性方面,我校有"领导力开发"、"职业生涯规划"等丰富的选修课程,以"红五月社团文化节"为统领,每个月都有主题活动,以"立志向、恒志气、养志趣"活动为统领,学校组织各项活动培养学生的社会责任感。这些课程和活动,对学生学力的提高都大有裨益。

三、为了学生的人格完善

人格是源于个体身上的稳定的行为方式和内部过程。内部过程和发生在人与人

---

① 转引自韩彩虹.课堂情境中的学力生成研究.辽宁师范大学硕士论文.2009:6.

之间的人际交往过程不同,它是从人的内心发生,影响着人怎样行为、怎样感觉的所有情绪、动机和认知过程。因此,人格是涵盖了学力的种种能力的整体结构,同时又是关乎世界观、价值观的体系。而在学校教育中占据中心地位的教学是以通过人类文化遗产的系统授受来形成学力的[①]。故,从一定意义上说,所谓学校,就是通过学力成长出人格的地方。

人格也称个性,即一个人的公开的自身,通常被看作人一贯的行为方式。伦理学定义为做人的资格,社会学定义为社会角色,法学则定义为受法律保护的个人权益。心理学认为,人格是人的素质中重要的组成部分。人格完善则是指个体各方面心理特征平衡发展的一种人格表现形态。它的理想标准是完美的道德人格、智慧人格和审美人格的内在统一,具有求真、求实、求美的本质要求。但是,在现今仍然以应试教育为主的教育模式中,很多学校往往存在着严重的把教育窄化为智育,又把智育窄化为分数的现象。在中小学教育实践中明显地表现为重智育,轻德育,重分数,轻人格的倾向。忽视学生的人格培养将导致学生人格发展的不健全,甚至形成人格障碍,最终可能培养出"高分低能儿"和"罪恶的科学家"。在全面推进素质教育的今天,作为教育工作者的我们应该重新审视人格教育,以完善人格作为教育的价值取向和终极目标,使中学生真正获得正直、乐观、睿思、进取的品格,使人格健全起来。

学生的人格并不是与生俱来的,而是后天通过主体性的活动形成的。课堂教学中所展开的学习活动,是学生人格形成的最重要因素。但并非所有的学习活动都能促进学生的人格成长,只有那些主体意识水平很高的自觉性活动,即自我活动,才能够促进人格成长。

前苏联著名的心理学家列昂节夫曾经列举了四种不同自觉性程度的学习:

第一种:"假设一个儿童准备功课,是因为如果他没把功课准备好,就不放他去看电影";

第二种:"假设这样做不是这个缘故,是因为他想得5分";

第三种:"假设是他对这本教科书的内容入了迷";

第四种:"假设他把学历史看成是通向他未来职业的途径才使他努力学习的"。

自觉性的不同程度,体现了儿童所掌握的知识对他起到的不同作用,这些知识在

[①] 钟启泉.关于"学力"概念的探讨[J].上海教育科研,1999(1).

他的本人生活中占有不同地位,对他具有不同的涵义。自我活动是那种自觉性程度高的活动。在自我活动中,儿童就会自觉自愿地行动以追求自己整体的长远目标。在第一种情形下,儿童即使醉心学习,也称不上自我活动。第二种情形也一样。第一、第二种情形是由外发性动机所支撑的学习。相比之下,第三种情形才是由内发性动机支撑的,但是还不能称为完全的自我活动。只有第四种情形,才称得上真正意义的自我活动。处在这种水平上的儿童可以成为学力的主人,学力同人格处在统一的状态[①]。

由此可见,要通过学力来促成人格的发展,关键是要把学习活动与学生的生活相联结。中学时代是人格再造的关键期,那么,如何才能完善学生的人格呢?

(一) 培养学生健美人格的自我意识。心理辅导教师通过设置相应的课程帮助学生确立正确的人生观、价值观。同时,组织学生赏析心理绘本,比如《中学生崇拜的128个偶像》、《人生不设限》等等。图文并茂地向其展示高尚的人格画面,树立可亲、可近、可仿的高尚人格形象。

(二) 为学生创设施展才华的平台。马斯洛的需要层次理论告诉我们,自我实现是人的最高层次需要。中学生具有强烈的自我实现的愿望,他们渴望自己的特长得到充分发展,个人才华得以充分展现,以此获得老师的肯定、同伴的尊重及认可。为中学生创设施展才华的平台,可以促使其潜能的发挥,以达到自我实现的目的,有利于健美人格的培养。为此我校针对学生青春期特点开展了系列活动:(1)每年的"红五月"是我校社团文化节,在此期间学生根据各自社团特点,编排不同的节目展现社团风采。如心理社以手语的方式展现感恩之心,令人印象深刻。(2)开展丰富多彩的第二课堂活动,发掘、培养学生的潜能,让学生深切感受到"天高任鸟飞,海阔任鱼翔"。(3)每年的校园心理情景剧大赛,全程都是由学生自编、自导、自演完成。让学生在倾力演出的同时潜移默化地得到教育与启发,从而达到解决自身困惑的目的。(4)组织开展校园心理漫画大赛。学生可以通过心理漫画很好地表达自己的喜怒哀乐、生活感悟,达到"我手画我心"的目的。

(三) 进行恰当的挫折教育。当今的中学生大部分都是温室里的花朵,成长过程中很少经受风雨的洗礼,抗挫折能力相对较弱。但在学习生活中挫折又不可避免。比如,学业竞争中受挫、情感受挫、人际交往中受挫、因意外刺激而受挫等等。面对挫折

[①] 钟启泉.关于"学力"概念的探讨[J].上海教育科研,1999(1).

他们手足无措,或恐慌,或焦虑,或自暴自弃、逃避现实,甚至有人一蹶不振、悲观厌世而轻生。因此,对学生进行恰当的挫折教育尤其重要。挫折发生后,怎样调整、修复受创的心灵,主要有以下策略:1. 设置相应的挫折教育课,比如《向着炮火前进》等。2. 帮助受挫的学生摆脱受挫情景。3. 情绪发泄。为受挫的学生提供发泄情绪的途径与方法,让其内心的苦闷与痛苦得以充分倾吐,使其挫伤的感觉消失无形。4. 角色扮演。通过表演的方式让受挫者将自己的态度与情绪充分地表达出来。使扮演者充分了解或体验他人的立场、观点与情感,进而形成遇事设身处地的胸襟。同时,也可以借此舒畅身心。

(四)人格异常的调适和心理辅导。青春期的中学生常出现人格异常,主要表现为:性格缺陷、感情异常、意志异常、对个性缺陷缺乏自制力等。我校心理辅导室严格遵循平等、保密原则,针对学生在学习、生活、人际关系、恋爱等方面出现的人格异常现象采取积极有效的措施进行恰当的调适和心理辅导。案例呈现:心理辅导室收到一封来信——《我是不是同性恋?》。该信表明,中学生在进入青春期后,对自我身体发育的认识和体验、对自己性别角色的认同以及对待异性交往需求和交往行为方式等方面明显地偏离同龄人群体的正常发展水平,由此产生了持续的心理失衡及行为偏差。

(五)生涯规划。从列昂节夫所列的四种自觉性程度不同的学习活动来看,与学生自己的人生发展相联系的活动是自觉性程度最高的活动。当学生把当下的学习与自己今后的人生道路联系在一起时,学习的自觉性是最高的,对学力的发展也最有利。而高学力又能极大地促进学生的人格完善。

为帮助学生进行科学的生涯规划,我们通过国旗下讲话《学会与自己交谈》、《人的自在与自为》、《慎独自律,乐群阳光》、《认识情商》、《人的本我、自我与超我》等,通过选修课程中的"自我探索之旅"、"健康心理教育"、"道德经、史记等'国学'作品漫谈"、"外国、外语文学作品欣赏"、"小说、戏剧"等,开展"三自"教育,促进学生自信定位,自觉求知,自我完善。让学生进一步了解自己,认识自己。要求学生反思自己的个性心理特征,明白自己的优势与软肋,反思父母对自己的教养方式,总结成败得失。要求学生将自己的反思文字交给父母和老师共享,让学生客观地看待自己的反思能力,在征求意见的基础上进行再反思,在反思的基础上明白自己的兴趣、能力、性格、价值观、学科兴趣等特点,明白自己希望得到什么与可能得到什么。

我校以"课程引领和实践体悟"为途径,让学生更好地了解与认识社会。开设了

"职业生涯规划"课程,举行了"高中生生涯规划"国际论坛。通过一些心理学知识的学习来认识与了解自己,确立自己的大致发展方向,然后通过社会调查的方式了解社会各行各业职业状况,体验社会生活,从而明确自己的人生追求。寒、暑假期间,与一般的补习文化知识课程不同,学校倡导补习社会课程、亲情课程,并对此作出具体的要求。让学生了解快速发展的社会,明白自己可以做什么。在此基础上,做一个生涯规划。

完善的人格有利于学生的全面发展,使学生更具创造力,以达到实现自我、超越自我的目的。

17.

教育"中段现象"之辩

出自《左传》的"一问三不知"中的"三不知",指的是对事情的起因、经过和结果都不知道。成语"来龙去脉",比喻事情的前因后果。鉴于此,我们可以合理地将事物或者问题分为"三段"来论述,"前因"一般是指问题的源头和背景,是形成"现象"的原因;"后果"一般是指"现象"发展下去的可能结果,而现象只是问题的"中段"。当下的教育,总是将精力集中在对"中段"的研究上,而较少关注问题的前因与后果,我将之称为"中段现象"。

一、德育中的"中段现象"

学生在思想、学习、生活中会遇到很多的问题,有的需要班主任来解决,而班主任在解决过程中常常容易出现的问题就是求快,看到了就说,想到了就讲,就事论事,停留于问题表面。由于没有真正搞清楚问题的来龙去脉,缺乏深入的分析思考,问题也就不可能从源头上得到解决。甚至会出现学生现场反驳而班主任无言以对的情形。从而使问题越积越多,越积越深。

正确的解决之道应该是冷静地分析前因,客观地预测后果。比如班上晚自习有声音,学生学习状态不佳,静不下心,可能因此被值日老师扣了分。如果老师只是说,别的班级如何好(不着边际的比较),谁吵扣谁的分(危机转嫁),这样下去肯定考不上好的大学(单一且没归因的结论),效果不会理想。学生的内心不能平静下来是缘于内心的浮躁,而对引起浮躁的原因要进行深入的分析,比如:是否社会的浮躁在校内的反映,近期班上有什么问题吗?就学生而言,问题是思想的、学习的、生活的,还是身体的、心理的?是常态的,还是突发的?家庭有什么问题吗?只有分清楚产生问题的背景,才能真正从源头上着手,逐步解决问题。

哲学上将人性分为三个层面:物质性、社会性和精神性。与此相仿,我认为,我们的学生也存在"三个世界":物质的躯体作为自然界的一部分构成一个"物质世界";作为社会个体,学生的主要任务是学习,以求德、智、体、美的全面发展,由此构成了一个"学习世界",除此之外,学生的"精神世界"是客观存在的。如果我们的学校教育总是功利障目,总是专注于学生的"学习世界",总是把学生的在校学习窄化为文化知识的学习,总是局限于"术"的演练层面,那么,我们的学生用什么来承载理想?我们的孩子走出校门后还能走多远?

学校德育理应聚焦于学生的精神世界,理应有灵魂安顿的设计与精神居所的创生,理应源于生活、基于信仰。而现实中,学校德育总是聚焦于学生"学习世界"的"中段"上,大多关注学生在学业上的比拼,只有功利德育、量化德育、说教德育,没有往前延伸的、真正形成体系的生活德育、实践德育,更没有往后拓展的信仰德育、精神德育、灵魂德育。这种德育中的"中段现象"要引起我们的充分重视。

人的精神的成长,不在于说教与授受,而在于实践与体验,更多的是在活动中完成。生活是德育的源头,只有让学生处于一定的生活情景之中,通过实践活动,才能让他们形成良好的道德品质。如果道德教育从鲜活的生活世界中剥离出来,德育的影响就无法深入到学生的灵魂之中。

我们对学生呈现什么样的德育内容,就是要在学生的精神世界里建立起什么样的信仰。信仰是主体的一种精神状态,是主体对其认定的、体现着最高生活价值的某种对象的由衷信赖和执着不渝的追求。信仰对人生有导向作用,具有巨大的激励作用,具有凝聚人心的作用。信仰的核心意义就是对人生最重要的价值的不断的追求。教育必须有精神关怀,教育理应引领社会。教育不能把将来的水准和今天的标准作人为的割裂。将来是今天的梦想,看不清明天方向的今天一定是浑噩不清的。理性和超越性是人的精神的两大属性。学校德育要基于"现实性"的一面,但更应注重"号召提倡"和"激励引领"。

德育课程化是强化学校德育的途径之一,教和导本应是一家。但在具体操作上往往为"应试"思维所异化,总是过多地聚焦于"说什么"和"怎么说"的"中段"上,而没有弄清楚"为什么要说"。总是简单地把德育当作一般知识来传授,用智育的方法进行评价。涂尔干说过:"当一个人按照课程规定把整个道德压缩成几节道德课,并在一周之内用比较短的间隔来不断重复这几节课的时候,他很难满怀激情地完成这项工作,因为这种间歇性的课程特点几乎不足以给学生留下任何深刻或持久的印记。"学生德性的养成,不能单纯视为道德理论知识的传授或者认知水平与道德思维的开发活动。道德学习不仅仅是通过课堂的"告诉"、"灌输"等就能生效的。道德的内化是个体对一定的社会思想、社会道德的认同、筛选和接纳,并将其纳入自己的思想品德结构之中,变为自己的观点和信念,成为支配、控制自己思想、情感、行为的内在力量。单向灌输,虽然简捷便利,但实效性是低下的。

二、教学中的"中段现象"

在课堂上,我们常常可以看到这样的情景,一个公式出来后,学生除了要记住以外,还要进行大量的变式训练。课堂上精讲多练,课后做作业继续操练,考试中"以考代练"。大量的机械、简单、重复的训练,导致学生厌恶学习,反感做题。打车的时候,一位的士司机告诉我,他女儿读初三,他每天回到家 10 点多了,女儿总是还在做题。有一天,作业终于做完了,女儿沉着脸,父亲说:"感觉怎么样?"女儿回答:"想吐了!"我校一位英语教师晚自习值班,在教师办公室,我看到她刚上小学一年级的孩子坐在妈妈旁边做数学题,仔细一看,孩子把本子倒着放,做出一题后,就倒着写上正确的答案。在我看得发呆时,这位妈妈告诉我,题目都比较简单,但是量较大,孩子做得厌倦了,自己在寻找一种新鲜感。

其实公式、定理都是解决问题的工具,是方法,是手段。比这更重要的是公式本身是怎么来的,以及公式在生活、科学实践中的应用。我一直以为,三流的教师教知识,二流的教师教方法,一流的教师教思想。如果我们总是停留在为了应试而像玩"变形金刚"一样地不断对公式进行变式、拆解训练,培养所谓的解题高手,教育窄化为"术"的演练,那么我们永远只能等着别人来发现公式,而我们只能是搬用、套用公式的"操作工人"。从这个意义上讲,在全球化时代,产品制造中的"贴牌"现象也就不难理解了,别人掌握高端的核心技术,我们的技术工人负责低端的"产品加工",以牺牲自己的时间、环境为代价,获得一点蝇头小利。诚如俄罗斯《晨报》一篇文章的标题所载:"中国将继续供养西方。"

就数学而言,学生的数学素质,应包括数学意识、问题解决、逻辑推理和信息交流这样四个部分,但一直以来我们总是过分强调逻辑推理,把数学仅仅看成是思维的体操。我们的课堂教学,总是呈现提炼好的单纯的知识,培养抽象思维能力。很少涉及知识的实际来源和应用方法,"掐头去尾烧中段",教育过程中"喂"得过于精细。中国学生在国际数学"奥赛"上获得金牌数量经常名列第一,但一方面我们的应用能力不及韩、台、美、英、加等国家和地区:高中学生不知道电视大奖赛上为什么要去掉一个最高分,一个最低分,不会解决日常生活中的股票、利息、保险、分期付款等经济方面的数学问题。另一方面,学生对纯而又纯的数学已感到厌倦,即使拿了奖,也不想再从事数学方面的工作。

如果说数学教师的问题主要在于为"应试"所困,在于一种基本的观点和态度的不正确,那么语文教师还有一个知识面的问题。这里讲述一位语文教师在上罗素的《我为什么而活着》一文时的两个情节。其一,老师讲到了爱因斯坦最喜欢看罗素的作品,但仅此而已,一带而过。没有说明爱因斯坦还是一位伟大的思想家。美国《时代杂志》评选世纪人物,整个20世纪,那么多的国家,那么多的行业,那么多的英雄和大师,最后只剩下一位,即爱因斯坦,最高光辉闪耀在世纪之初的1905年。其二,罗素活着的理由有三:爱情、求知与帮助穷人,老师把它提炼为美、真与善,这非常好,并联系了学校刚刚结束的"走进农村大课堂"活动。遗憾的是,这种联系浮于表面。能否追问一下参与活动的学生,你所切身体验到的真、善、美表现在哪些方面?能否帮助学生把看到的现象做一个本质的挖掘?

教学中"中段现象"的另一表现就是"抓中间,促两头"。一个班级的学生,如果按照成绩而论,总可以分出好、中、差三等。基于以平均分为主的排名考量,教师在教学中总是把重心放在"中间群体"。相对欠缺的是对"差生"的适度提领和对"优生"的适度提升。结果总是抓了"中间",忘了"两头"。由于一个"差生"造成的班级平均分下降的幅度要超过一个"优生"带来的班级平均分提升的幅度,因而,教师更多关注的是课外的"补弱",更何况关注"差生"还常常被认为是善良和有爱心,可以名利双收,关注"优生"则常常容易被贴上只关注"应试"的标签。

我们传统文化中高度重视"均贫富",《论语·季氏》中有:"丘也闻有国有家者,不患寡而患不均,不患贫而患不安。盖均无贫,和无寡,安无倾。"当下的教育文化中,总是把平均分看得过重，以表面的公平掩盖了本质上的不公平。好学生往往只是名义上的强势，而在课堂的针对性上却是弱势群体。由此，好学生在日复一日的枯燥乏味的陪读中消磨着斗志，浪费着智商。诚然，论均分，我们一枝独秀，令人羡慕不已，但论顶尖人才的培养，我们还是十分汗颜。

三、管理中的"中段现象"

　　一般来说，期中、期末考试之后，各年级都会开一个质量分析会。下发的书面材料里包括了各班的单科平均分、总分平均分、总分分数段人数分布等等。质量分析人员对着每个人手头拿着的数据进行一番说明，就事论事，这是典型的质量管理中的"中段现象"。其实影响平均分的因素是很多的，仅此而已，会后可能还会有的班主任和任课教师因为平均分的公正公平问题而内心不服，即使有了问题，也不知道从何着手去进行改进。质量分析会的关键在于对事不对人，找准问题，正确归因，适度调控，落到实处。定量分析是需要的，但更要关注统计数据之外的东西，对问题班级与问题学科单独建立模型，分析出问题究竟出在什么地方，造成问题的原因究竟在哪里，比如，是态度问题，还是方法问题？是课堂的针对性问题，还是过于考虑"中间"而忽视了两头？作为任课教师和班主任应该如何在教学和管理上进行调控？这种调控如何进行及时的有效性分析？如果质量分析的目的是为了提高教学质量，那么质量分析本身首先要得到质量上的提高。

　　年级组长、班主任会议大多数学校都是隔周开一次，但其质量大不相同。一些所谓"扁平化管理"的学校，年级组内教学教育一把抓，会上总是指出一大堆学生中存在的问题，布置一大堆工作与检查扣分的措施，把学生当作被调教管制的对象，很少对自己的思维方式和管理手段进行反思调整，也没有对学生问题形成的源头背景进行深入的分析，只在"中段"管理上加强检查处分的力度。其实每个学生每天都是在思想、学习、生活、身体、心理等多个维度上生存的，不能简单地就只关注学业这一个领域，即使遇到学业上的问题，也要从更为宽泛的维度上思考和观察问题，只有厘清产生问题的根源，才能使学业上的问题真正得到解决。

　　在学校管理中，通常认为校务组织是决策机构，中层的行政干部是执行者，行政会议只是对各项工作进行布置和执行情况的反馈。久而久之，造成了中层干部的思维定势,缺乏大局观念,只对领导负责,教师和学生对此颇为反感。遇事不从实际出发,没有对源头背景的深刻分析,经常听到的一句话就是:你只要告诉我们"怎么做"就行,"中层"成了做"中段"工作的那一层。由此,中层干部始终是一位操作者,很难提高管理水平。

四、生命教育中的"中段现象"

佛教的形成,起源于对生命中生、老、病、死这些痛苦现象的解脱之道的寻求。生、老、病、死是每个人都要经历和面对的问题,也是学生十分关注的问题。我们的教育,理应坦然面对并回答这些问题。这也有利于学生形成科学的人生观、世界观和价值观。但现实的教育总是强调如何通过拼搏进取来实现对功名利禄的追求,过度地开发、消费生命,而对生命的眷注、慰藉较少,总是遮掩回避出生教育——人是怎么来的、死亡教育——人是怎么没的等问题。

我们今天的教育正在远离对学生生命的悉心呵护,学生感受不到教育本应具有的那种体贴生命的必要温情。教育没有促成生命世界的敞开,这样的教育对于个体生命而言其实是外在的。我们的教育中实际上存在着这样一种事实,那就是把学生看作"物"。学生的"物化"就是教育本身的"物化"。而生命是自由的,或者说生命原本是需要自由的。在应试教育的背景之下,教育成了学生为了赢得更多未来竞争资本而不得不承受的苦役。教育的根本目标是培养人,个体成人的过程并不只是当下个人对周遭现实世界的简单适应,而是精神成人,是个体人格的完成。教育必须要在立足现象世界的同时,有超越的意向。人不仅是事实性的存在,更是精神性的存在。一个人若缺少精神上的关切,他在现实世界中就很难避免自我的迷失。物的挤压、价值的缺失、现代化的紧迫感,导致人的存在的虚无感,使得我们很难再回到心灵的故乡,回到心灵的家园。而家在哪里?路在何方?我们应该怎样走出精神的困境,让自己的内心变得强大而丰富起来?缺少了对精神的深层关照,缺少了神性的维度,缺少了必要的虔诚,缺少了对生命的敬畏,人如何成人?近年来,我们陆续听到"灭门惨案"的发生,这实在是一个令人揪心的信号。

生命教育理应是通过有目的、有计划的教育活动,对个体生命从出生到死亡的整个过程,进行完整的、人文性的生命意识的培养,引导学生认识生命的意义,追求生命的价值,活出生命的意蕴,绽放生命的光彩,实现生命的辉煌。

台湾地区晓明女中"生命教育"课的单元内容安排以及生命教育目标,对我们很有启发。课程的十二个单元内容依次是:欣赏生命;做我真好;生于忧患,应变与生存;敬业乐业;宗教信仰与人生;良性的培养;人活在关系中;思考是智慧的开端;生死尊严;社会关怀与社会正义;全球伦理与宗教。四个生命教育目标分别为:让学生体会生命的无常,珍惜自己,关怀别人;让学生散发生命的光辉,乐于助人,建立良好的人际关系;让学生了解生命的意义,感恩惜福,爱护大自然;让学生挖掘生命的价值,乐观进取,树立正确的人生观。

生命教育既是一切教育的前提,同时还是教育的最高追求。因此,生命教育应该具有指向人的终极关怀的重要教育理念,应该是在充分考察人的生命本质基础上被提出来的,符合人性要求,它是一种全面关照多层次生命的人本教育。生命教育不仅只是教会青少年珍爱生命,更要启发青少年完整理解生命的意义,积极创造生命的价值。生命教育不仅只是告诉青少年关注自身生命,更要帮助青少年关注、尊重、热爱他人的生命。生命教育不仅只是惠泽人类的教育,还应该让青少年明白要让自己和有生命的其他物种和谐地同在一片蓝天下。生命教育不仅只是关心今日生命之享用,还应该关怀明日生命之发展。

五、"中段现象"的哲学探源

我一直在思考,我们为什么会在教学、德育、管理等方面出现"中段现象",是否存在一个更为源头的"形而上"的"中段"问题。

哲学要面对的问题是:"我是谁?我从哪里来?我到哪里去?"长期以来,西方哲学要追问的是:"人为什么活?"也非常重视"终极关怀",而我们的哲学主要解决的是相对"中段"上的"人怎么活?"的问题。

西方哲学重视和鼓励灵魂生活,形而上学的实质是终极关怀,是要为人的灵魂寻找一个可靠的来源和归宿。灵魂生活从困惑开始,经过认真的探索,最后要落脚在信仰上。终极关怀只能用信仰来承载。而中国哲学是不鼓励过灵魂生活的,不讲究灵魂的来源与归宿。儒家也强调个人的精神修养,但注重的是道德,而且这种道德是不讲形而上的根据的,没有超越性指向,它的根据是社会秩序,是政治,修身是为治国、平天下服务的，个人的道德修养与社会的政治功利紧密相连，目的是建立或维护一种"君君臣臣父父子子"的稳固的社会等级秩序。

《道德经》有："失道而后德，失德而后仁，失仁而后义，失义而后礼。"丢了根本规律，就得强调价值规范。当然，强调个人的道德修养，有着积极可取的一面。儒家"三不朽"提出："太上有立德，其次有立功，其次有立言。"总还是把"立德"放在首位，无论你搞政治、经商，还是做学问，都要讲道德。时至今日，社会风气比儒家时代更差，拜金主义已经深入社会生活的方方面面，很多人功利至上，"活在当下"，不讲道德，更不用说过什么灵魂生活了。《人民论坛》所做的调查认为，"信仰缺失"已成社会十大病态之首。

人总是不满足于活着，要为活着寻找一个更高的意义，这个寻求的过程就形成了人类的精神生活。我的母亲是一个基督徒，住在乡下，尽管已经到了耄耋之龄，但周日都坚持去教堂做礼拜，从家到教堂有5公里路程，搭不上车的时候，她走着也要去。老家小村口住着一位80多岁的陈姓阿姨，信仰佛教，每次回老家路过村口时，我总看到老人坐在堂前，手上拿着黄纸折着"元宝"，口中念着"南无阿弥陀佛"，似乎她从来都不曾离开过坐的那个位置。她们都有着自己的信仰，过着自己的灵魂生活，找到了自己的精神寄托。相比之下，当下社会的多数人还是有事才求神，带着强烈的功利目的，祈求上苍佑护自己的财富、安全、官运亨通、考试中榜、疾病康愈……在神像面前没有真正的发自内心的忏悔与反省，只是一种单向的索取，因而不可能是一种真正的灵魂生活。英国《金融时报》网站认为，中国人过圣诞只有礼物不忏悔。而周国平教授认为，一个人有没有信仰，并非是信奉某一宗教或什么主义，唯一标准，就是精神追求上的真诚态度。

六、教育克服"中段现象"的探索

教师教育与教学中的"中段现象"，还直接导致了学生写作中的"中段现象"。学校的"携手同龄宏志生，走进农村大课堂"活动结束以后，学生所写的体验文章中，有不少只是每天生活的"流水账"和对宏志生及其家长的观察记载。至于所观察到的现象是怎么形成的（前段），对宏志生今后对待生活及人生的态度分析（后段），则较少涉及。

要改变深陷"中段现象"的教育，教师是可以有所作为的。凡事要多揣摩源头背景,上升到精神层面。凡事预则立,不预则废。很多时候,教师觉得司空见惯的问题,学生往往是第一次遭遇。对于事物发展的可能结果,在鼓励学生大胆尝试解决、寻求切身体验的同时,也需要阅历丰富的教师来告诉第一次经历的学生。当下需要着重注意的,有以下几个方面。

首先要树立正确的教育观。现实的教育中,教师的工作是繁忙的,备课、做题、上课、批改作业等等,这样忙碌的结果如何?我们是在从事真正意义上的教育吗?在我看来,很多时候,由于教得实在太投入了,以至于忘了究竟为什么而教。教育是一种培养人的社会关爱活动。关爱是教育的本原和灵魂。这种关爱,应该是指向人的终身幸福的终极关怀。教育首先是让学生精神成长,在培养人的过程中,应着眼于人的素质和能力,着眼于人的精神世界或心理状态。由于人类所有创新的、第一手知识一般都不是教育的直接成果,而教育传播的总是已有的知识,使受教育者获得教育者已经掌握的知识。所以教育中要始终突出学生的主体地位,充分发挥学生在学习过程中的主动性、积极性与创造性,使学生在学习过程中真正成为知识的主动建构者,而不是知识灌输的对象。要正确处理好知识传授与能力培养的关系,培养学生获取知识、发现知识的能力。

其次要有丰厚的知识积淀。鲜活的教育场景都是动态生成的。作为一个好教师,需要有丰腴的积淀来挖掘所面临问题的源头背景,支撑自己的临场发挥。冰冻三尺,非一日之寒。文化底蕴是靠日积月累的积淀而自然显露的。假如文化底蕴的积淀不丰腴,面对学生和教材时就不能得心应手,举一反三,旁征博引,左右逢源,而授予学生的东西,也必不是自己人文思想的独特理解和感悟。因此,广博而又丰腴的文化底蕴是每个教师所不可缺少的。教师的文化根底不仅要"深",更应强调"博"和"广",要成为杂家,广收并蓄。要广泛猎取,并消化吸收,长成自己身上的人文血肉。

要提升课程的整合能力。教师不仅要广收博采,更要"整合",自成一家,形成自己对生命,对历史,对社会的独特理解、感悟、观点和信念。教师应有敏锐而又深刻的时代感悟,现实生活、当代社会的各个领域、各个层面,都应是教师视野所及之处。教师的时代感悟,更应是一种悟性。感受各方面的信息,更要悟有所得,所得才是特有的、个性化的,它包括深刻的洞察和体验、反思和批判、感悟和思考,有理的启迪、情的激荡、美的浸染,从而不断提升自己的智慧和灵性。

要提升审美品位。教师的审美品位应该是和谐而又优雅高尚的。和谐,让学生感受到恬静和陶醉；优雅高尚，让学生崇敬而向往。要让这种审美品位成为一种氛围、一种力量、一种磁场，体现于教师的仪表、言谈、举止，体现在教学内容的呈现，教学手段的选用和教学程序的设计上。以美激情，以美发辞，以美育德，以美立人。通过富有美感的教育过程，得到"润物细无声"的效果。实现以智慧滋养学生情感。对于语文老师而言，每一篇课文不仅涉及学科基础知识，而且关联人情世故、人生哲理、历史变迁、山川风貌、科技发展，大到天宇苍穹，小到微土尘粒。因此，重中之重还是自身的文化底蕴。教师如果没有深厚的文化底蕴，如何能架起学生的文化脊梁，又怎么能成为一名符合时代需要的老师呢？然而文化底蕴需要教师不断积累，由此，对于我们的语文教师来说，应当关注周围的一切，博览群书，增加自己的文化底蕴，底气足了，课堂上才能处处闪现亮点。

要有深刻的思想。要避免教育中的"中段现象"，教师必须要有对问题发生背景分析的独到见解和对问题发展后果的深刻洞悉，这都有赖于教师思维的深刻性。所谓思维的深刻性，是指思考问题的深度，就是善于对客观事物进行细致分析，综合比较，善于区分事物的主要方面和次要方面，善于透过事物的表面现象揭示事物隐蔽的本质。

人之所以伟大源于他拥有思想。思想能使渺小的人变得高贵和有尊严。在大师典籍里，在学者文章中，在专家论坛上，我们常能欣赏到充满睿智与灵气的阐发，从感性到理性，充满着诗意的激情和理性的思考。

要使自己的认识更加深刻，平时应该养成凡事多问几个为什么的习惯，而不是一味被动接收，这是深化认识最基本的方法。教研组内、年级组内要创设以诚相待、敢于讲真话的氛围。教研组建设的成败就在于是否有相互讨论、争辩的习惯，因为思考问题的方式不同、提炼的观点不一致是一种常态。海纳百川，有容乃大。要善于听取别人的不同意见。每个人说出自己的理由、自己的思维过程，在争辩中，碰撞观点，涤荡思维，明晰概念，提高认识，激发潜能，从而把握事物的本质。在思维碰撞的过程中，通过对自己和他人的观点进行反思和批判，常常能产生创造的火花，从而建构起新的、更深层次的理解，使自己的思想不断深化。

18.

莫让孩子"被理科"

在与学生接触的过程中,我经常遇到这样的情况,一些学理科的孩子,他们的数理化学得一般,但文科底子很不错,喜欢人文学科且富有人文情怀。每次考试总分一般,孩子纠结,家长痛苦,家长甚至误以为自己孩子比其他学生笨。也有一些孩子,理科学得不错,但更爱好文科。我接触过一位浙江省内一流高中的女生,高考理科709分,家长让我一起帮助填报志愿,当我说到选择一些偏理的大学时,她含着泪说了一句:"我再也不想看到理化生了"。这让我刻骨铭心,我想,这应该是经历多年痛苦、煎熬、挣扎之后的心声。

从我的角度看,这些孩子明摆着是读文科的一块"好料",为什么偏偏在文理分班时选择了理科,是什么力量牵引着孩子往他们不喜欢也不擅长的理科方向发展呢?经过与孩子和家长的交流,我发现大致有以下一些原因:理科重点大学录取人数多,理科专业比例高,而且还有各类竞赛的保送、预录取、加分可能;理科生毕业后就业门路广,待遇高;大家公认比较聪明的同学都选择理科了,自己选择文科,等于承认自己是不够聪明的,只会死读书。

一、重理轻文是一个普遍的社会问题

重理轻文的现象在各个学校不同程度地存在。越是所谓的"好学校",重理轻文现象越严重。高一结束时,总分排名前100名,甚至前150名的学生,大致都选择理科。我所在的学校,这一现象也较为突出。可见,重理轻文的现象乃是一个普遍的社会

问题。

近日我校接待了香港保良局蔡继有学校的师生来访,校长刘筱玲是香港著名教育家。我们就这一问题交换看法时,刘校长也不无感叹地说,近50年来,香港也存在这样的状况,大多数所谓的"好学生"都选择了理科,只有那些轮不上选理科的孩子才极不情愿地选择文科。

我也曾接触过一些机关、企业、学校的领导,谈到想招聘一个有思想、能写作的毕业生到学校办公室工作,大家共同的建议是让我从理科毕业生中找,说文科生根本无法胜任。听到这些,我的第一感受是,这无疑是一场悲剧。文科生怎么了?为什么写作反倒不如理科生?在我的设想中,让理科生写工作总结、调查报告,条理应该是清晰的,但对问题的历史与文化背景的透视、分析一定是不足的,体现文字功底的"文笔"也一定是相对欠缺的。

二、每个人的智能组合是不一样的

20世纪80年代哈佛大学认知心理学家加德纳提出了多元智能理论,他定义智能是人在特定情景中解决问题并有所创造的能力。他认为我们每个人都应该拥有八种主要智能,即语言智能、逻辑数理智能、空间智能、运动智能、音乐智能、人际交往智能、内省智能、自然观察智能。不同的人会有不同的智能组合,例如:建筑师及雕塑家的空间感(空间智能)较强、运动员和芭蕾舞演员的肢体能力(肢体动觉智能)较强、公关的人人际智能较强、作家的内省智能较强等。根据加德纳的理论,学校在发展学生各方面智能的同时,必须留意每一个学生都拥有哪些方面的突出智能,而当学生未能在其他方面追上进度时,要引导学生运用其强项学习,而不是让学生因此受到责罚。

人可以按照相对较强的一项智能进行分类,各类之间应该是平等的。逻辑智能是重要的,但是,倘若我们逻辑独尊,并以此对人进行智愚分等,盲目地把不同智能的学生都集中到一条"逻辑"的跑道上进行比赛,必然导致大量孩子被"选择",被"理科"。从而使得大量的孩子越学越丧失自信,越学越厌学。

我们所处的社会重物质轻精神,重科学轻人文。在当今社会转型时期,我们的教育在相当程度上被功利蒙蔽了眼睛。不少地方,政治、历史、地理这些所谓的社会学科,都不列入中考录取的计分范畴。学校和一线教师,也总是考什么,教什么。只关注学生的学习,罔顾精神世界。教育很大程度上被窄化成为一种技术的演练、数据的比拼。最直接的表现是,城市的人文底蕴丰厚,但高考时学生的文科成绩反倒相对较差。在今年的浙江省高中语文学业水平考试中,参与统一评卷的老师回来说,鲁迅的"鲁"字,至少有六种错写的情况,郁达夫的"籍贯"竟被学生答成"俄罗斯"。

三、人本质上是一种精神的存在

长期贫穷造成了人们对钱的过度奢望,大多数人过于重视物质利益,而轻视社会效益。人们总是关注看得见、摸得着的现实利益。这是现代人的悲哀。一个普遍的认知是:理科创造社会物质财富,科学技术更是能够提高生产力。但我们也应该清醒地看到,在科技的大举开发下,世界的海洋、土壤、天空已经不堪重负。日益严峻的环境问题、高科技经济导致的日益加大的贫富差距问题、人口的老龄化问题,凡此种种,工业文明的不可持续性随处可见。更有抗生素、杀虫剂的滥用……,每当我们解决一个问题,就会出现一个新的问题,每项发明都有一堆烂摊子要靠之后的发明来收拾。

当下我们所面临的主要问题,不是科技发展得太慢,而是人们醉心于科技进步带来的巨大利益,心灵的进步跟不上科技的进步。人类的思想、心理没有为现代科技进步所带来的人们生活节奏、交互方式的变化做好准备。人类生理系统的调节应变跟不上人类所创造的科技进步带来的生存环境与生活方式的变化。

我总认为,就一个社会的发展而言,任何科技的进步都只是一个"量"的积累,而要把握发展方向,成功实现转型,并形成"质"的改变,则必须由人文来引领、推动通向未来的发展。比如欧洲的文艺复兴,最终推动了欧洲文明实现了从以"神"为中心到以"人"为中心的转变。又如当下世界上最落后的国家大多为军人统治,比如非洲的一些国家;发展中国家大多由理科出身的,懂经济会技术的执政;而发达国家则基本由有文科背景的律师这一类的群体来领导。

人本质上应该是一种精神的存在。雪莱在《诗辩》中指控工业革命将人们引上贪财、自私、愚昧的道路,他说:"人们醉心于利用新兴的科学占领财富,一味放纵钻营的才能,而忽视心灵的培养。人们以机械的生产压制真正的创造性,而只有创造性才是真正的知识的源。"郑敏先生在《外国文学评论》中写道:"从17世纪到19世纪,西方文明在强大富裕的路上疾驰,价值观念经受强大的冲击,科技的惊人成就使得人文科学黯然失色。为财富积累所需的知识和理性活动成为文教界所重视的,而诗和想象力由于其无助于直接换取市场上的优势而受到忽视……"科学技术一旦被用于钻营,一切以利益最大化为最终旨归,就会成为社会文明和人的精神发展的阻滞。

杨叔子院士提出"科学为人文奠基,人文为科学导向"的观点,他认为,科学文化决定着生产力的发展,关系到思维与方法的正误,但人文文化的培育和人文素质的培养,则关系到民族存亡、国家强弱、社会进退、人格高低、涵养深浅、思维智愚和事业成败。因此,科学文化与人文的交融是当前时代的趋势,只有坚持两者相互交融,才能提高人的全面素质。

四、学校教育要以"文"化"人"

学校教育,人是目的。教育的首要目标是促进人的精神成长,教育是唤醒潜能、培养心灵、塑造灵魂的过程,而不只是指给孩子谋生的某些路径或教给他们某项技能。真正撑起一个人精神骨架的是人文精神。理想的教育应该是一个以"文""化"人的过程。文化应该是人类所创造的物质财富和精神财富的总和。

十九世纪中叶以前,我们的教育基本上都集中在教学生如何做人上,但随着西方工业革命的成功、现代科技的迅猛发展,从当下的现实看,我们无疑从一个极端走向了另一个极端。从学生的角度出发,不管学什么,不管学多少,都要学着做个诚实正直的人。如果我们的学生通过教育拥有了渊博的知识,但是却连一个最基本的人的品质都缺乏,那么所有的教育都是失败的。学生作为教育对象,首先是一个"人",其次才要考量以提高成绩为目的的"术"。只有学会了做人,才能使知识对社会有用。学会做人应该是所有教育的出发点与归宿。

人文社会学科与自然学科也并无优劣之分,不能以"有用"和"无用"简而论之。学校不是加工厂,以"有用"、"无用"来衡量学科的价值是一种短见。文史哲是人文精神,是历史积淀,是文明传承与发展的主力,是一个国家的软实力。没有循序渐进的、系统的文史哲教育的渗透,没有健康人格、健全人性的熏陶与塑造,使用科学技术的将是一群可怕的"机器人"。因为灵魂缺失,没有道德底线和廉耻之心,一些理科骄子毒杀、锤杀室友的事例说明,人格的尊卑与数理化成绩的优异并没有必然的联系。科学不涉及终极关怀。

因此，学校应该创设一个适合文科生存发展的环境，文科不仅仅是高考的需要，而且它能够为一个人一生的生存发展奠定精神基础。学校也有必要开展面向全体学生的通识教育，尤其是对人类共有的世界观、人生观、价值观的引领与建树，如公正、公平、正义等等。

社会环境的功利性、实用性，看似无法改变，实则需要国家长远发展的顶层认识与配套设计。孟子曰："上下交争利，国危矣。"一个民族的长治久安，不是仅靠一批工匠创造利润，道德文化的软实力才是国家强盛不衰的内驱力、永不停息的发动机。

在西方社会，最漂亮的建筑往往是教堂，那里虽然看不到物质财富的生产，但那是教徒们精神的居所、灵魂的天堂。当然，人的心灵的培养，不是造几个教堂、庙宇能够解决的，因为他走出教堂、庙宇的大门，仍将面对一个竞争激烈、功利至上的环境。教育应该有灵魂安顿的设计，精神居所的构造。每个人都有一个澄澈、清净的心境，才能形成良好的社会大环境。

轻视文科，就是轻视人的本质存在，是工具主义的体现。一个轻视文科的社会，是急功近利的，是不能长远发展的。教育要顺应自然。在我看来，一个人的成功，就是父母生予的"天资"能够得到最为充分的发挥。为了让我们的孩子避免一辈子在自己并不擅长的领域内挣扎，我们是否可以让孩子们真正从自己的爱好出发来自由地选择文理科？我们是否可以给文科更多的关注？我们是否应该鼓励更多的"资优生"去报考文科？我们的校园是否应该少一点分数竞争而多一点人文气息？

19.

"家文化"与责任感教育

大约10年前的一个寒假前夕,我向全校学生布置了一份特别的假期作业,建议学生们不要忙着做寒假作业和补课,好好舒展一下身心,并腾出时间和祖辈聊聊天,沟通亲情,了解家族的兴衰故事。在此基础上,我要求学生从自己开始往上数四代人,写一个简单的家谱。由于社会反响较好,几年下来,这一活动逐步发展为学生每年寒假的家文化系列必修课——"修家谱,理家训,写家史,传家风"。

一直以来,"修家谱,理家训,写家史,传家风"都属于家事,学校教育极少涉及。然而此次活动以学校为主导,推动学生自下而上传承和建设家文化,跨越了家庭教育、学校教育和社会教育的藩篱,吸引学生、家长、学校和社会积极协同参与,各方都收获颇丰。

一、学生层面:安全感和内驱力

马克思对人的本质有一个著名的论断:"人的本质不是单个人所固有的抽象物,在其现实性上,它是一切社会关系的总和。"然而,我们的教育却致力于把学生的社会关系简化,把学生尽可能地"保护"在"家庭—学校"这样一个单纯的环境之中。

现在不少家长爱子心切,急功近利,只关心孩子成绩,平时缺少和孩子交流,一天下来,很少能跟孩子说上几句话。到了春节、清明、中秋、重阳等崇尚亲情的传统节日,一家人好不容易有机会可以其乐融融地团聚一下,却也因为孩子作业、补习等学业压力只能匆匆小聚,甚至直接放弃。特别是到了高中,回一趟老家,看望一下家里的老人,这样的次数对于大多数孩子来说屈指可数。

现在的很多学校也是如此。为了不让学生分散学习精力,保障学生的学习时间,总是通过布置大量的作业来挤占学生的节假日时间,甚至管控学生学习之外的社会关系,除了直系亲属的红白喜事,学生想要请假并不容易。

身处这样的家庭、学校环境之中,亲情也就一点点淡漠下来。由此,学生成了一个孤军奋斗的战士。埋头学习,几乎成了学生全部的生活内容,远离了家庭的温暖,学生越读越累,越读越苦。

其实,家是一个人安全感的最大来源。

家,是我们寄托温情的港湾。小时候当我们害怕时,我们就会躲在父母的身后;长大了在外面受到委屈、批评、打击,总可以回到家里寻求父母的安慰;等我们老了,也离不开家庭的赡养。所以说,家是扶助成长和老有所养的依靠。

家,也存在着家长权威。年少轻狂的时候总有家长的诸多限制和唠叨,长大了却发现,家长的要求也正是生活本身的要求、社会应有的规范。同时家庭又是社会里最柔软、最会宽容我们的所在。任何一个孩子,在母亲眼里都是好样的。从我们蹒跚学步开始,总可以从母亲的眼神里找到自信。家,也是一个有人为你做主的地方。学生时代,在外面出了事,首先想到的就是向家长的交代,寻求他们的理解与支持。只有在安全的环境中,人才会可持续地学习。

家,也是一个人内驱力的最大来源。我总认为,学生成长发展的内在动力,来自于对个体自我实现的追求,来自于对光宗耀祖的追求,来自于对国家民族振兴的追求,来自于对人类进步的追求。就个体而言,每个人都是祖先的后代,又都是子孙的长辈,"修家谱"能让学生发现自己在族谱中的位置,并开始思考与寻求自己在族谱中的定位,自我实现的责任意识得以萌生。就家庭而言,在采访整理的过程中,学生可以感受亲情的可贵,接受家训的熏陶,汲取前辈的智慧。修家谱、写家史与一般的看小说、写作文的最大不同在于,族谱上的一个个人物、一件件事情,都与自己有着血脉相连的亲情关系。由此,一份沉甸甸的家庭责任感油然而生。就社会而言,家庭和家族的兴衰与国力强弱紧密相连,家是小的国,国是大的家,自古家国一统,从来家国一体。只有国的强大,才有家的安宁。"写家史"也是写国史,能激发起学生的爱国情怀与一份沉甸甸的社会责任感。

所以,我们以家文化为载体,通过"修家谱,理家训,写家史,传家风"活动,在对家族文化的熟悉、传承和建设过程中,还给学生最重要的人际关系,给予学生真切的情感支持,激发学生实现自我、升华家庭和发展国家的三重动力,增强学生的自我责任感、家庭责任感和社会责任感。健全学生的人格,培养学生成为一个可持续发展的完整的人。

二、学校层面:文化课和德育课

正如习近平总书记所说:"优秀传统文化是一个国家、一个民族传承和发展的根本,如果丢掉了,就割断了精神命脉。"每一所学校都承担着以"文""化"人的责任和使命,以"文""化"人就是要用千百年来人类文明的总和去吸引人、熏陶人、化育人。文化有着一种力量,它能够在潜移默化中决定人的价值观,左右人的言行举止。而"家文化"正是这样一种优秀的有号召力的传统文化。它有着厚重的文化积淀。

当下的学校教育远离现实生活,过于单调单纯。两耳不闻窗外事,一心只读"应试书"。其实,我们应让学生的生活丰富一点、立体一点、有时空感一点。一个人,只有纵向地找到自己与家史、个人与族群的联系,才能找到自我与历史、个体与民族的联结;只有横向地找到了自己与他人、个人与团体的联系,才能找到自我与环境、个体与社会的联结;只有找到了自己在族谱中的定位,才能逐步明确自己在历史与社会中的坐标。

学校文化,应该多一点认祖、问祖、根祖。倘若一个人不知道自己的生命出处,就形同孤儿,灵魂便无枝可栖,精神也无舍可守。从这个意义上讲,家文化教育,是文字典籍上的认祖归宗,更是精神灵魂上的问祖探亲。

近年来,国家大力推进新课改,特别强调课程的多样化、有特色,特别强调加强传统文化熏陶。我们把优秀的"家文化"教育,列为我校学生的必修课程,在我看来,它既是一门家庭亲情课程,也是一门传统文化课程,还是一门学校德育课程。

一般来说,高中生从自己开始往上数四代,往往有的曾祖父母、外曾祖父母已过世了,我们的学生只能通过间接的采访才能了解到他们的历史,这就使整个"家文化"教育活动变得深沉起来。

教育首先是使学生精神成长。教育最为本源的动力,就来源于情感驱动。精神的成长不在于授受和说教,而在于实践与体验。在假期中,在休息之余,学生通过体验式的采访,创设、填补自己未知领域的故事,既有物质见证,又有精神震撼。完成这份特别的作业,学生富有成就感,获得了精神成长。

学校有一位徐姓的学生,老家在诸暨应店街镇紫阆村。为了做好这份特殊的"家文化"作业,寒假里特地去了一趟老家,通过采访,了解到在2009年,老家村里开了徐氏家谱大会,专门讨论修家谱、翻修徐氏祠堂的事情。这次看了家谱后,才知道家族历史这么悠久。他说:"家谱里记载了很多人物故事,读来非常励志。"

"家谱记载,徐这姓氏历史悠久,最早可追溯到黄帝第九代世孙伯益。伯益曾协助大禹治水,后来论功行赏,伯益的儿子若木被封为徐国侯,建立徐国,由此便有了'徐'姓。之后徐氏各支分散发展。"

"徐氏第三十二世孙徐承恩,是中国工程院院士,已有80多岁。徐氏家族还有一位子孙徐自强,虽出自寒门,但自强不息,后进入军营,被授予中将军衔,现在也有80多岁……"

我深深感到,这是最好的感情教育课程和责任教育课程。

三、家族层面:厚重感和凝聚力

国史、地方志、族谱是中华民族的三大文献。族谱是一种以表谱形式记载一个以血缘关系为主体的家族世系繁衍和重要人物事迹的特殊图书载体,族谱也是中华民族历史悠久、文明灿烂的具体体现。族谱有利于凝聚宗族,有利于规范社会人际关系,有利于传承中华文明。

家谱是中国特有的文化遗产。它是一个家族的生命史。它不仅记载着一个家族的来源和迁徙的轨迹,还包罗了该家族生息、繁衍、婚姻、文化、族规、家约等历史文化的全过程。

家训是对子女立身处世,持家治业的教诲,是家谱中的重要组成部分,家谱中记录了许多治家教子的名言警句,成为人们倾心企慕的治家良策,成为"修身"、"齐家"的典范。例如"一粥一饭,当思来之不易"的节俭持家思想,今天看来仍有积极意义。如颜氏家训、朱子治家格言等,至今仍脍炙人口,是为人称道的名训。家训在中国历史上对个人的修身、齐家发挥着重要的作用。很多家族甚至将家训融入每一个家族成员的名字之中。

家史是记载家族世系兴衰的史著,是记述家庭的发展、变迁的一种文章形式。它包括家传、家谱等,盛行于六朝。

家风是一个家庭或家族的传统风尚,是族人几十年如一日自觉坚持的结果,是几代人共同遵守的习惯动作。它是无形的,却有着极高的辨识度。这个家庭有没有家风,家风好不好,旁人一望即知。它对个体而言,是立身做人的行为准则,充满正能量,对群体而言,家风影响村风、民风,是社会和谐的基础。

家谱、家训、家史、家风存在的意义,就在于传承。在传承过程中,教育也就开始了。在如今这个高速发展的时代,不知道自己的血脉来历的年轻人并不少见,没想到自己家还有家谱族谱的,没想到自己的名字也在其中的也有很多,意识到自己可以修谱的人当然少之又少。因此,"修家谱,理家训,写家史,传家风"这些活动的开展,本身就是回归家族、凝聚家族、团结家族的好方式。各家庭间可以彼此加强沟通,增进了解,相互信任,相互帮助。知道自己是恢弘巨谱中的一员,会有一种切身的自豪感和厚重感。自己有了一些成功的感悟,也会想要慢慢地说出来,使之成为家族的共同财富。

在开学后学生们交上来的一沓沓材料中,一张张全家团聚其乐融融的照片,一个个娓娓道来温暖人心的亲情故事也无声地印证着这些。

一位陈姓的男生老家在绍兴,当地老酒很有名。他在初中时,爷爷就告诉他一条家训:"饮酒随量,不可过度,以灭德丧仪",说的是家族里曾有一对兄弟嗜酒成性,最终死在狱中的事。

这对兄弟的爷爷,就此立下这条家训,以示后代。这个家族故事,也就代代相传。陈同学说,现在亲戚聚会时,喝酒都是点到为止,从未有人过量饮酒。而他也已经把这条家训牢记于心。这是家训、家风对一族人的规正。

也有家训、家风对人的正面引导。郝一枫同学听到了"一把挂面"的故事。"爷爷年轻时做人事工作,负责人员调配。有一年,一位老师想调动工作,找到爷爷,并带了一把挂面做礼物。爷爷没有收。后来,'做好人,做正事'就成了家训。"

另一名卢同学,寒假找外公聊天,得知"养正气为先"这条家训,已经传了好几代。他说,他外公顶住压力,坚持"养正气为先"的家训,很让人佩服,是他的好榜样。

在传统的家庭教育中,这些精神财富的传承往往是无声熏陶的,它是一个自上而下的过程。年轻一辈往往是被动接受的一方。但是在我们开展的"家文化"寻根探源活动中,年轻一辈却是自下而上主动出击的一方。他们不再被动,甚至有可能主动参与到家谱的修订、家训的创造、家史的撰写和家风的总结中,从而为家族文化的建设贡献一份力量。

男生徐彦楷,完成这项作业的时候,列了几条感受:"一、居然真有家谱。二、到我这辈,榜孝(曾祖父的爸爸名字)之后的徐氏男儿,只有我一人,压力山大啊。"当他发现他家没有传过家训的时候,自己就创造了一条:"博学笃志,切问近思;神闲气静,智深勇沉。"

四、社会层面:责任感和稳定器

在中国,家庭是社会的细胞。在社会中的每一个个体,首先归于某个家庭,然后由家庭组成我们的国家。在这个家庭里面,每一个成员荣辱与共。一个人得了功名,就光宗耀祖,全族人都感到荣耀。在封建制度下,一个人触犯了王法,就抄没全部家产,甚至株连九族。林语堂在《吾国与吾民》中说:"这种家族制度给我们孩子们上的第一课就是人与人之间的社会责任,相互调整的必要,自制、谦恭、明确的义务感,对父母感恩图报和对师长谦虚尊敬。"

近年来,又一波的修族谱和修建祠堂的热潮来临,修谱规模也越来越大。2009年9月,在山东曲阜举行了花费千万元、耗时13年的《孔子世家谱》的颁谱典礼。随着经济的发展,人们认祖归宗的意识越来越强烈。"家文化"正为人们所重视。

2014年春节期间,中央电视台进行了一次关于"你家的家风是什么"的街头调查。公众普遍感觉很有意义。这说明,像央视这样的全国性媒体也意识到,"家文化"对社会稳定的促进作用。

究其原因,就在于近百年来中国社会高速发展,伴随着现代化的推进,传统封建家长式的大家庭迅速瓦解,取而代之的是一家三口或五口的小家庭。人们享受着小家庭带来的便利和自由,但也发现了新的问题:人与人之间的亲情不再紧密。像当年那样一大家族的人聚族而谋或是全族人在一起吃年夜饭的情况难以再现。其次,大家庭的"家文化"在变迁中流失,小家庭的"家文化"却没能及时建立起来。

与此同时,我们的年轻一辈却在"家文化"断裂中迷失了。责任心的缺失、意志品质的薄弱、为人处事的乖张都使现在的年轻人处在批评的风口浪尖。在经济高速发展、生活日渐稳定的今天,开展"修家谱,理家训,写家史,传家风"活动,可谓正当其时。

学校通过对"家文化"的寻根探源,推动学生"修家谱,理家训,写家史,传家风",

如果已有家谱，可以试着自己续写，如果没有家谱，就从自己往上数四代，走访亲友，了解家庭的历史，看看曾祖父、祖父他们都经历过什么。在了解爷爷奶奶等亲友的经历和故事后，就会了解什么是家庭最本质的东西，什么是家庭的气质，归纳、提炼出来的就是家训、家风。

一位家长告诉我："差不多整个寒假，女儿每天晚饭后都拿着笔和本子与爷爷聊天半小时到一小时，其中的很多内容，我也从来没有听说过，我在一旁听着，也受到了教育。如果老人过世了，他所知道的一切也就都带走了。真的非常感谢学校开展的这项活动。"

大致从19世纪中叶到20世纪中叶，中国遭受了列强的欺凌。如今我们走上了和平崛起的道路，国力不断增强。国兴才有家兴，国破必然家亡。一位学生在体会文章中说："通过家史教育活动，我明白了，中华民族就像一棵硕大的藤蔓植物，不管我未来在何方结果，都有家庭和家庭这根茎维系着，我的根始终在中华大地上。"

年轻人正是总结、传承"家文化"的关键一环。重拾"家文化"、重塑"家文化"一定能激发起学生爱国情怀与一份沉甸甸的社会责任感。对家庭文化的理解、传承和建设，一定能很好地激发起内源性动力，增强学生的自我责任感、家庭责任感和社会责任感。

唯此，我们的社会才能稳步前进。

20.

社会责任感教育：让学生走得更远

我们曾对学生作过一次问卷调查。让他们说说，高中生应该有哪些权利、哪些义务，应享有什么样的自由，又有什么样的责任和担当。结果出来后，我们发现一些学生写了权利，不写义务；写了自由，不写责任。这说明什么问题呢？在社会开放进步的同时，我们的孩子过于崇尚个性，往往是讲自由、要权利，却不愿意承担与它们相配套的责任和义务。最近几年，针对这种情况，我们有意识地在培养学生社会责任感方面作了一些探索。

一、对自我负责任是承担社会责任的前提

一般来说，学生只有首先有个人责任感，想到自己应该成为对社会有益的人，才会想到应该按社会要求做点什么，从而逐渐表现出对他人、对集体和对社会的责任感。所以从某种程度上说，学生对自我负责也是对社会负责的表现。

现在，我兼任了一个班的班主任。和学生近距离接触后，我发现学生的学习可以大致分成三类模式。第一类是"自主当家模式"。这类学生非常清楚自己知识掌握得怎么样，会自主利用课余时间。这类学生常常很优秀，但遗憾的是，这类学生较少。第二类是"老师当家模式"，差不多有80％学生都是这种学习模式，老师叫我做什么，我就做什么，完全围着老师的指挥棒转。第三种是"无人当家模式"，就是老师把大量的自修时间还给学生，他不会自己当家，连时间都不知道怎么用，这样一来事情就糟糕了。

我送走了这么多届的学生,凡是"自主当家模式"的学生几乎没有考不好的。凡是"老师当家模式"的学生,除非老师特别优秀,把要考的内容都讲到了,不然的话,这类学生成绩不会很优秀。而且,由老师当家的学生在大学里还会有很痛苦的适应期。所以我们现在考虑的,不是用一个什么样的分数把学生送出去(这很简单,因为我们的学生基本上都能上一类线)。我们关注的是他们将来能否走得更远。用陶行知先生的话来说,教是为了不教。也是因为这个原因,我们提倡学生在学习上要自主当家,其实这也是一种自我责任意识。自我责任意识有了,你才会去尽社会责任。一个人对自己都不负责任,你还指望他对社会尽多少责任?即使尽了,也可能是一时冲动。

在生活上,我也一直对学生强调:自己的前途自己负责,不要过度依赖父母和家庭,依赖他们的金钱和权势。我比较欣赏西方父母的做法。他们把少量财产留给孩子,其余的都捐给慈善机构。西方的年轻人也有个宣言,说父母事业上的成功和物质的丰厚,会使自己丧失通过自我奋斗去实现人生价值的机会,而缺乏了历练的人生,就不完整了。但我们的孩子跟他们不一样,很多人都希望自己有很有钱、有势、有地位的父母,那就只要享受就好了。所以我现在对家长倡导,要让城市孩子、富裕家庭的孩子自立、自强,要让他知道,父母的是父母的,物质也有靠不住的一面,你要通过自己的奋斗来实现自身的价值。

不管是生活上,还是学习上,我们提倡学生对自己负责,其实也是在帮助他们从"自在"走向"自为"。自在的人是有奴性的,没有自我,完全依靠别人。到了"自为"阶段,他才能是一个真正自由的人。

二、担当责任,让一个人从平凡走向卓越

实践中,我们是把学习责任感、自我责任感、家庭责任感、社会责任感结合在一起的。你不能说,我这件事情准备培养他的家庭责任感,那件事要培养他的自我责任感,这都无法做到。

当下责任教育比较难的地方,一个就是价值取向上的单一,自由与责任、权利与义务这两对关系,我们始终没有处理得很好。社会开放了,应该有更大的自由度,学生应该有他的权利,这个对不对?对的,但相应的,有了自由后,责任也要配套担负。我给师生讲过一个故事,11岁的孩子玩球不小心把邻居家的玻璃打破了,父亲说,我先把

12美元赔付了,但是你要利用星期天帮家人搞卫生或者做公益活动,用挣的钱来还我。言下之意,就是你要为自己的行为负责任。这就是一种自由与责任相配套的文化教育。这个孩子长大后,就是美国的前总统里根。

其实人总是在承担各种责任中实现自己的人生价值的。我曾提出,每个学生都要有"高远的志向、高昂的志气、高雅的志趣"——这三"志",是学生承担责任的精神基础。

我告诉学生,做人要立志。"志"既是个人之志,也是报国之志。不要把志向理解为考上一所好学校、找到一份好工作、得到一份高收入、享受一种安逸的好生活。它们绝不是一个人志向的主要部分,更不是全部。一个人如果不倦地追求这些,那么达成目标之时,就会是他的精神家园荒芜之时。我把高远的志向比作一座山,每个学生的心中都应该有,而且要从小耸立在心中。文天祥的"留取丹心照汗青"、孙中山的"天下为公",等等,都是我们帮助学生树立志向时常讲的例子。

至于"志气",现在很多学生志长气短,甚至有志无气,缺乏一种践行责任的意志力。为了解决这个问题,我们想了不少办法。比如说高一时请学生写下自己高中三年的目标,不只是学习方面的,思想、生活各个方面都要有。到了高三举行"一二·九"成人宣誓仪式时,请学生回忆一下高一时的志向,再对照高一的规划,定一个将来的人生规划。这个规划里就要包含对自我、对家庭,特别是对国家、对社会的一种担当意识、责任意识。所以我们每年的成人宣誓仪式都是一个主题——"青春放飞梦想,责任担当未来"。人生规划写好后,我拿一个瓶子,把所有学生写的小纸条放进去,密封好。再到学校的"成人林"里,把瓶子放在每届学生种的"志向树"下。20年、30年后,学生们可以来看看,瓶子就永远地放在那里,学生们的志向就沉淀在那里。这个仪式表达了两层意思,一是鼓励学生要朝着一定目标走去,这是"志";二是要一鼓作气走到底,中途绝不停留,这叫"气"。凡事的成败都取决于这两个字。

志气到了极点,容易走向高傲和狭隘。所以我们还要求学生养成"高雅的志趣"。即对人生有一种稳定的爱好和执著的追求,对学习、工作和生活表现出兴趣、乐趣和情趣。有了高雅的志趣,人才会阳光起来,柔和起来,生活也才会美好起来。

什么叫"地势坤,君子以厚德载物"? 就是当你有了高远的志向、高昂的志气和高雅的志趣后,不管暂时是成功还是失败,你都能承载,都有继续生长的能力,这就叫"厚德载物"。所以我甚至认为,这"三志"就是一个人从平凡走向卓越的基本路径。

三、从知到行，是一个很大的问题

在培养学生社会责任感的时候，我们常常遇到的一个问题是：理念清楚，但理念要转化为实践，中间就有很大的鸿沟。问题出在哪里？还是出在我们的教育理念、教育思想上。我们说知、情、意、行、信，但工作却总是做在"知"、"行"两端上，"情"、"意"被忽略了，中间出现了断层。学校里司空见惯的做法是：老师先讲学生该做什么，不该做什么，然后就开始检查，没有遵守就扣分。我们缺乏情感的激发和意志的强化，责任教育也好，德育也好，困难都因为这里出现了偏差。

如何激发学生的情感和意志？我们开展了一个比较独特的活动。凡城市家庭的孩子，在高中三年一定要利用假期，到宏志生家里生活两星期，这个活动就叫"携手同龄宏志生，走进农村大课堂"。很多城里孩子对宏志生非常崇拜，我们就想通过这个活动，让他们走到宏志生的生活中去，看看宏志生的精神是从哪里来的。还有一个很重要的原因：中国是一个农业大国，大量人口是农民，学生去感受一下，真正了解我们的国情，不要生活在一个狭小的圈子里。一个人要对社会负责任，一定是先从对社会有所了解开始。

为什么会想到这个活动呢？我儿子曾告诉我，英国、美国、澳大利亚的大一学生，暑假到安徽、江西等最偏僻的农村住一个月。我就想，这个活动十分有意义，我们高中也要把它开展起来。日本不是也提出来所有小学生必须到农村去生活一周吗？于是，我就提出让高中生去农村生活两周，让他们到生活中去体验，毕竟，社会责任感是从体验中产生的。

我们的城里孩子和农村孩子一起坐公共汽车回乡下，在田里割稻，挖地瓜，摘茧，在水沟里洗衣服，一切都是自己做。这种体验是非常真实的。只有真实的体验，才能激发感情、强化意志。有一次，我去看这些学生，对他们说："宏志生的父母为了招待你们，把家里不多的鸡宰了，还把养的蚕挪到楼上，把楼下的地方空出来给你们睡觉，一双手，那么粗糙。从中你们读出了什么？"孩子说："他们很困难，但特别纯朴，很有爱心，把我们当作自己的孩子一样对待。"吃饭的时候，我看见他们跑过去主动端菜，还把从大铁锅里盛的第一碗饭放到我面前："校长你先吃"。我特别高兴，对他们说："你们已经融入这个家庭了。"

平常我们讲社会责任感,总是在文字里、书本中和黑板上,可真正的社会责任感是在社会中,而不是在封闭的校园里产生的。也许学生当时会很不习惯这种生活,但当他回到城市以后,参加工作以后,再去回顾那段经历,慢慢地,他的真切情感会出来:"当时那个家庭我还想再去看看",或者是在城里看到农村来的人,他就会马上想到宏志生家庭贫困的情景、热情招待他们的情景,他就会想,"我要关注他、帮助他,他们很不容易"。情感一下子受到激发。

现在的社会责任感教育,从知到行还是一个很大的问题。我曾经看到一则消息,美国人调查说,中国20—29岁年龄段年轻人是最常喝星巴克咖啡、吃比萨、享受西方生活方式、最近几年收入增长最快的人群,是最反感政府拿钱去帮助农村贫困地区的。为什么这样?就是因为他们不了解国情,不了解社会,对农村没有感情,也就没有相应的社会责任感。所以我说,责任教育刻不容缓,责任教育任重道远。

我现在有个新的想法,就是让学生从生活两周延长到三周,而且最好让学生出现心理"极点",让他感到:"这个日子实在是过不下去了!没有网络,没有空调,电视还是黑白的,洗澡上厕所都不方便,吃的东西连点油水都不足,实在是受不了啦。"这种刻骨铭心的体验,给他留下的印象可能是持续一生的,而且也是对意志的一种锻炼。我们的社会责任感教育不缺乏那种纯之又纯的道理,缺乏的是回归原朴的生活。现在,几年活动坚持下来,据我们统计,家长的支持率达到了100%,学生的支持率达到了90%以上(有的学生怕苦)。

四、多元价值冲击下的责任感教育

现在,多元价值对社会责任感教育的冲击不小。整个社会风气,我归纳成6个字:"重物质、轻精神"。教育也免不了受这股风气的影响。有一次全国数学联赛后,颁奖的领导对获奖学生说:"希望你们将来在数学领域有所建树",学生不以为然,他们说:"我们是为老师竞赛,我们获得了一等奖,老师就可以评高级、评特级了。"多么功利的看法!在这种思想前提下,怎么可能产生责任意识呢?

所以我们必须营造一个良好的学校环境,对学生的社会责任感进行潜移默化的影响。最好是整个学校都有一种担当社会责任的文化和精神。像我们学校,从2001年起在浙江省创办第一个"宏志班",到现在共招收了12届951名学生,解决了贫困孩子的就学问题。"宏志班"的创办,就是我们学校承担的一个最大的社会责任。

四川汶川大地震后,我们有4位老师主动请求到灾区支教。他们的担当学生是感觉得到的。在震后捐款的时候,我特别有感触:一个班捐款的多少,不取决于这个班的家长是穷还是富,而是取决于班主任对这件事情的理解与诠释。对培养学生的社会责任感,班主任作用很大。他的文化底蕴越深,人文情怀越厚,他培养出来的孩子才越可能有社会责任感。因为学生每天每时每刻都在接受教育,教师的一言一行,都在熏陶着他们。

社会责任感教育,西方确实做得比我们好一些。像美国高考,把学生的社会服务纳入了考核。但现在我们要是照搬过来,肯定不行。为什么呢?如果我们强调高考要看社会服务,完全可能出现这种现象:父母出面到单位开个证明、盖个章就完事。我们的社会诚信机制还在起步阶段。我现在经常遇到这种问题。孩子要出国,觉得有几科成绩不太好,就拿过来让我们改一改。我说不行。可是过了一两天,说情电话就来了。我很担心,一旦学生服务社会和升大学挂起钩来,至少在当前,是很可能有造假的。更现实的做法,我认为是教育者应该站在精神的高度上去进行责任教育,立意要高,然后从学习和生活中找到载体,从点滴做起。

21.

学校德育：必须直面四大冲突

在向社会主义市场经济过渡的转型期，学校德育工作面临着来自社会、文化、教育和教师本身多方面的矛盾和冲突。尽管许多问题是一线教育工作者无力改变的，但我们必须正视自己工作所处的宏观背景，正确认识和准确把握这些时空条件。只有这样，才能使自己的工作做得更好。我以为，当前学校德育宏观背景面临四大冲突。

一、教育的追求与现实的取向

学校教育以育人为目的，教育过程是一个使人人化和文化的过程。诚如德国哲学家、教育家雅斯贝尔斯所言："教育首先是精神成长，然后才成为科学获知的一部分。""教育须有信仰，没有信仰就不成其为教育，而只是教学的技术而已。"

理性和超越性是人的精神的两大属性。教育必须着力于弘扬人性，发展理性，为学生的幸福人生奠基。实践证明，能主动回母校看望老师的毕业生，常常就是因为教师当年的精神和人格影响过他，甚至至今还影响着他。如果学生在校三年，教师所有的关心与帮助只为了学生的高考分数，学生就会认为：只要高考我帮你考个好分数，双方就扯平了，不存在什么感恩问题。

另一方面，我们处在社会主义初级阶段，造成人们对金钱的过度奢望，往往以个人经济利益为中心，忽视甚至不顾社会群体的利益。如"下三滥"的短信到处飞，"不入流"的刊物满街走；桥梁断裂，公路塌沉；苏丹红、瘦肉精、地沟油、毒奶粉、假鸡蛋、毒猪油、染色馒头、骨汤勾兑、三聚氰胺、毒酒假药等事件时有发生。社会某些现象就好像在没有定好规则的情况下,比赛就已经开始,这样的比赛场面必然会出现混乱。作为教育工作者,我总有一种本能的忧虑与惶惑:今天,物质繁荣和技术进步似乎在有意无意中挤压着人的发展空间。在"流行"的鼓噪声中,我们不知不觉地失去了很多美好的东西。我似乎觉察到人的善良情感的淡漠与意志品质的衰弱,大众生活秩序的功利化和情绪化导致了精神的荒芜……所有这一切,都给学校德育造成了巨大的冲击。

在教育的"首先是让学生精神成长"的目标与社会的"重物质、轻精神"的氛围之间巨大的反差面前,媒体与教育必须站出来引领社会。教育是基于信念的事业,是一种基于信念的文化活动,教育者必须有自己坚定信奉的观念和主张,学校必须用爱心和责任感铸就师魂。积极开展与社会结构转型相适应、与儒家传统文化相结合的教育教学规律研究。只有不被功利障目,才能在真正意义上惠及学生、指导家长、引领社会。处在社会转型时期的学校教育,尤其需要理想,需要信念,需要激情,更需要行动。人只能由人来培养,心灵只能由心灵来感召。我曾在《人民教育》2005 年第十八期上呼吁"重树教育信念"。因为只有用信念作支撑,教育才能真正关注人的精神成长。同时,教育又是一种培养人的社会关爱活动,关爱可以说是教育的本源,是教育的灵魂。缺了关爱,少了精神关怀,一切教育活动都会变得机械、呆板、教条和形式主义。有了关爱,教育的创新才有活力与生命。

二、西方流行文化与东方传统道德

随着网络化、全球化的到来,人们陶醉在无法穷尽的信息海洋之中。学生对西方的流行文化接受很快。据说,欧美"流行"的,一天就可以传到日本,不出三五天就到达中国。但网络所传播的内容往往良莠不分,在一定程度上给与欧美文化背景不同、社会阅历尚浅的中学生带来迷惘,就算是成人也难以避免。法新社曾报道亚洲成人迷恋网络而远离书本。看了这则报道,我当时就在周一的"国旗下讲话"中回答了学生的两个问题:一是"为什么网络对东方社会的冲击特别大",二是"我们应该如何应对"。的确,我们的学生面对突如其来的开放与自由显得难以适应。而事实上,西方文明的价值取向是成对的,如权利与义务、自由与责任相辅相成,而我们常常未得其精髓。

这里,有一对矛盾值得我们深思。一方面,随着社会结构的转型、市场经济的推进,我们的社会正迅速融入世界,甚至表现出相当程度的西化。但另一方面,75 位诺贝尔奖获得者讨论认为,人类在 21 世纪要很好生存的话,必须回头吸收 2 500 多年前中国孔子的智慧。英国历史学家汤恩比与日本创价学会会长池田大作合著的《发展 21 世纪》中,以大量赞美的语言称颂中国的人文精神,认为将来世界要走向统一的话,必须用中国的世界主义思想。遗憾的是,在我国当代青少年中,中国传统的人文精神正在陨落,在我们的教育中,对民族文化的理解也有所偏差。

  随着社会民主政治的推进和西方文明的持续影响,当代学生的自主意识越来越强。自信、自主是一种可贵的精神。自信的学生在状态上是积极的,在心理上是进取的;而自卑的学生在状态上是消极的,在心理上是防守的,往往会出现很多问题。与学生的成长和发展需要不相协调的是,我们毕竟经历了太长的封建社会,很多带有封建意识的东西在我们的社会里还不同程度地存在。审视一下我们的校园,学生几乎没有时空上的支配权,更别奢提其他方方面面的民主、平等参与权了。这显然与学生自主发展的需求相矛盾。同时,由于现在的学生大多是独生子女,往往以自我为中心,享受权利而不尽义务,追求自由而不讲责任。面对开放的社会,当代青少年过度崇尚个性,染发、绣眉、文身、穿露脐装、Cosplay 秀、QQ 聊天、微信、微博、网络游戏等都已进入了学生的视野,厌学、早恋等问题也日益严重。扭曲的独生子女教育带来了人的发展的畸形,娇宠成害,爱溢反溺。这显然又与千百年来我国传统文化中含蓄、谦恭、内敛、反对张扬的文化内涵相悖离。现在学生盲目的自信心蹿升,自主意识的膨胀,也因此引发很多极端问题的出现,这不能不引起教育工作者的高度关注。

  新世纪里,在我们享受现代文明的同时,也几近输掉一场比流血更可怕的文化战争。我们需要对中华文化有一个清醒的再认识。香港著名学者饶宗颐教授就曾说过:"中国文化所以能绵延数千年,仍有如此凝聚力量,实乃受两个因素所驱使,一是文字,二是纲纪,即礼也。"站在 21 世纪的起跑线上,作为世界文化重要一环的中华文化要迈进另一个崭新的阶段,再不能像以往那样,或彷徨于中西歧途上"全盘西化"而自贬,或盲目陶醉于以往历史用"标榜国粹"来自大。

三、教育理念与操作实施

  历时近三十年的"素质教育"浪潮在相当程度上洗涤了教师陈腐的教育观念、教育模式、教育内容和教育方法,关注"学生个体的真实成长"的"育人为本"的教育机制已初见端倪。但我们始终不能忽视这样一个问题：素质教育的贯彻实施仍然成效不大。从微观层面的学校来看：外在的口号式的校训、标语满目皆是，而内在的补课、统考、排名现象依然存在；把学生作为工具来为学校升学率、为教师知名度服务的现象还相当严重；忽略学生的主体地位、轻视学生个性人格的做法还比比皆是。在一些教育者的眼里，往往只有分数，没有素质，只有考生，没有学生，至于借读、挂读的学生就连考生也不是了。一方面，在以分取人的高考现实面前，就目前的教师队伍现状而言，要求全面推进素质教育，还显得有些困难。另一方面，少一些功利意识，多一份爱与责任，我们的教育实践应该可以做得更好些。

诚然，也有一些有识之士不无忧虑。一位省级优秀班主任在给我的短信中曾感慨了她的无奈："我准备离开这个视人为机器的地方，这儿没有我这种人的生存空间，我不想被窒息。我要离开普通教育，否则毫无价值。我分析了自己的心理构成和变化，'五斗米'真的可以压制一切吗？我要么沦为机器继续留下去生产批量的机器，要么离开。"这位优秀班主任的困惑不正代表了我们当前教育的许多困惑吗？

为了切实推进素质教育，教育部提出了"两个满意"——办人民满意学校，做人民满意教师。一些地方让家长投票评比人民满意学校。作为独生子女的家长，迫于就业压力等现实因素，往往以升学率为唯一标准，学校为迎合家长的要求，"两个满意"就异化为"一个满意"，从"素质教育"出发的良好愿望，最后落脚在了"应试教育"上。教育理所当然应满足家长、社会的现实要求，但教育不能降格为向家长献媚，而要合乎教育的规律。

四、育人的较高要求与教师的实际素质

历时三十余年的改革开放，使人们的物质生活水准大为提高，也更为注重精神需求，因而对学校德育的创新显得十分紧迫。与此同时，家长的素质明显提高。这一切，都造成了社会对教师的素质要求不断提高。从现状上看，当前教师队伍的整体素质还难以满足这样的需要。我认为，造成当前这一供需矛盾的主要因素在于以下三个方面：

一是教师的"选材"问题。师范院校的录取以文化分数为准，没有考虑日后的育人能力。上世纪八九十年代实行师范院校降分招生政策，培养人类灵魂工程师可以降低

要求，社会就必须为之付出相应代价。从一定意义上讲，教师队伍在度过了"量"的困难期以后，将遇到"质"的困难期。

二是师范院校的"师范性"弱化问题。一些师范院校往往要去与综合性大学比高低，专业门类追求多而全。而中学教育中所必备的教育学、心理学、教材教法等内容，或重视不够，或针对性不强。相关专业的教师在师范院校也往往地位不高。

三是教师职后培训所存在的问题。目前教师培训中存在的问题主要为：要求划一，难以满足不同学校、不同教师的发展需要；记忆性教学不适合流体智力呈下降趋势而晶体智力不断上升的成人的心理特点；与教师的专业成长、教学实践相脱节；与学校正常教学秩序发生经常性的冲突等等。英国曼彻斯特大学的迈尔·威斯特（Mel. West）教授在回答我的提问时说，十多年前他们就发现，教师素质的提高不在大学，只能在他的任职学校，只能在他所任教的课堂上。大学培训的心理学、教育比较学等知识到了中学课堂已难以发挥效益。因此，政府开始把用于教师培训的经费从拨给大学转为拨给中小学，只有大约1％的经费用于教师到大学培训，更多的是请大学教授来中学指导。

有鉴于此，我认为，对目前的教师培训模式应该进行适当的调整与改革，应适当弱化学校以外的指令性菜单式"外控"培训，将培训的时间、空间与权力更多地下移到学校，下移进课堂。

22.

学校德育的文化学思考

目前的学校德育,从内容、形式到方法,在理想信念的人为回避中,在东西方文明的冲突和融合中一片混沌。这种现象应引起我们教育工作者的高度重视。

一、德育的内容问题

鉴于长期以来超越现实时代要求的"假大空"现象盛行,不少有识之士纷纷表示:要降低德育的"重心",要根据社会主义初级阶段社会经济发展的状况,思想、道德发展的现状提出具体要求,不能超越社会发展的阶段,不把将来才可以达到的水准,要求在今天就能达到;不把对少数先进分子、优秀分子的高标准要求随意扩大为对所有学生的普遍要求;不把号召提倡的东西随意作为规定的东西……这些呼吁应该是极具现实性和迫切性的。然而,我们的哲学总是"钟摆式"而非"螺旋式"。于是乎,一切从最基本的操作开始,从马上能做得到的行为着手。眼下"看不见"、"做不到"的被认为是"务虚"的东西一律不提,理想信念、信仰宗旨被人为回避而销声匿迹了,取而代之的是"教学忌语"、"行为手册"、"班规公约"、"德育量化"等等。德育目标降低到"不讲脏话、粗话"之类等等。

市场经济本身就容易使人耽于物欲,使人走向"实惠实在"、讲究"兑现"而忽视人的价值关怀。流于琐碎且被压低的德育目标正与"重物质,轻精神"、功利化、情绪化的社会现状相呼应。

教育必须有精神关怀,教育理应引领社会。教育不能把将来的水准和今天的标准作人为的割裂。将来是今天的方向,看不清明天方向的今天一定是浑噩不清的。我们不能说所有的学生都是先进抑或是优秀分子,但每个人都有其"先进"和"优秀"的一面。理性和超越性是人的精神的两大属性。学校德育要基于"现实性"的一面,但更应注重"号召提倡"和"激励引领",应更多关注它"方向性"和"超越性"的一面。对于我们的学生而言,对他们宣讲什么样的德育内容,就是要在学生头脑里建立起什么样的精神信仰,就是要让学生的灵魂安顿在什么地方。

肖川先生在《建基于信仰的教育》一文中认为:"一个文化中若缺乏对于灵魂安顿的设计,存在于这个文化中的个体,要么麻木不仁,要么唯利是图,要么无所适从。""文化、信仰、教育三位一体,才能构成一个完整人的健全的精神生态。"西方人大多把灵魂交给"上帝"。而我们的传统文化,经过"打倒孔家店",经过"批林批孔",已经所剩无几,又缺乏整合,显得有形而无神,没有解决信仰的问题。如学校开展的"弘扬与培育民族精神月"活动,由于缺乏精神内核而显得零碎、单一。长期以来我们所坚持的共产主义信仰,被认为"重心"过高,学生会觉得与现实相去甚远,高不可攀。由此,造成了信仰缺失。

就这样,较长时期以来,我们的德育内容处于一定的真空状态。我们的传统文化中,哪些是应予传承的精华?西方文化中,哪些是应予祛除的糟粕?专家学者至今没有给一线的教育实践者划出一条哪怕是很模糊的界线。我们的班主任和德育工作实践者,在面临"巧妇难为无米之炊"的尴尬境地时,不得不提出这样的问题:当物质生活日益丰裕,人们不再忧温愁饱的时候;当吃树皮、穿草鞋这些昔日的感人素材因学生缺乏感性体验而无法起教育作用的时候;当读书不再是改变家庭和本人命运的主要方式的时候,我们拿什么去教育我们的孩子?用什么去感动学生的内心?以什么去震撼他们的灵魂?我们还可以为孩子们创生出什么样的精神居所?勤奋刻苦、自强不息这些传统文化的精神细胞该怎样被重新激活,如何被赋予新的时代意义?学校如何通过对家长的有效指导,把家长的期望和要求整合到学校教育的轨道上来?孩子们心目中为之奋斗的"标杆"究竟是什么?理想、信仰缺失的现状还要持续多久?

当今极为流行的"快餐文化"秘诀在快,一看就懂,一学就会,今天流行,明天淘汰。人们深陷其中而欲罢不能,热衷于追奇猎异,满足于浅尝辄止,专注投入减少了,穷研力究淡化了,深沉思考不见了,深刻见地没有了。今天,在西方流行文化的大举冲击下,我们的学生究竟能用什么来承载理想和动力?如此以往,真不知我们的孩子出了校门后还能走多远！

在我参加的一次华东三市一区德育论坛上，一位小学教师介绍经验说："在我们学校，学生爱听的都可以倡导，学校倡导的学生都爱听。"接着举例说："学生在背唐诗宋词的时候感到枯燥乏味，我就让学生选择自己最喜欢的流行歌曲，把要背诵的东西当作歌词填进去，哼着哼着就记住了。"我当场就提出异议："如果一个孩子喜欢邓丽君的《甜蜜蜜》，要背诵的是'三十功名尘与土，八千里路云和月'，或者'雄关漫道真如铁，而今漫步从头越'，唱起来怎么让人受得了？我们的传统文化要靠这种方式来传承，无疑是一种悲哀！"我并不反对适度地用现代时尚的方式去演绎传统，使传统文化在我们手中熠熠生辉。但这样的包装，只能理解为缺乏高扬主旋律的时代低目标下德育的低操作。

二、德育的形式问题

季羡林先生在《禅与东方文明》中说："若悟无生顿法，且西方只在刹那，不悟顿教大乘，念佛往生路途，如何得达"，意为："任何的说教，任何的修行，任何的劝诫，任何的诱导，并非使人能悟见佛性，而最终需要的是自身刹那间的顿悟，明了尘世间的是是非非，达到一种心灵的澄明空镜，才真正是见到了人之真性，立地成佛"。这一些是很值得我们德育工作者思考的。

我曾参加过一次省级班集体建设课题验收活动，被验收的初中学校同步开设了三堂班会课，我所在的教室，学生表演了这样一个场景：一大早，学生小李和小王在公交站等车上学，小李的父亲是个卖豆腐的瘸子，小王说，好像那个挑着担的瘸子一瘸一拐的正冲着这边喊呢，小李认出了是自己的父亲，却装着不认识，拉着小王匆匆上车，挑着担赶到车门边的父亲为了躲避启动的汽车而摔倒了。上午第一节下课时，小李的父亲在班主任陪伴下来到了教室门口，手上拿着小李忘在家里的感冒药，把药交给小李后，随手摸一下小李的额头，看看小李是否还有热度，这时，小李接过药抱着父亲哭了。班会课现场的不少学生也都哭了。应该说这节班会课是很成功的。下课后，我在走廊上正走向评课的会议室，遇到了一群学生，刚才扮演小李的孩子正满脸笑容地对着同学说："怎么样？我刚才哭得像不像？"看到这一幕，我很不是滋味。

据我长期的一线观察，大多数的班团活动课还停留在干巴巴的说教上。有的尽管班主任不出场，完全由学生自主组织进行，尽管学生可以吹拉弹唱，各展所长，各显其能，尽管场面总是活泼热闹，但导演预设的痕迹过重，且鲜有涉及精神层面的设计，活动结束后什么也没给学生留下。通过"咬耳朵，递眼色"进行承上启下的授意，往往容易使学生心迹分离，造成双重人格。我认为，班团活动课就应该让学生过精神生活，其功效标准只在于：有没有创设产生"顿悟"的情景与载体；有没有让学生产生与切身体验相关联的现场的真实的心灵震撼；有没有激发起内源性动力；有没有精神的高峰体验。因为锐利的精神不可能产生于舒适的环境之中。

德育课程化是强化学校德育的好途径，教和导本应是一家。但在具体操作上往往为"应试"思维所异化，简单地把德育当作一般知识来传授，用智育的方法进行评价。我知道这样一个真实的例子：在某小学五年级的一堂期末思想品德课上，老师在临近下课时发了一张讲义，叫学生回家去背。第二天考试时，一位男生当场提出："全班作弊！因为昨天发的讲义就是今天考卷的答案，我拒绝考试。"过了几天，班主任把孩子的母亲找去说："这个小家伙真不听话，试卷上一个字也没写，这个学期的思想品德课成绩只能是零分了。"我想，如果这是一场数学的考试，一字未写，当然只能是零分。但德育是一个信与不信的情感问题，一个人的思想品德，是很难用一份试卷来下结论的。难道考满分的孩子，就是思想品德最优秀了？从某种意义上讲，这位拒绝考试的男生的思想品德是合格的。德育课程化的良好愿望被异化为这样的结局，用"反德育"的方法做德育工作，不能不让人心生遗憾，心存忧虑。

三、德育的方法问题

传统德育以说教、榜样、实践活动（体验）等为主要方法。但学生反感空洞的说教，热衷于在"流行文化"中找偶像，而实践活动则在忙于"应试"和出于安全的考虑中日益淡化。

凯尔曼认为价值内化有顺从、认同和内化三个阶段。在涂尔干的"内化机制说"中，内化是外部物质动作向内部精神心理动作转化的过程，是社会价值观、社会道德观转化为个体行为习惯的过程。

思想品德的内化是个体对一定的社会思想、社会道德的认同、筛选和接纳，并将其纳入自己的思想品德结构之中，变为自己的观点和信念，成为支配、控制自己思想、情感、行为的内在力量的过程。这一过程分为三个阶段：感受阶段——有关思想品德的信息引起感官反应，形成有关表象；分析阶段——在已形成的道德表象基础上，分析、理解思想和道德的准则及其社会价值，形成新的思想品德认识；选择阶段——在获得新的认识基础上，将德育要求的思想、道德准则和原有的思想品德加以对照，进行判断和选择，对符合原来思想品德结构的特性同化、吸收，产生新的成分，形成新的结构体系，对不符合原来思想品德结构特性的，则产生矛盾斗争，结果可能被吸收，可能被拒绝，可能被存疑。

道德教育不能用学校教育的一般方法来处理。从心理机制上讲，品德内化有一个"知、情、意、行、信"的过程。而实践中往往忽略"情感的激发"和"意志的强化"过程，感受阶段被忽略，分析阶段被替代。学校往往把品德内化过程当作一个认知问题来处理，造成认知与行为之间出现断痕。

许慎在《说文解字》中认为：教，上所施，下所效也。在教学上，受凯洛夫《教育学》等的影响，我们对"教法"作了大量的探索，随着现代认知心理学、建构主义等理论的引入，学习理论不断丰富，我们对"学法"的研究已颇为深入。若从方法论的角度讲，在德育上，对应于教学上的"教法"与"学法"这一对关系的又是什么呢？德育工作的实效性差，与这一对基本方法的缺失是否有关？这也是我思索多年，求教多方而未得其解的问题。

23.

教育即心灵唤醒

为防止人在生理上的不可逆变化，需要医生的及时抢救；而要防止学生心理上的不可逆变化，则需由教育者来及时唤醒。教育，不是管束，而是发现；不是压制，而是唤醒。教育通过唤醒学生的积极性和上进心，在关爱与期待中发现学生心灵的火花。教育要让学生在和谐开放的学校环境中，不断弘扬人的主体性；教育要让学生在品味成功的愉悦中，不断激发自己的内在潜能；教育要促使学生从自身内部生发求真、从善、尚美的不竭动力。

一、人的潜能中是善恶并存的

人之初的性本"善"与性本"恶"之辩，虽经千年仍未有定论。但"性善论"也好"性恶论"也罢，前者肯定人之天性固有的善的同时也证明了后天的成长过程对于善的本性的发挥至关重要，后者虽认定人之天性固有的恶，但也同时说明了后天的成长过程可以遏制甚至消除恶的欲念而代之以善的追寻。两者都强调了后天学习的重要性，都说明了人的发展和演进是一个善恶之争的过程，人就是在善恶交织的本性中向上进取或向下堕落。人类的生活环境早已不只停留于自然而是已进入了人文领域，只靠天生的本能是无法独立发展至成长阶段的。即使"人性"或人的潜能蕴含有发展的可能，也需要更多的外在力量助其发展，否则即使其生命可以维持，"人性"却不会发展出来。教育，就是要把人性中的善在恰当的时机用恰当的方式导引出来，并付诸实践，绵延后代，完成人类精神文明健康和谐的传承。教育即心灵唤醒。

然而放眼世界,物质文明虽然飞速发展,恶并没有消失,依然有人在物质生活之外缺少精神生活。因为不再追求真、善、美,于是陷入不知如何辨别真伪,不知如何判断善恶,不知如何区分美丑的困境。他们因为没有价值判断而使生活失去意义,渐渐对生活感到迷惘与不满。

究其因,恐是由人之双向潜能所致。在人类的潜能中,既有向上向善的力量,也有邪恶堕落的力量;既有求生的本能,又有破坏的本能。故古老的德国格言曾言:人一半是野兽,一半是天使。而一个德性受冷遇、精神遇缺失、人性遭破坏的社会,更容易催发人的兽性、扼杀人的善行。善与恶,向上与堕落,这两种力量的较量始终伴随着人的成长,因而教育——一个使人"人化"和"文化"的过程;一个唤醒其内心的善念、催生其向上的动力;一个帮助其克服使人堕落的邪恶,从而焕发出生命的灵性与美好的过程,在当下显得尤为迫切和重要。

心灵唤醒的前提在于教育者能发现学生是内心深藏着,也向往着真、善、美的发展中的个体。人可以视为自为的一类,在其成长历程中,人性本就有渐趋完全或完善的可能。处于青少年时期的高中生,已开始进行个人选择并坚持一定的人生方向,个人的才能和兴趣以及对将来的期望已初见端倪。所以如果教育者在学生各种价值观形成的关键时期,不能发现其人性深处的真、善、美并加以引导和激发,那么是非善恶便会在一开始就作出定论。

二、心灵唤醒的前提是尊重学生

心灵唤醒的前提还在于教育者对学生个体的充分尊重和接纳,学生是能动的主体,每一个学生都是他自己历史的创造者,故教育者不能自诩为泥塑木雕的艺术家,按个人的愿望去塑造、雕琢学生,那都是一厢情愿的做法。我们所能做的只是去发现和唤醒学生的内在潜能,否则即走向强制,而诚如哈耶克所说:"强制之所以是一种恶,是因为它否定个人选择与实现自己目标的能力与权利,将其降低为别人的工具。"因而没有平等的交流和尊重,就没有真正意义上的唤醒,就只能是"指令"和"遵从",也只能制造奴役和反抗。

因此,唤醒、激发学生人性深处的真、善、美要注意时机的恰当和方式的妥当,要注意到教育时机与其生长历程的密切相关性,需要做到从学生个体成长的规律出发,选择合适的角度和方式。

然而呈现在我们面前的教育现实是：随着学习内容不断拓展，难度逐渐加深，竞争日益激烈，大多数学生经历了相当多的挫折和失落——考试成绩从小学时的接近满分，到初中时的八九十分，再到高中的六七十分，分数的日益下降使得学生早先对学科知识的兴趣和探索冲动几乎消失殆尽。只有父母期盼、教师要求、升学目标和压力等外在力量推动学生学习，学生缺少自我的内在动力，"自我"在人生成长的关键期中严重"缺席"。学习，对于大多数学生来说都是迫于压力的"被逼无奈"，很少有学生不是在被动应付父母老师而学习。教育原本是为了使生命逐渐走向强大，但却造成了生命的日趋脆弱，造成了越来越多的人厌倦学习和逃避学习，造成了学校培养出来的学生没有能力就业和适应社会的情况。面对这样严峻的现实，我们亟待教育者保护好学生的自尊心和自信心，创设多样的教育情境促使学生收获成功、得到肯定、受到尊重，唤醒学生的自我意识，引导学生热爱学习，让他们感受到学习的快乐，通过学习感受到自己变得强大和有力量。成功的体验作为一种巨大的精神力量，可以极大地促进学生产生努力学习的愿望，并一直强有力地支撑起学生的持续性学习。因此，教育者应尽可能针对学生的个性差异创设不同难度的表现机会，创设基于学生的需要、高于学生已有的水平并且是学生通过努力可以达到的教育场景，让学生人人都有所学，有所得，有所成，从而形成较为强烈的自我肯定，也认识到学习的自我责任，明晰学习中的自我力量和自我要求。

教育应该坚持在学校的一切教育教学活动中让每一个学生都得到尊重，让每一个学生都得到发展。作为教育者要认识到，学生与自己一样都是社会公民，应该从内心深处正确理解并坚守这种平等关系，这样才有可能让学生从内心树立起完整的自我。在这种平等的前提下，要深刻理解学生的苦衷，关心学生的思想、学习、生活、身体和心理，真正关爱学生，保护学生的自尊心，保护学生自我发展的意识和尝试，这样才有可能让学生在生活、学习、社会实践中发现更多的自我价值，为将来的探索与创造打下一定的基础。

三、心灵唤醒的关键是学生主体性的确立

教育应该倡导教育者不以管理者自居，不仅应在学习上把主动权交给学生，在学

校管理上也让学生主动参与。作为寄宿制学校,除周末外,学生一天24小时全在校,管理事务繁多。学生的集体生活可以放手由学生自己去管理,让学生全方位参与学校管理。如完善"值周班"制度,成立"学生自管会",开展"星级寝室"评比活动,聘用学生"校长助理"、"主任助理",开设"校长信箱",开设"无人监考班"等等,使得学生在参与学校管理的过程中,不但锻炼自己,更能认识自己、肯定自己。

青少年尚未认识工作和生活的密切关系,却有活动的需要,因为在练习与活动中,可以得到两种感受:一是在活动中得到发泄体力的满足,二是感受到活动不如意的挫折。两种感受都有助于认识将来的工作和生活的真正意义。应该把本属于学生的时间和空间还给他们,尽可能丰富学生的课余生活,充实学生的精神世界,发挥学生的多种才能。应该使校园内社团活动遍地开花,各种文体活动蓬勃开展。学校有学生自己的电声乐队、舞蹈队、话剧社、新闻社、文学社、体育社等等;有辩论赛、球类赛、棋类赛等等,不仅有学生之间的,也应该有师生之间的。不仅为学生展示才华提供了纵横驰骋的舞台,也充分锻炼和展示了学生出色的组织能力和管理能力。这不仅有利于减轻学生的学习负担,提高学习的主动性,增加学习的自由度,培养学生自主学习的能力,同时也让学生学会了如何合理安排时间,如何提高效率。

教育的目的是要培养健康而灵动的生命、活泼而智慧的头脑、丰富而高贵的灵魂、健康而完善的人格。没有物质,无从满足最基本的需要,生命便无法维持;没有精神,不能欣赏生活的情趣,生活便失去意义。要欣赏生活,首先便要自知人的价值何在、人为何而生活、何种生活能予人以更高的意义。这一项认识和了解,不是纯知识的理解运用,若无教育者前瞻性的导引和激发,又无学生体验式的感悟、求证,是永远不可能达成的。真正的教育没必要说得很高深很华丽,简言之即为:以发展人性和培养生活能力为基础的基本而普遍的教育是基于发展人性最为根本的真、善、美的教育。

所以,教育不是管束,而是人与人之间的一种心灵的交流,是心智碰撞的生命活动。机械、死板的训练只会使彼此的心灵隔离。学校需要制订纪律与品德守则,以规范学生的日常行为。但纪律、守则、规范并不是教育的目的,而是教育的手段。管束与控制,往往是主客体在心灵完全疏离的情况下,将自己(主体)的意志强加于他人(客体),因而造成双方心理力量的不自觉抵触,泯灭教育的本质。我们所理解的教育,是指唤醒学生的潜在本能,促使学生从自身内部产生一种自信、自觉、自控、自动的力量,而不是从外部施加诸多压力。归根结底,师生之间的教育关系只能是真、善、美的平等对话、交往研究乃至论战关系,而不是单方面的屈从依赖关系。知识必须通过自发认识,能力必由自为生成,品德必经自律内化,从而构成人的综合素质。

教育,就是要唤醒学生的心灵,开发学生的潜能,增强学生的生命活力,提升每一个学生的生命境界,让每一个学生都能自由地、充分地、最大限度地实现自己的生命价值,让每一个学生的生命之光把人自身和整个世界照亮!

24.

眷注精神，完善人性

如果说动物有肉无灵，神仙有灵无肉，那么人是有肉有灵的。人的痛苦之处就在于既有对物的欲望，又有对灵的追求。灵的存在常常驱使着人自由地超越他自己和他的世界，但肉体又总是把人捆绑于其所在的世界，使其不能离开世界而存在，而世界又以某种方式限制人的生存。这便是人的痛苦的根源，这便是人类生存的处境。要想摆脱人的悲剧处境，只有消除灵、肉的分裂状态，使两者趋于统合，达致人性的完满。

人性分为生物性、社会性和精神性三个层面。好的教育就是充分尊重人的生物性的客观存在，积极促进学生的精神成长，使学生在人性的三个层面上得以和谐发展。

一、生物性是一种客观存在

人的生物性是客观存在的。生物性是人的生命的最基本特性，也是社会性、精神性存在的基础和前提。人的生命作为一个自然生理性的肉体生命而存在，其生长和发展必服从自然界的法则和规律。自然律则是一种高于一切人为法律的存在。这种存在，犹如数学概念中的"公理"，是不证自明的。对生物性的尊重，也应该是不言自明的。但我们今天在谈论各种事物的时候，总喜欢将其与"文化"、"文明"和"制度"联系在一起，却从来不肯直视人类最基本的特性——生物性。人首先是一种生物性的存在，其次才是社会性的和精神性的。唯有认识和承认人的生物性，才可以更好地认识生活的本质。这并不是说，人唯有像生物那样去生存，才算是好的生活方式。而是说，人对于自我作为一个生物体的存在，必须给予充分的尊重，而不是被社会的、经济的、文化的、政治的等种种属性羁绊。

距今 2000 多年前孔子、孟子就说:"饮食男女,人之大欲也","食色,性也",这是人类最早见之于文字记载的关于人的生物性的说法。当然,人的生物性远不止如此,人类的机体(肉身)是生物性的物质载体,是一个生理过程与心理过程(精神)互相联系、互相制约、互相作用,并与外界环境(社会)进行物质、能量和信息交换的整体。人的视、听、嗅、味、触觉等感觉及生存、繁殖、安全、自私等欲望,乃至源于生物性的"文化",无不具有生物性。人类作为最高级的生命,他的一切所欲所为,都要服从宇宙间生物运动的规律[①]。但我们的教育往往为了一个功利的目标,肆意压制人的生物性一面。

一大早,城市静悄悄的,背着沉甸甸书包的孩子已经在公交车站等车,一个上午五节课,午饭用去 40 分钟,之后学生又在教室开始作业练习,下午又是四节课,晚餐 40 分钟后,晚自习又开始了,晚上回家,还要完成大量的作业,每天都有近 14 个小时在不断地听课、练习、作业。学生的生物性受到很大压制。

教育的终极目标是人的社会化。物质的躯体是一个人充当社会性角色和实现精神性成长的载体。皮之不存毛将焉附?一个没能得到健康发展的躯体如何很好地实现社会化?有时我甚至会有这样的极端想法,处在生长发育阶段的孩子,每天连睡眠都得不到保障,这也是"教"人与"育"人?这与所谓的"童工"有什么区别?"童工"更多的是身累,而这些孩子每天都身心俱疲。

在生物性压抑方面的另一大突出表现是处理早恋问题的方式。随着人体性激素水平的提高,出现对异性的仰慕和恋情,是自然律则的正常显现。但我们往往不是正确地加以引导,而是用一个更大的目标来压制,比如"先把学习搞好","把大学考好再说"。这样一来,认识没有到位,问题照样存在,只是把问题从显性转为隐性。一味强调社会性,使得男女生的早恋转入"地下"。教育没有起到作用,导致出现一些极端的事例,无法幸免。另外,在学校,经常有孩子骨折、肌肉拉伤等现象发生,也是学校对生物性认识不足,盲目追求超越性造成的。一切拔苗助长式的教育,无不是罔顾人的生长发育特性。

教育在促进人的社会化过程中,需要慎重对待人的生物性问题。从人性发展的过

[①] 孟铸群.人是融生物性社会性精神性于一脑的类存在物[J]西南民族大学学报,2004(6).

程来看，生物性是人向更高层次发展的基础，但从人性的价值论的角度分析，它更多的是偏向于恶，诸如本能、贪婪、懒惰、嫉妒、任性等。人的自然性的泛滥，意味着本能的放纵和自我的毁灭。

因此，生物性需要尊重，而不是放纵。要把握这个度，则需要关注精神性的问题，需要在尊重生物性的前提下，促进学生的精神成长。

二、要重视精神性的力量

高中学生为什么喜欢看比较幼稚的卡通片？为什么喜欢玩与年龄不相称的小玩具？为什么喜欢打刺激的游戏？为什么喜欢追星？为什么喜欢进入虚拟的社交空间？为什么写作缺少源自内心的深刻见地？所有这一切，在我看来，大多是学生精神生活的自我补偿方式：在卡通画、小玩具上实现情感交流，在游戏机上实现虚幻、刺激的精神超越，在追捧明星上实现情感与精神的寄托，实现自己对"时代英雄"的崇拜。人是有头脑的，有理性的，有认识能力的；人是有灵魂的，有超越性的。

人是自然与精神的契合点。人的存在是一种在物质基础上的精神的存在。精神性是人性区别于其他生物性的关键特性。人在自然赋予的基础上，探明生活的意义，规划生存的方式，寻找生命的方向。这就是人的精神性。自然只是建构了人的躯体，而人自身却要构造精神。人正是通过精神的存在与追求，才显示出强大的生命力。有无精神决定着一个人是否可以真正成为"人"。有着怎样的精神追求，有着怎样的精神层次与境界决定着一个人做人的层次与境界。

人总是先为生存而奋斗。但随着技术的进步和财富的积累，生存已不再是唯一的奋斗目标。在这样的环境中，人难免开始思考生存的意义和本质。这时，他们常常会被这样的问题困惑："我是谁？我正走向何方？为什么我要去那里？我所干的一切意义何在？真的有必要吗？"这些问题的核心，是要揭示出自己生存的意义。伴随着这些问题而来的是烦心的焦虑、极度的苦恼。这种焦虑和苦恼，是人自我意识觉醒的显现，也是人精神成长的起点。寻求与自然、他人以及自我相结合的更高级形式，正是人的一切精神动力的源泉，也是人所有激情、感情和焦虑的源泉。

德国哲学家、教育家雅斯贝尔斯认为："教育首先是精神成长，其次才成为科学获知的一部分……"这一认知，得到了教育界的广泛认同。陶铸认为："一个精神生活很充实的人，一定是一个很有理想的人，一定是一个很高尚的人，一定是一个只做物质的主人而不做物质的奴隶的人。"朱永新教授把"有丰富的精神生活、广泛的兴趣和一定特长"定为他心目中的"理想学生"的标准之一。并认为："丰富且具高级趣味的精神生活，是衡量学生或是一个国家公民文明程度的最基本的标准。"

教师本质上是一名精神工作者。教师的精神空间决定了教育的空间，教育的魅力取决于教师的人格与精神魅力。人不能给自己的生活强加上某种意义，也不能指望别人为自己的生活赋予意义。而"意义理解"是精神成长的必由之路。人们必须去发现生活本身所固有的意义，其他人只是可以帮助他去发现。教师要承担起这种责任：对学生在生活意义上进行引导，引导人们求真、向善和尚美。人类发展史表明，追求真、善、美乃是人类与生俱来的一种内在力量。正是依靠着这种力量，人类才能从利益性群体不断向共生性类群发展。凭借着这种力量，人类个体才有可能消除灵、肉分裂的痛苦，谋求生活的福祉。

在"重物质、轻精神"的大背景下，教育首先是让学生精神成长，社会首先是让经济增长，领导首先是让政绩增长，家长首先是让分数增长，学校首先是让升学率增长。可见，教育的追求与现实的取向相冲突。而我们的教育总是重知识传授，重分数高低，轻人格形成，轻精神成长，缺乏对生命意义（超越性）的本真追求。这是教育的悲哀。

长期以来，我们不关注受教育者个人内部精神状态的调适，专论精神教育的文章和书籍较少。在人性的生物性、社会性和精神性三个层面中，西方三者都做得较好，倡导科学精神，重视人与物的关系，推动科技进步，并以人文精神为导向，推动社会进步。

改革开放以来，靠人海战术已然无以为继，创新呼唤着人的主体性的回归，呼唤着对人的终极关怀，呼唤着人的精神的自由与解放。我国的封建政治制度建立在人人为善的信念基础上，通过每个个人的独善其身，也通过家族伦理道德的扩张来维系社会的稳定。但随着历史的发展，氏族伦理的社会根基——农耕文明在消失，取而代之的是以社会化大生产为特点的工业文明。但中国尚没有建立起适应工业文明的精神文化，反而受到双重负面影响——封建社会遗留下来的官本位传统给人的主体性带来的束缚，以及西方市场化社会带来的精神堕落。

三、教育要促进三性的统合发展

人是融生物性、社会性和精神性于一体的存在物,决定着教育在培养人的时候就必须要关注这三性的统合发展:尊重生物性,关注社会性,重点促进精神性的发展。

尊重生物性,意味着不能为了明天的目标而长期地压制其生物性需求,例如让学生经常性的缺乏睡眠,甚至因为太多的补课导致眼盲。聪明乃耳聪目明也。一个发育非常良好的机体,是一切更高功能发挥的基础。尊重生物性,还意味着要教给学生生存的常识和技能,以帮助他能够独立地面对世界。

关注社会性,意味着要帮助学生学习生活的律则和规范。世界是由一个个独立的个体组成的共同体,社会共有的秩序与幸福是达成个体幸福的基础。教育要帮助学生学习在纷繁复杂的人际社会中,在相互冲突的利益与价值面前,权衡利弊,作出理性的思考与选择,以便和谐地与人相处。

重点要促进精神性发展,意味着在尊重生物性、关注社会性前提下,要不遗余力地发展学生的精神性。教育要自始至终地促进学生去探索生命的意义和价值,使他能够过上一种健康的、快乐的、有意义的人生。

物质、肉体上的满足带给人的快乐是非常有限的。超过了一定的限度,物质条件再好,快乐也增加不了多少,更不能持久。在许多小说和影视作品里,富家子女丰衣足食,但觉得生活并不幸福,有的还坚持离家出走去闯荡属于自己的生活。而有些物质上并不非常富裕的人反而觉得生活踏实舒服。现实中,我们的学生也是这样,在别的学生抱怨家庭、学校束缚太多的时候,宏志生总是感到心满意足。我主编的《宏志》一书中,就有他们的作文《父母,我的骄傲》、《我的父亲母亲》。尽管有的父母连孩子上高中都负担不起,但他们却感恩父母的生养,感恩父母在贫困中的执着坚守。

人只有精神上的快乐才可能是无限的,而精神的快乐来源于灵魂的丰富。丰富的灵魂,需要丰富的阅读来滋养。中美两国都列出了"高中生必读书目",其中有不少是经典作品,但美国的要求相对刚性。我们的"新课标"要求中学生要"扩大阅读面"、"增加阅读量"、"有较丰富的积累"……不仅对中学生的课外阅读量作出了明确的规定,也对课外读物的内容提出了相应的建议。"有较丰富的积累"不仅是指语言上的丰富,还指向精神世界的丰富。使每一次阅读都成为丰富语言、润泽心灵、提升精神的有效阅读。经典之所以成为经典，是因为它经过了岁月的淘洗，经历了一代又一代历史的检验。阅读经典，就是与智者对话，探寻人生的奥秘；阅读经典，就是与仁者交心，体会世间的爱意；阅读经典，更是与自己彼此观照，测量灵魂的深度，思索生命的价值。

教育关乎人的成长，它首先体现为人的精神成长，其次才成为科学获知的一部分。因此，我们的阅读首先要追求阅读的精神取向，从学生身心发展的角度来看，只有多读经典作品，多品味大师的箴言真理，才能丰富人文底蕴，完善人格发展，从而走向更为积极健康的人生之路。遗憾的是，受应试教育的影响，当下的很多阅读还是停留于功利取向。在教室里，教科书以外的书籍统统收缴；较多的家长把作文选、作文辅导、学科辅导用书等当做孩子最好的读物，认为对提高作文能力和学科成绩有用。于是大量的此类书籍包围了孩子，学生的阅读成了追逐成绩的功利性阅读，从而缺失了更为厚重持久的人文、经典的阅读追求，最终导致学生阅读兴趣的下降和阅读热情的淡化。功利性阅读或许是需要的，但绝不应该成为学生阅读的主流。

周国平教授认为："独处是和自己的灵魂相处，读好书是和历史上那些伟大的灵魂沟通，这是我们的灵魂丰富起来的两条基本途径。"独处就是过一种内在生活，我们每个人都应该有自己的内在世界。空净禅师认为，修成佛身的秘诀，就是"以自然立、坐、卧的形式来进行内在的观照，你只要静心地去观照你身体的内在，奇迹就会发生，你的身体就会发生日新月异、脱胎换骨的变化"。可我们的学生每天除了上课就是不停地赶作业，读了三年高中，做了三年题目。每天生活在教师、家长所设定的外在世界里，这也是教育的可悲之处。

生物性、社会性和精神性组成完整的人性。人性是人类支配其思想和行动的本能与习性，它包含人的自然属性、社会属性和精神属性。人的自然属性是人类与生俱来的趋利避害的生物本能，是自然界的普遍规律在人类这一物种身上的特殊、具体的表现形式。人的社会属性是人类在后天环境与他人的合作、斗争的交往过程中形成的影响其思想、行动的习性。它是建立在人的自然属性的基础上、伴随着人类生活的群体性（社会性）而产生的。人的精神属性是人在自我意识产生以后对个体自身、人类社会和宇宙大全的探索和认识。这些认识使得人的一切活动都变得自由自觉，具有主动性和创造性。人与其他动物的最大区别在于人是唯一有理智的高等动物，能够用理智来控制感情，用理智来战胜感情。正是精神这一特性，把人的社会性和动物的社会性区别开来。

人的生物性、社会性、精神性,既是各自独立的,又是统合的。他们在人的各项活动中整体地起着作用。但在不同情况和不同条件下,三者所占的比例和所起的作用不一样,这就决定了每一个人的独特个性及独特的行事风格。个体的感受和行为是由生物性、社会性和精神性等多种生理、心理功能按照不同的比例组织而成的一种动态平衡。在这种动态平衡中,生物性、社会性、精神性的各要素在一种组合中的不同比例,以及组合所采取的不同方式,便决定了个人的个性和各种行为特征。人的感官,不仅是生物感官,而且是社会感官、精神感官。它是世界历史的产物,是由社会生活实践形成的。所以人类才有听音乐的耳朵,欣赏绘画的眼睛,拉小提琴的手……①。马克思把人的感觉器官叫做"社会器官"、"精神器官",并且说,不懂得音乐的耳朵,根本不可能欣赏音乐;一味贪图珠宝的交换价值的商人的眼睛,也不可能欣赏珠宝的审美价值……就像对于一个生而盲的瞎子,不存在五颜六色的色彩世界一样,对于一个精神"盲者"来说,也不存在多姿多彩的精神世界。

教育要促进人的发展、人性的完满,就要综合考虑生物性、社会性、精神性三性的统合发展。人的生物性、生命本能,是符合自然规律的,应该得到满足,得到发展;人的精神性、精神追求,是高尚的,应该得到促进,得到成长。一个人,如果这两端都很强的话,两者结合起来,就能提升处于中间的社会性。人应该有强健的生命本能,还有超越生命本能的追求,这是健康的生命状态。中国的传统是把两头都压住,然后强调中间部分,也就是强调社会的东西,强调社会稳定。为了社会稳定,一方面压抑人的生命本能,另一方面压制精神追求,最后造成低质量的社会性,这是中国传统的大问题(周国平语)。

动物在生长发育到一定阶段,随着性发育的逐步成熟,会产生对异性的向往,这是很正常的。除此之外,人是最容易希求感官的享受和躯体的安逸的。人具有避苦求乐、好逸恶劳的倾向,有着"嗜欲"之情的本性,也就是喜欢追逐自身欲望的本性。在社会发展的进程中,社会愈进步,文明程度愈高,则"可欲"之项目愈多。对于那些可以直接使人得到"快感"的内容,人们就愈趋而就之。一个人如果在感官的享受和躯体的安逸等方面乐此不疲,那么他所有的超越性便都将因此而消失殆尽。这就是人的生物性对精神性的影响。对于这一切,我们的教育总是用高考这一"唯一"追求来压抑生物性

---

① 孟铸群.人是融生物性社会性精神性于一脑的类存在物[J]西南民族大学学报,2004(6).

需要，而不是开展性教育来对学生进行正确的认识、分解与引导。

如果一个人分不清成长过程中的轻重缓急，控制不住自己的感情冲动，去做一些违背身心发展规律、社会发展规律的事，只展示其动物性的一面，这时，他就不能被称为真正意义上的"人"，也就把自己降低为了一般动物。同时，人的社会性使人的行为受到社会舆论、社会规范的约束。作为高等动物，人的羞耻心理又使得人对自己的行为进行自我约束。

希图短暂的快感而又容易沉溺于其中，这也是容易传播的恶习。由此，让我们担心的是：为追求感官的刺激，吸毒、艾滋病等这些人类的恶魔领域也已为高中生所涉足，玩网络游戏、看惊怵小说、随意交男女朋友等现象则更为普遍。

人的可塑性可以使一个人趋于上游，也可以使一个人往下堕落。人性的卓越之处在于人超越了动物性，有着控制其本能的力量。然而相对的，人也有着不往卓越处力争上游，反而扩张动物性本能，甚至堕落到不如动物之境地的一面。

《红楼梦》中的"好了歌"，就是说人虽然对"神仙"非常向往，但又总是为功名、金钱、娇妻和儿孙所牵累。人不可能退回到动物性的存在状态，摆脱痛苦的唯一路径就是向神仙靠拢，但人与神之间存在一条"物欲"的鸿沟。修禅之人，就是对自己身心进行改造，其目的和作用，就是力求缩小甚至排除物欲的影响，提高自己的生命质量，追求更多的灵性感悟，祈求能够得道成仙。

一栋建筑的根基厚薄不匀，就难以做到均衡承重。偏重于分数这块基石，学生的人生大厦就容易倾斜。教育者应眷注精神，育人教书，注重学生的精神奠基。

25.

重树教育信念

教育是一种基于信念的事业，是一种基于信念的文化活动。德国哲学家、教育家雅斯贝尔斯认为，"教育须有信仰，没有信仰就不成其为教育，而只是教学的技术而已"，"教育首先是精神成长，其次才成为科学获知的一部分"。教育者只有用教育信念作支撑，才能关注人的精神成长，不至于在观念上落入"应试"的窠臼。

改革开放以来，社会的物质文明水准大为提高。与此同时，社会也充斥着唯利是图的不正确价值观。每到夜深人静，当我端坐案前沉思，总有一种挥之不去的忧虑、惶惑、怅惘——如果我们的教育也是这样，那怎么办？

在我们的教育中，不是也有一些"唯利是图"的做法吗？由于功利障目，在一些学校中，什么"素质教育"，什么"规范办学行为"，什么"减轻学生的课业负担"，统统成了空洞的说辞。他们首先考虑的是有没有"空子"可钻，有没有"擦边球"可打。他们似乎眼里只有分数，没有"素质"；只有考生，没有"人"。甚至，如果学生的平均分差一点，任课教师就离"下岗"不远了。在这样的校园里，教育思想几近干涸板结，现代的人本理念无法浸润进去。缺失教育的事业归属感和教育信念，缺乏对"人"的终极关怀，只有冰冷的行政命令，只有现实的利益驱动。

教育不应以现实的利益为旨归，教育不能没有信念。在当前的社会转型期，面对纷纭复杂的价值观念，教育者必须保持清醒的头脑。学校教育究竟意味着什么？在此想表达几点我的粗浅思考。

一、教育应保护学生的自信

自信是力量的源泉。学生的学习自启蒙至高中,内容不断拓展,难度不断加深。由于选择性考试频繁,大多数学生经历了多次的挫折和失落,尤其需要鼓励,需要保护好他们的自尊心和自信心。人的需要是丰富的,满足人的需要的教育内容也应该是丰富的。学校教育要千方百计地呵护学生的自信心,从而满足学生成就动机中自我提高的需要。

我校提出"学长式"的教师观,教师在备、教、改、导、考、析等多个环节上,充分考虑学生的需要,充分尊重学生的意见和建议,营造和谐民主的教学环境,变"教师本位"为"学生本位"。我们认为,学校教育不但要立足于培养学生的知识、能力、才干、胆识,还要注重培养学生科学的思维方法、高尚的道德品质、广阔的视野和崇高的理想。

教育是一种社会活动。教育的功能是促进人的社会化。学校是一个微型社会系统,比起社会大环境对学生的影响,学校教育就是一种使年轻一代更为有目标、有行动、有序、有效地走向社会化的活动过程。所以,学校教育不只是为了升学,首先应该是一种保护,一种奠基。升学只是教育的一个阶段性过程,是人发展的有效途径,但不是唯一目的。发展更是教育的目的和宗旨。为学生的终身发展夯实基础是我们的办学目标。学校决不能为了升学而背离教育的规律,不能片面、单纯追求升学率。

二、教育应关注学生的生活

没有选择的教育、不讲个性的教育,充其量是一种训练。当前,学校教育的悲剧莫过于等同于"应试训练"。教师按大纲要求,将教材分解为若干知识点,再一节课一节课地依据高考的要求,拟订成"训练手册"。于是乎,学生宝贵的青春年华,就在这无尽的、多种多样的训练苦海中度过。教学上如此,体育、美育,乃至思想品德、文明行为的教育也是如此。为了应付种种检查、评比、验收、评级,无不是以繁冗的训练来达到教育的目的。

教育是人与人之间的一种心灵交流,是心智碰撞的生命活动,而机械、死板的训练只会使彼此的心灵隔离。过度、过滥的训练淹埋了教育的灵魂,淡化了科学训练中应有的教育陶冶功能。人的能力有本能、技能、智能之分，过多的机械重复，会使技能退化为本能。

基于这样的反思，我校一直主张将校园生活和现实的社会生活作为教育的重要源头，大力倡导在生活中教育，在创新中教育，广泛开展了"学校社会学问题"、"教学创新的实践与探索"等课题的研究。学校既强化常规管理，又关注学生特长，广泛深入地开展文学、艺术、科技、体育等领域的活动。学生的社会实践活动、各种社团活动大大地丰富了学生的生活，使他们从中受到教育。正因此，我们的毕业生走入大学后，也体现了较强的社会适应能力。

三、教育应唤醒学生的潜能

高中学生生龙活虎，精神饱满。他们在成长过程中有各种的问题在所难免，关键在于发现，在于唤醒，在于引导。我们倡导老师不以管理者自居，老师应关注学生的"神"，而放其"形"，让学生参与学校管理。教育应唤醒学生的积极性和上进心，体现一种关爱、一种期待，发现学生心灵的火花。让学生在和谐开放的学校环境中，不断弘扬人的主体性；在品味成功的愉悦中，不断激发学生的潜能，促使学生从自身内部生发求真、从善、尚美的不竭动力。

学生是能动的主体，教育者所能做的是去发现和唤醒其内在潜能，而不能自诩为泥塑木雕的艺术家，按自己的愿望去塑造，去雕琢。教育不是管束，学校要为学生的健康发展创造一个尽可能优化的校园环境。

学校教育，"人"是目的。教育者必须有自己坚定信奉的观念和主张。学校必须用爱心和责任感铸就师魂。只有不被功利障目，才能在真正意义上惠及学生，指导家长，引领社会。

总之，教育是一种培养人的社会关爱活动，关爱是教育的灵魂。缺了关爱，一切教育活动都会变得机械、呆板、教条和形式主义。有了关爱，教育的创新才有活力、有生命。所以，教育的目标、内容、方法、手段、评价等等都可以不断发展变革，但教育的灵魂是永恒不变的。

26.

转换育人模式的思考

我们的传统育人模式并非一无是处，改革开放以来，中国的基础教育取得了举世瞩目的成就。中国学生的基础扎实，整体水平较高，这些赞美之词常见于欧美报端。但我们也应该看到，我们在平均水平较高的同时，拔尖学生的教育、创新人才的培养，还做得很不够。而且为了得到这整体的高水平，孩子所付出的身心代价太大。欧美发达国家高中拔尖学生选修的大学先修 AP 课程，比我们要深得多，而且实行高中与大学的学分互认制度。我校每年都有 110 名左右学生出国，其中大多人选择去美国，他们都反映了上述问题。

现在的问题是，在高等教育毛入学率已经达到 35% 左右的今天，我们是否还要为整体平均水平的全球领先而继续牺牲拔尖创新人才的培养？是否还要为那点可耻的功利、政绩而继续压榨一个个鲜活的生命个体？是否还要为了模式化批量生产更多的"操作工人"而继续委托欧美培养顶尖人才？

经济的转型，首先需要教育的转型，产业的升级，首先需要课堂的升级。否则，仅就经济而经济，就产业而产业，是不可持续的，即使有一两个成功的案例，也只是偶然。1957 年，原苏联人造卫星上天震惊美国朝野，他们一直追问到教育，追问到中学的课堂。以哈佛大学校长柯南特的《今日美国中学》为蓝本，以"分层分类，学科加速"为措施的教育改革由此全面展开。

我们的基础教育，以童心提前硬化、以牺牲孩子身心健康为代价的功利追逐，不能再继续下去了。教育界需要一种新型育人模式的出现来培养符合时代要求的人才，这既是教育发展的应有状态，也是造就创新人才的必然选择。

一、传统育人模式及欠缺

传统育人模式是一种师长当家作主的模式,它强调的是教师的权威和中心地位。在这一模式下,学生的学习、生活和思想很大程度上受着师长的支配。学生被告知应该做什么、应该怎么做,而自我思考和探索的过程却被淡化。学生处于一种从属地位,自我成长的空间受到限制。

在学习上,传统育人模式崇尚效率至上,"以班级授课为基础,通过统一教学内容、统一教学进度、统一教学方法、统一培养规格,实现教育效率的大幅度提高"[①],这在客观上形成了"满堂灌"的教育现状。教师的主导作用在教育行为中得到了凸显,然而学生主体性的发挥受到了严重压制。在当下的教育语境中,很多教师依然固守传统的教育模式,对学生采取苦口婆心式的说教。在课堂上,教师不顾学生参差不齐的接受状况,倾其所有将知识传授给学生,而不管学生是否都能接受内化。在课外学习中,教师为学生设立学习目标,将自己的期望强加给学生,从而忽略了学生的学习兴趣。于是学生在学习的过程中,完全丧失了主动权,创新性、独立性和自主性受到限制,无法得到理想的学习效果。学生和教师都陷入了极其疲惫的应付状态。

在生活中,传统的育人模式孕育于精英教育的大背景中,教育的受众是少数人,采用讲授为主的方法,向学生灌输系统的学科知识,其目的是通过考试选拔适合教育或工作的学生,因而育人模式在很大程度上带有一定的功利性。这注定了传统的育人模式只注重学生的知识储备,而忽略了培养学生在生活上的自理能力,忽视了教学生获得来自生活的直接经验。层级式淘汰制的精英教育,由于过程中有太过强烈的功利意识,最后也培养不出真正的精英和大师。自1973年实行的计划生育政策有效地控制了中国的人口数量,却也在独生子女的教育领域中留下了众多的后遗症。许多家庭对独生子女娇生惯养,让这些孩子"衣来伸手,饭来张口",隔离了鲜活的生活源头,因而他们在生活中的动手能力差、抗挫折能力弱、对许多生活常识的了解极为贫乏。而现今的学校教育对学生的生活自理能力的培养显然也是较为欠缺的。

在思想方面,学生的思考、决断和独立能力是学生学习主体性发挥和了解生活、体

---

① 方展画.育人模式转换:基础教育改革的抉择[J].浙江教育科学,2011(1).

验生活的基础。然而受制于传统育人模式的影响,学生思想并不是由个体自身决定的,而是受到父母、老师或者其他比较具有威信的人(如名人、榜样)的影响。他们的思想特点是迷信权威,对父母、老师等权威所提出的观点或思想总是全盘接受,从而丧失了自我判断的能力。所有"乖宝宝"式的学生大多属于此列。中国"听话式"的教育方式,也最容易培养出这一类人。曾有一位西方记者,在采访清华、北大的新生时,当被问及选择清华、北大就读的原因,一些学生就回答是父母的要求。指导个体行为的思想,不是出于个体自身的判断和选择,而是由他人来决定,不管他人与学生关系有多么亲密,这都是一种不正常的教育现状。我思故我在,从这个层面上说,这些学生不能算真正意义上的"人",而是他人思想的傀儡,缺乏思想上的自决性。这样的人,自然不可能成为有创新能力的人,这样的人,哪怕智商再高,最多不过是一个比较好用的"工具"而已。

很多学生学习上被动、生活上依附、思想上服从,也无怪乎我们的社会总是不断呼唤创新型人才的出现,却还是"千呼万唤出不来"。其中学生思想上的自决和成长尤为重要,因其是学习和生活的基础,是衍生出美、道德与爱的前提,是产生创新性人才的关键。很难想象一个思想不能自决的学生,他对知识会有批判的精神,对学习会有明确的目标,对道德会有正确的自我判断。教育的难度,不在于知识的传授、能力的培养、习惯的养成,而在于促成学生独立思考、兼容并蓄、批判吸收的思维模式,并最终形成个体自身独特而深邃的思想体系。可惜的是,传统的育人模式都消耗在对低级的教育技能的培训上,而忽略了对思想的追求,结果导致高级创新性人才的匮乏。

二、时代的召唤:从传统到新型的转变

在经济全球化的今天,中国作为创新发展相对滞后的国家,较多地处在全球产业金字塔的底层——制造行业上。与之相反,发达国家处于产业金字塔的顶端,通过对高端技术的输出,坐拥巨大的经济回报。在这一产业金字塔中,决定一国所处层次的关键是高素质人才的培养。中国要想在世界经济中占据领先地位,实现从底层向顶端的产业升级,首先必须要有创新型的人才。教育总是用昨天的教材培养明天的人才。因为人才的培养需要一个过程,教育有着不可避免的滞后性。而创新型国家的建设有赖于创新型人才的储备,创新型人才的储备有赖于创新型教育的维系。正因为此,教

育需要超前性。

传统育人模式注重"标准划一"和"效率至上",在集中精力向学生传递知识的同时,却忽略了学生的个性发展和精神成长,无法高效地培养创新型人才。此外,随着新知识和新技术以无可比拟的速度急剧更新和增长,知识老化周期缩短,让学生自主学习并且学会学习变得尤为重要。我们应当通过教育"促进每个人将其思想和精神境界提高到普遍行为模式和在某种程度上超越自我的高度",因为"这关系到人类的生存问题"[①]。而传统的育人模式是教师主导学生学习、"权威"引导学生思想,不利于学生创新性的培养、主导性的发挥和思想的成长。由此可见,传统育人模式亟待向新型的育人模式转变。

新型育人模式提倡学生当家作主,培养和发挥学生的主观能动性。诚然,在学生的发展中尤其是在学生处于较小年龄时,教师的主导作用有其存在的重要性,然而,教师的作用只是外因,外因需通过内因起作用,任何知识技能的领会与掌握都要依靠学生独立自主的思考和学习,任何一个人都不能包办代替。学生是一个发展的人,他将来要成长为一个对自我负责的、具有独立意识和社会责任感的、有益于社会的人。从长远的发展来看,我们需要有意识地培养学生当家作主的能力,实现由师长当家作主向学生当家作主的转变,具体表现在以下三个方面。

学习上——被动到自主

传统的育人模式重知识的传授,而轻知识内化。师长们希望学生通过学习能够取得高分,能够顺利升入重点学校。因此学生在学习的过程中,往往含有被动的成分,经常感受到课业任务繁重,知识"消化不良",有些学生因此无法提起学习的兴趣,甚至在高度的压力下产生逆反心理,排斥学习,最终形成一个恶性循环。新型育人模式要化学生的被动为自主,让学生学习上自立、自为、自律。"改变课程过于注重知识传授的倾向,强调形成积极主动的学习态度","改变课程实施过于强调接受学习、死记硬背、机械训练的现状,倡导学生主动参与、乐于探索、勤于动手"[②]。新型育人模式注重学生的自主选择性,激发学生的学习动机,让学生在学习上主动投入、主动思考,主动运

---

① 联合国教科文组织.教育:财富蕴藏其中[EB/OL]. http://www.un.org/chinese/esa/education/lifelonglearning/intro_2.html, 2011-8-21.
② 中华人民共和国教育部.基础教育课程改革纲要(试行)[EB/OL]. http://www.edu.cn/20010926/3002911.shtml, 2011-8-21.

用所学知识联系生活实际,让学生能够感受到学习的快乐和意义,享受学习过程,最终回到一个良性的轨道上去。我在兼任班主任期间发现,在志向志气的激发下,学习上自主当家模式的学生成绩都很优异,他们非常清楚自己知识掌握得怎么样,会自主利用课余时间,这类学生往往都很优秀。

生活上——依附到自立

传统的育人模式忽略了学生生活和实践能力的培养。对于某些家长来说,只要孩子的学习成绩优秀,家长就全面包办孩子的生活,造成了孩子的"高分低能"现象。殊不知孩子的学习习惯往往是由生活习惯决定的。我在日常教学管理的活动中,偶尔也会遇到一些学生无法适应寄宿生活而离开学校。在和家长沟通的过程中,我了解到,一位初三学生的母亲,甚至连女儿洗澡这样的小事都一手包办,从而导致学生生活自理能力偏弱。这让我深感震惊之余,更加清醒地认识到生活和劳动教育的重要性。著名的心理学家勒温认为,个体的态度改变依赖于他参与群体的方式①。因此,对生活上娇气的独生子女来说,参与班级群体活动,在集体生活中学习就变得尤为重要。

让学生在集体的生活中,逐渐提升自立能力,学会自我照顾,进而才能照顾他人。让学生生活自立,也是让其获得直接经验的一种途径,"纸上得来终觉浅,绝知此事要躬行"。在生活中亲身实践,必能丰富学生的情感体验和感性知识,利于学生习得和迁移书本知识。我在与宏志生接触的过程中发现,他们虽然家境一般,但是基本上都具备很强的生活自理能力。因此他们在学习上能够抱着珍惜之情全力以赴,在生活上不仅做到自立,更能做到助人,在精神成长层面反而超越一些家境优越的学生。他们的故事感动着我们每一个人,也让我思考如何将这种宏志精神迁移到家境优越、生活自理能力较差的孩子身上,希望通过自立能力的培养,帮助他们学会独立,在精神上有所收获。

思想上——服从到自决

自决即特定主体依据自己的意志处理一定事物的方式或权利。思想自决可以说

---

① 注:勒温在他的群体动力研究中,发现个体在群体中的活动可以分为两种类型,一种是主动型的人,这种人主动参与群体活动,自觉遵守群体的规范;另一种是被动型的人,他们只是被动地参与群体活动,服从权威和已制定的政策,遵守群体的规范等。个体在群体中的活动方式,即能决定他的态度,也会改变他的态度。

是育人模式转变的核心环节。只有思想上达到自决状态，对学习的现状有着正确的判断和评估，才能够在学习上主动出击，享受并热爱学习；只有在思想上达到自决状态，拥有实践的态度和胸怀，才能有条不紊地打理生活。因此，思想自决是学习自主和生活自理的前提，也是学校德育工作的重中之重。思想上由服从转变为自决，意味着在对待他人的观点上，不会迷信权威，而是理性地思索该观点的来源与出处，会从源头上思考其本质，并对这种本质提出质疑。对本质的质疑，常常引发自主判断与选择。当个人认同该观点时，自然会将其吸纳到自己的思想体系中。否则，个体会修改完善该观点，甚至完全地推倒，由此创造也孕育而生。

对学生来说，旁人的观点，甚至父母、老师、名人等各种权威人士的思想，都只是作为一种外在的信息来源。学生对这些信息源要进行独立的思考和判断，通过与自己内在想法进行比较，对知识进行扬弃选择，将其批评性地纳入个体已有的思想体系中去。湖北省六年级的小学生聂利偶到蜂场发现蜂箱上翅膀不动的蜜蜂也嗡嗡叫个不停，她将这个疑问告诉老师，但是老师只相信书本上讲的——蜜蜂的嗡嗡声来源于翅膀的震动。小女孩并不甘心，开始自己动手做实验，最终发现翅膀根部的两粒小黑点是蜜蜂发声的真正原因，最终推翻了已有"权威"的解释，也获得了高士奇科普专项奖。难以想象，如果这个小女孩服从教科书上的解释，服从老师的回答，今天我们大家还对那个看似合理的"常识"深信不疑。一般情况下，在思想上能够独立自主的学生，都是佼佼者，常常是发展最好的那一些学生，往往具有较好的自我认同感，因为他们能够很好地整合自己的过去、现在和未来，从而逐渐形成自己的价值取向，并对现实有着清晰的认识。

都说学生是祖国未来的栋梁，当栋梁还是很小的树苗的时候，给其好好的保护也是人之常情。然而小树会长大，过多的保护反倒成了压制，限制了他应有的生命宽度与高度。除去过多的"爱"的枷锁，实现由师长当家作主向学生当家作主的转变，还给学生一个可以自由呼吸、自由成长的更为广阔的空间，才能让学生长成为一棵不畏风雨的参天大树。然而，要实现学生在"学习上自主、生活上自立、思想上自决"，必将是任重道远的，需要多方配合与努力，其中许多工作最终都要回归到与学生联系密切的教育者身上。因而，寻找合适的实现渠道是每个教育者不可推脱的责任。

三、教师的智慧和心量:转换育人模式的前提

正所谓百年大计,教育为本;教育大计,教师为本。要实现新型育人模式,让学生自己当家作主,需要教师有足够的智慧与心量。

教师的智慧——尊重学生

要让学生在学习上自主,生活上自立,思想上自决,教师要发自内心地尊重每一位学生。教师首先要尊重学生的个体差异,既能对学生的状况有全面而真实的把握,又能对学生的现状有正确的估计和判断。只有尊重学生的个体差异,教师才能有的放矢,对他们存在的问题进行合理诊断,从而采用正确的引导方式,不断增强学生在学习、生活和思想上的自主性。正如《基础教育课程改革纲要(试行)》对教师在教学过程中所倡导的"教师应尊重学生的人格,关注个体差异,满足不同学生的学习需要,创设能引导学生主动参与的教育环境,激发学生的学习积极性,培养学生掌握和运用知识的态度和能力,使每个学生都能得到充分的发展"。其次,教师要在尊重学生的基础上倾听学生的观点。因为尊重首先就是要了解,了解学生的基本情况,发现他的独特个性。这就需要倾听,需要创造条件让学生表达自己的观点,阐述自己的思想。在了解的基础上,才有可能发现学生需要什么样的帮助与引导。在此过程中,主体是学生,教师只不过是通过自己的情感支持、专业指导、责任承担和爱心体现,帮助学生丰富自己的思想体系,使学生本来不甚明朗的地方变得明朗,本来蒙昧不清的方向变得清晰,本来危险错误的地方得到较好的修正。当然,要了解学生光靠倾听是不够的,还需要细致入微的观察,然后适当地提出建议,肯定值得肯定的言行,否定需要批评的言行。"教师的职责现在已经越来越少地传递知识,而越来越多地激励思考。除了他的正式职能以外,他将越来越成为一位顾问,一位意见交换者,一位帮助发现矛盾论点而不是拿出现成真理的人"[①]。

尊重学生的观点,最难的就是在观点发生冲突时对尊重的坚持。许多教师,在发现学生的观点与自己相悖时,或是预测学生的思想会犯错误时,往往会忽视尊重,而古

---

① 联合国教科文组织,国际教育发展委员会编著.学会生存——教育世界的今天和明天[M].北京:教育科学出版社,1996:108.

板地将自己的观点凌驾于学生之上。现实证明,这种做法常常是无效的。教师对学生能强迫得了一时,却无法强迫一世。强迫,换来的不是反抗,就是学生个性的泯灭。对教师而言,发表自己的观点,表明自己的立场,不是最终目的,最终的目的是要帮助学生建构自己独特的思想体系。当然该体系必须与整个人类的发展、社会的进步联系在一起,至少不相违背,否则该思想最终会遭到唾弃和驳斥。因此,当教师和学生的观点发生冲突的时候,教师可以分析、评论学生的观点,也可以预测在该种观点引导之下将要发生的行为及其后果,但这些都只是一种建议,是一个个体对另一个个体的建议,最终如何选择,决定权应该在学生手中。哪怕学生最终坚持他自己的观点,并可能会犯错误,这也没什么大不了的,成长、发展本来就意味着不定型、不确定,意味着不断地尝试。"我坚决反对你的观点,但我誓死捍卫你说话的权利。"作为教师,需要时不时想想伏尔泰的这句话,并把它贯彻在教育行动中。尊重学生话语权的基本价值在于:无论对错,让学生说出来,一定比放在学生心里好。

教师的心量——允许学生失败

　　学生在思想、学习和生活上的自主性,离不开自我思考、自我判断和自我选择的过程。著名的心理学家桑代克认为,学习是一种渐进的尝试错误的过程。在这个过程中,通过不断的试错,人能吸取教训,从而使错误反应逐渐减少,正确的反应得以形成保留。学生在精神成长的过程中,往往也是一个不断尝试的过程,是一个不停地自我检验的过程。有尝试就会有失败。既然尝试是被允许的,那么失败也应该是被允许的。但是在现实中,很多教师不允许学生失败,他们希望学生最好一次成功。教师预防学生失败最有效的方式是把知识直接作为答案交给学生,学生不用思考,只要像容器一样接受即可。许多教师甚至希望有一种方法可以把自己的思想原封不动地装到学生的大脑中。但学生的自我意识会对此进行天然的反抗,因为人天生就需要倾听自己的声音。他有一种天生的能力用以区分"我"与"非我",并对"非我"有一种天生的警惕,这是自我保全的需要。在教育过程中,外界的一切影响并不是简单的输送或移植,必须经过学生主体的吸收、内化,如果学生无法吸收,一味灌输只会引起消化不良甚至"厌食"。故强迫是没有用的,填鸭式的教育是注定要失败的。《学记》中提到的"故君子之教,喻也。道而弗牵,强而弗抑,开而弗达",论说的也正是这个道理,阐明了教师的教育在于引导、激励、启发学生,而不是牵着学生的鼻子走,强迫或代替学生学。让学生自己去探索和尝试才是利于他的成长方式。成长,必然意味着自我的不断尝试,而尝试常常带来失败与挫折。然而就如唐僧的西天取经,有些磨难是必然要经历的,不经一番寒彻骨,怎得梅花扑鼻香?因此失败是不可避免的,既然失败不可避免,在学习中就应该允许失败的发生。不能为了避免失败而剥夺学生自我探索、自我检验的权利。

允许失败,更确切地说是允许暂时的失败,其实就是在教会学生对自我负责。许多时候,学生表现得不怎么负责任,其中很大一部分原因在于这种责任不是他自己选择的,而是外界强加给他的。对这份责任,他连基本的认同感都没有,更不可能有神圣感。这种情况下,学生是很难去负责任的,多是草草了事,无所谓能否从失败中获得思想提升。而学生在自我做主思想的引导之下,哪怕失败也是很有价值的。这是对自我选择的一次现实检验,是他人生的一次磨难、一次挫折。现实的失利,会迫使他重新审视自己的思想,甚至会重新思考师长曾经给出的意见和建议的合理性,从而达到重新修正自己思想的目的,这是对自我负责、实现自我做主的一种途径。教师允许学生失败,在很大程度上也是为学生营造一种可以继续前进的宽容环境。有的学生在失败前退却了,是因为害怕失败给自己造成的伤害。如果教师能容许这种失败的存在,不忘鼓励学生继续探索,相信失败对学生而言也不再是可怕的。无畏失败,才有坚定的心志勇往直前,才有可能抵达成功的彼岸。如此,教师收获的不仅仅是学生的成功,更是一颗健康的心。

《国家中长期教育改革和发展规划纲要》指出,教育要"优化知识结构,丰富社会实践,强化能力培养。着力提高学生的学习能力、实践能力、创新能力,教育学生学会知识技能,学会动手动脑,学会生存生活,学会做事做人,促进学生主动适应社会,开创美好未来"。传统的育人模式是难以培养这种新型人才的,只有转化育人模式,让教师通过自己的智慧和心量,尊重学生,允许学生的失败,才能让学生在学习上自主,在生活上自立,在思想上自决。唯有如此,我们的教育才能培养出创新型人才。

参考文献

[1] 方展画. 育人模式转换:基础教育改革的抉择[J]. 浙江教育科学,2011(1).
[2] 联合国教科文组织. 教育:财富蕴藏其中[EB/OL]. http://www.un.org/chinese/esa/education/lifelonglearning/intro_2.html,2011-8-21.
[3] 中华人民共和国教育部. 基础教育课程改革纲要(试行)[EB/OL]. http://www.edu.cn/20010926/3002911.shtml,2011-8-21.
[4] 联合国教科文组织,国际教育发展委员会编著. 学会生存——教育世界的今天和明天[M]. 北京:教育科学出版社,1996:108.

27.

让学生对自己的未来有想法

在"中国威胁论"甚嚣尘上的时候,一位美国记者来到中国的顶尖大学采访学生,问:"你们为什么要到这里来读书?"一位学生回答:"我的分数达到录取线了,就来了。"另一位学生说:"这都是我的父母张罗的,我也不是很清楚。"问:"毕业以后有什么打算?"答:"这个问题还没有想过。"记者回到美国发了一篇文章,认为中国顶尖大学的学生还处在一种思想朦胧状态,得出的结论是:"这样的民族不足惧"。

我的孩子在美国攻读博士学位,他回到国内碰到同学后告诉我,大家在谈到未来打算的时候,都没有什么想法。而在美国,碰到国内的高中、大学同学,大家都对未来很有想法。

有学者做过统计,80%以上的中国高中生,不知道自己在哪些方面有特长,未来应该朝哪个方向发展,也不了解社会对人才的要求标准。42.1%的大学生对所学专业不满意,如果可以重新选择,65.5%的学生将选择别的专业。难怪乎,一方面,我们的大学毕业生就业困难,另一方面,社会找不到理想的可用之才。

一、家庭、学校包办过多

英国《每日电信报》曾发表过一篇文章,题目是《现在的成人为什么受到孩子般的对待?》。文章认为,社会"幼儿化"趋势值得警惕,这种趋势遏制了孩子的创造力和责任感,增强了他们的依赖性,会让他们自认为生活在"应该被照顾"的世界里。"成年孩子"的增多其实是家长和社会"照料过度"的结果,为扭转这种局面,英国政府出台家长指导手册倡导"严厉之爱"。

相对于西方社会,我们的传统文化更重视家庭观念。家是港湾,家是靠山,与此同时,这也使得孩子的依赖性膨胀,而独立性与主体性不足。当下独生子女为主的家庭里,孩子间的竞争谁也赌不起,谁也输不起。中国家长对孩子的宠爱远甚于英国,百倍呵护,疼爱有加,"成年孩子"的比例也远远高于英国。

从心理学的角度讲,受母亲宠爱的孩子,一生中都有一种骨子里的自信,因为在他的人生道路上,无论成功还是失败,在母亲眼里,他永远是可爱的。可见,母爱对孩子的一生来说是十分重要的,是不可或缺的。问题在于:这种宠爱在孩子年龄和程度上如何把握,以及孩子对这种宠爱的正确认识与理解。许多父母可以生下智商较高的孩子,却缺乏把智商转化为智慧的能力,其问题往往在于过多地把对孩子的爱表现在嘴上,缺乏爱的智慧,爱溢反溺。为了让孩子集中精力学习,孩子的生活由家长负责全方位的照料。从事教育工作这么多年,我切实感到,学生出现的问题,基本上都可以在父母身上找到缘由。

再来看看我们学生的学校生活,上课、自习、练习、作业,日复一日,提问、回答,一切都在教师的设计之内,学生为了博得教师的满意,总是猜度着教师已有的标准答案,而没有很好地展现自己想说的真实想法。无尽的练习、海量的试题,学生读了三年高中,只是做了三年题目。一切都在学校的掌控之中,学生只有集体的外在生活,没有独处的内在生活。在时间的洪流冲击下,一切有形之物都将遭受冲击而逐步损毁,唯有精神方能与世长存。而我们当下的教育总是显得急功近利,关注分数,关注物质,关注眼下看得见摸得着的,注重知识奠基,只为学生冲刺高考作准备,没有为学生一生成长发展作精神奠基。试想,一个"被设计"、"被规划"、"被学习"、"被生活"、"被过度照料"的孩子,怎么让他对自己的未来有想法?

教育要解决的问题,首先是怎么让孩子对自己的未来有想法,其次是如何去实现自己的想法。

二、要重视责任感教育

学军中学的生源起点高,时代与社会赋予学军中学的就是要将精英人才培养成领军人才。由此,在深化课程改革中,学军中学的设计宗旨和追求目标为"培养面向未来的领军人才"。要培养学生成为国家各行各业的知识精英、组织的领导者、标准的示范者。领军人才的特质就是"高度的责任感、深厚的知识基础、良好的团队意识、强烈的进取精神和卓越的创新能力"。让我们的学生学会做人,学会学习,学会合作,学会创新。

马斯洛的需要层次理论认为,人只有满足了低层次需要之后,才会递次向高层需要发展。而我们当下的问题是,贫穷的时候谈不了精神,改革开放三十多年过去了,人们在富裕了之后,物质生活提升了,唯独缺少精神。有的独生子女,家里有成百上千万存款、几套房子,将来都是他们的,还有什么奋斗的必要?基本生存需要满足得好好的,自我实现不达成又怎么样?

穷人的孩子早当家的内在机制是什么?外在地看,他们从小就与柴米油盐打交道,受到了生活的历练和磨砺,懂得了生活的道理,学会了人生的哲理。内在地看,对于穷孩子而言,马斯洛需要层次理论中的五个需要,层次感并不那么清晰,它是交织在一起的。只有最上层的自我实现需要得到了满足,才有基本生存和社会尊严的保障。高考相对公平的以分取人,为他们摆脱困境、实现自我提供唯一的路径,因而才会学得如饥似渴,才有对未来的憧憬与想法。

学生的学习内驱力来自何方?我以为应该是自我实现、家族升华、民族振兴和人类进步这样几个层面。在媒体的主导下,学生的爱国热情得以激发。经济社会发展到一定程度,吃穿不愁,为高层次需求提供了动力,但事实上学生的自我实现愿望反而受到了一定的影响。

中华民族重视家庭观念,家庭是社会的细胞,相对于西方社会的突出"个人"文化,我们比较重视"家文化"。《道德经》有载:"失道而后德,失德而后仁,失仁而后义,失义而后礼。"在权衡各种教育载体的有效性之后,我们选择从"家文化"入手,开展"修家谱,理家训,写家史,传家风"活动。以此来开展责任感教育,激发学生自我实现的动能。我以为,每个人都是先辈的子孙,又是后代的长辈,在修家谱过程中,自然会联想到自己在族谱中的定位,从而激发起自我责任感。在着眼家谱、着手家史的过程中,与平时看小说、写作文不同的是,所涉及的人与事都与自己有着血脉相连的关系,学生会受到祖上家训的熏陶,受到先辈执着创业精神的感染,从而激发起家庭责任感。近两百年来,中华民族历经磨难,每一个家庭、家族的荣辱兴衰都与国家民族的荣辱兴衰维系在一起,爱国情结油然而生,从而激发起社会责任感。教育最为本源的动力来自于情感驱动。通过活动,学生的学习内驱力得到提升,自我实现的想法开始萌芽。与此同时,我校国旗下讲话有《求古今治世智慧,成华夏领军人才》《让个性在责任中闪光》《自我责任感是成才的前提》《怀揣家庭责任,传承优良家风》《海阔天作岸,山高人为峰》《志为气之神,气为志之形》《志趣求高雅,生活方丰盈》等话题,积极开展"三志"教育,让学生确立高远的志向,激发高昂的志气,养成高雅的志趣。

学生的职业生涯规划,其实是一个自我实现的计划。在规划中,关键在于认识自己,知道自己能够做什么,认识社会,知道自己可以做什么。

三、让学生明白自己能够做什么

俗话说:"要想了解世界,先了解你自己。"哲学的最高问题是认识自我。老子曰:知人者智,自知者明,胜人者有力,自胜者强。老子把"自知"放在了认知的最高层次。在西方,阿波罗神殿上刻的是"认识你自己"。哲学家卡西尔在《人论》中一开始就说:"认识自我乃是哲学探究的最高目标。"蒙田说:"世界上最重要的事情就是认识自我。"苏格拉底认为:认识世界的基础是认识自我,当一个人对自我的问题至少有个概括的认识之后,他才能谈认识世界,否则,这个认识,将会是狭隘、片面、诡辩的。

20世纪80年代哈佛大学认知心理学家加德纳提出了多元智能理论,他定义智能是人在特定情景中解决问题并有所创造的能力。提出每个人生下来就拥有八种主要智能,即语言智能、逻辑数理智能、空间智能、运动智能、音乐智能、人际交往智能、内省智能、自然观察智能。不同的人会有不同的智能组合。每个人可以按照相对较强的一项智能被归类,各类之间是平等的。美国开创了在中学阶段建立辅导制度的先河,科南特早就建议美国在平均每250—300个中学生中设一个辅导员的举措。

当下社会,人们为物质利益所驱动,只顾狂奔,不顾方向,只求结果,不择手段。我认为,好的教育就是让父母生予每个学生的潜能能够得到最为充分的发挥。学校的任务就是要帮助学生发现自己的强项智能,并设计个性化的课程进行培养。

孔子曰:"吾日三省吾身。"反思乃个体成熟之标志。反思是一个人认识自我的前提。我们倡导高一年级反思自己初中阶段的思想、生活、身体情况,反思自己的个性心理特征,明白自己的优势与软肋,反思父母对自己的教养方式,总结成败得失。在此基础上,做一个高中三年的生涯规划。要求高二年级反思自己高一一年下来,思想上自决了吗?学习上自主了吗?生活上自理了吗?心理上自立了吗?身体上自强了吗?对自己的高一状态感到满意吗?高一成绩是自己智商与努力的客观反映吗?要求高三学生在反思的基础上开展 SWOT 分析,明白自己的优势、劣势、威胁和机遇。

与此同时,通过国旗下讲话《学会与自己交谈》《人的自在与自为》《慎独自律,乐群阳光》、《认识情商》、《人的本我、自我与超我》等,通过选修课程中的"自我探索之旅"、"健康心理教育"、"道德经、史记等'国学'作品漫谈"、"外国、外语文学作品欣赏"、"小说、戏剧"等,开展"三自"教育,促进学生自信定位,自觉求知,自我完善。让学生进一步了解自己,认识自己。

四、让学生明白自己可以做什么

如果说有教无类可以保障起点公平,因材施教可以保障过程公平,那么人尽其才,可以保障结果公平。理论上来说,教育应了解每个学生的兴趣爱好,知道学生希望做什么,教育应发展每个学生的优势智能,知道学生能够做什么,一个社会,每个人都能贡献出自己的聪明才智,就会聚合起推动社会发展进步的巨大能量。但现实地说,我们还应该教育学生,清晰地了解社会,认识社会,知道自己可以做什么。只有个人才智与社会需求的完美结合,才能真正促进个体与社会的完美发展。

我校以"课程引领和实践体悟"为路径,让学生更好地了解与认识社会。开设了"职业生涯规划课程",通过一些心理学知识的学习来让学生认识与了解自己,确立自己的大致发展方向,然后通过社会调查的方式让学生了解社会各行各业职业状况,体验社会生活,从而明确自己的人生追求。寒、暑假期间,与一般补习文化知识课程不同,学校倡导补习社会课程、亲情课程,并对此做出具体的要求。还有"领导力开发课程"、"社交技巧"、"国外高中教育特点及大学教育方式"、"语言训练课程"、"英美流行文化"等选修课程,以及"'真的是'推理社"、"美好生活社团"、"模拟联合国"、"潮流影风"、"历史问题探讨社团"等社团开设。杭州学军中学西湖文化遗产保护青少年训练营,是我校以社团名义开设的文化遗产选修课。由西湖文化特使进行授课,并将此作为基本课程为学生的西湖文化遗产意识的形成打下基础。在校外开展的多种多样的活动,包括与澳门文化遗产代表团进行交流,赴苏州参观世界遗产保护青少年教育成果,参加 2014 年"创意西湖"青年文创产品设计大赛布展工作,等等,将西湖文化遗产带入每一个人的生活。还以《科技进步对青少年健康成长的挑战》《科技进步对人类的生理挑战》等为话题开展国旗下讲话。

我们还把所有学生都拉到中策职高,让其体验合作开发的"服务礼仪"、"西餐摆台操作"、"餐摆台操作"、"导游"、"中餐制作"、"西点制作"、"西餐制作"、"电子产品制作"、"水质监测"、"企业经营沙盘"、"瓷器鉴赏"等课程。

在"领导力开发课程"中,我们分三段进行。首先让学生分成教学、生活、德育、管理等小组,讨论学校现有制度的合理性,提出修改意见。然后由各小组直接与学校的相关处室对话,促进了学校的民主管理,有利于师生关系和谐。然后组织学生分别去学校所在的文教社区和西溪街道,请主要领导谈谈他们的主要工作和面临的主要问题,并由学生来思考和提出解决问题的对策。针对社区、街道提出的"老人照料问题、停车难问题、管理边界问题(居民遇到用水、用电、用气和各类设施维修等问题时,总是首先想到找社区、街道帮助解决,而他们总共十来个人,根本就应付不过来)"等等,同学们提出了一些有意思的想法。他们认为,每个社区都有大量老人的孩子在异地工作或求学,家里遇到问题无法解决,与此同时,杭州的各高校有几十万学生在读,可以让高校与社区结对,学生与家庭结对,发动学生做义工,促进社会的和谐发展。

自2000年起,美国的国内生产总值(GDP)增长幅度超过了就业率的增长幅度,从而可以看出,技术毁掉的职业已经超过了其创造的职业。有学者预计,未来10—15年间,客户服务、加工及中层管理等工种将消失。现有劳工市场的工种中,有半数在2025年将因为被电脑取代而不复存在,部分人的生计或受威胁。教育总是用昨天的教材培养明天的人才,科技发展日新月异,凡是写入教科书的知识,一定是陈旧的知识,应让学生了解快速发展的社会,了解社会工种的不断变化,更好地做出具有前瞻性的生涯规划。

28.

破解教师管理之难

2013年5月11日至12日,我有幸以嘉宾校长的身份,出席了"2013年中国长三角第八届校长高峰论坛",11日下午的论坛主题为"校长的专业智慧——破解学校管理之难"。来自上海、江苏、浙江、安徽、天津等地的300多名中小学校长、著名教育学者和专家代表参加了论坛。下面就这一主题,结合我在论坛上的发言,谈谈我的粗浅看法。

一、教师管理难在何处

我从1985年开始担任高中校长,一路走来,感到校长的"硬实力"越来越弱,教师管理越来越难,具体难在以下几个方面:

(一)教师的"门槛"过低,流动性较弱。教师作为"人类灵魂的工程师",需要揣摩学生的心理,有相当高的心智水平要求。教育是心智碰撞的生命运动,绝不是只要在本学科领域内能够比学生多做出几道题的人就可以上讲台的。但我们的师范院校招生都是以一个高考分为准,没有考虑日后的育人能力要求,上世纪八九十年代持续多年的师范院校降分招生政策也对师资造成影响。城市倒还可以利用各种优势吸引一些优秀教师,农村问题更大一些。出于社会稳定的需要,教师队伍的流动性较弱,教师队伍的年龄结构不合理,一些天生不适合做教师的出不去,优秀的年轻教师进不来。教师的专业生活方式与教师的饭碗之间的相关性不大,从主观愿望上说,不少教师的专业培训往往是出于完成学分,其效果也可想而知,这也在一定程度上加剧了学校教师管理上的难度。芬兰的基础教育享誉全球,国内前往考察的教育代表团很多。在芬兰,各行各业中,教师的社会地位是最高的。

(二)评职要求过低,职称终身制。师范院校毕业生走上教师岗位后,不出现什么重大过错,十年后,基本上就可以评上高级教师,且一旦评上,终身享有。现在学校流行的一句口头禅就是"高级评上,革命到头"。毕竟能够评上特级教师、正教授级高级教师的少之又少,从而个体进一步发展的内在动力缺失,"不求有功但求无过"的教师越来越多。在美国也评高级教师,要求在从事教育工作十六年之后,提供课堂录像等相关资料进行审核评比,且高级资格有"有效期",倡导教师水平与时俱进。

(三)绩效工资不那么讲"绩效"。"文化大革命"期间,各行各业的内部管理如"死水一潭",分配上讲求公平合理,当然,那是低层次上的公平。改革开放,强调"效率优先,兼顾公平",让一部分人先富起来。这大大地激发了人的工作积极性,激活了内部管理体制。时至今日,强调效率已造成了社会的贫富差距过大的后果,影响到了社会稳定。作为社会分配制度的宏观调整,适度地向"公平"倾斜,是理所当然的。事业单位"公平优先,兼顾效率",实行不那么讲究"绩效"的"绩效工资"制度。可以预见的是,这一分配制度对于调动教师的积极性是有阻碍的。当然,这"公平"和"效率"之间的分寸拿捏,也着实是一件困难的事。作为一种工资制度,涉及每个受这一制度管束的人员的收入多少,理应是十分慎重的,在"试点"的基础上考虑成熟后再在"面"上推行。问题是一些城市学校落实"绩效工资"后的教师收入比以往有所减少,一方是不断上升的物价,一方是越来越少的收入,教师的工作积极性自然难以调动。

(四)不计手段,质量好,社会认可。千百年来,在我们的传统文化里,人是"分等"的,不同的等级掌握和利用的社会资源不一样,于是人们总是千方百计地往上一个等级挣扎。一些家长看起来是为了孩子的前途着想,实际上是为了自己的面子,尤其自己当着有头有脸的一官半职,要是孩子读书成绩不理想,没有进入重点中学,在单位里简直就是谈孩子读书"色变",看似爱孩子,实则爱自己,我将之称为教育的"假爱"。这在相当程度上助长了教育的急功近利。即使在城市,无论采用什么方式,只要升学好,这样的教师,这样的校长,这样的学校,不能说能够得到社会的公认,但起码还是能够得到社会的部分认可。这在相当程度上败坏了办学风气,造成了恶性竞争,也给学校的教师管理增加了难度。一个教师以学生为本,规范从教,升学成绩一般,也许孩子未来的发展潜力较好,但社会反对不断;另一个教师,以师为本,学生作业负担重,但教出来的学生成绩较好,社会认可度高,作为校长该肯定哪一个呢?

(五)家教市场供求两旺。一方面,在以分取人的激烈的升学竞争中,为了弥补孩子的薄弱学科,为了孩子在中考、高考中有过人之处,家长希望找到好的教育资源来为孩子"开小灶",是无可厚非的。另一方面,一些教师利用双休日或者晚上等八小时之外的时间来从事家教活动,也是无法管束的。更何况,一个晚上的家教时间,也许就能够赚得白天的几倍工资,物质利益的诱惑巨大。这样一个供求两旺的市场,不是简单的行政干预就可以取缔的。而人的精力总是有限的,晚上过多地开展家教活动,一定会影响白天的工作精力。尤其是有住校生的学校,班主任工作非常辛苦,管理上常常需要夜以继日,而获得的班主任津贴与家教相比,也许根本比不上。这也难怪每年暑假安排班主任工作时,各校都感到非常困难,这成为校长的一块心病。

(六)精神信仰的缺失。教育是一项善业,教师需要以一颗善良之心去教育别人的孩子向善。应该说,我们的教师有一颗求真、向善、尚美之心,有着自己的精神生活。

当下社会浮躁功利。"财富榜"、"富豪榜"盛行,物质财富是衡量一个人社会地位的标准。股票、期货、房地产,人们崇尚的是注重现实,活在当下。我们身处经济发展的盛世,也是一个各种价值观冲突的乱世。身处其中的教师,也很难不被功利蒙上眼睛。功利主义盛行,精神信仰缺失。

教育需要智慧与高尚境界。当下教育较多地局限于"动机利己,后果利人"的功利境界,做一些热心于眼前得名获利的事,只有少数能达到"正其义不谋其利"的道德境界。

二、学校的有为之处

正因为如此,我认为化解教师管理之难的关键不在学校,但学校还是可以有所作为的。以上六个问题中,除了第一个问题涉及教师的"教法改革",即"术"的提升外,其余几个问题主要还得从"道"的层面着手,从观念层面入手,首先要解决的是"为什么而教"的问题。

教师观念的提升与方法的改进,我认为可以从"情感驱动——文化引领——方法保障——政策支撑"几个环节来展开。教育最为本源的发展动力是情感驱动,管理者的情感投入是必不可少的,所谓"与教师搏感情",并从学校的物质文化、制度文化、精神文化三个层面进行文化引领。具体来说,在目前的社会大背景下,本人觉得以下两个环节尤其重要。

其一,爱与责任教育。对于"爱"与"责任",我的定义如下,爱是个体对自身及外部世界的一种关怀。责任是个体对外在社会规定和内在自我要求的意识与行为。

人类道德的基点就是爱心和责任。立足于为他人服务,天宽地阔。教师首先要不在乎一时一地的得失,而能立足于学生长远的发展教育,多一点爱心善心,放低身段。有了这种情感驱动,教师对"为什么而教"会有一个高远的眼光。其次是能正确认识这个时代所赋予教师的使命和责任。我们目前正处于社会主义初级阶段,教师作为人类灵魂的工程师,更应该守护好精神家园,为学生建构完整的精神世界、智慧的知识世界和丰满的生活世界。正确认识到教育在社会转型时期的作用。教育必须站出来引领社会,教师必须站在彰显爱心的基础上树立高度的社会责任感。教育不是只培养一些"高分"学生,教育应使人成为真正的"人",教师要为学生的发展打下基础,让学生适应社会需求和个人发展。

教育的爱有真爱、假爱和错爱之分。在我的专著《教育的真爱、假爱与错爱》中曾论述,教育的真爱是指"教育活动中的个体教育对教育本身所怀有的一种深厚真挚的情感",核心内容就是教师对学生的不论品行优劣、不论成绩好差、不论长相俊丑、不论家境富贫的爱;教育的假爱为"教育者出于功利驱动、个人喜好,或迫于压力而施予学生的爱",这样的爱常常爱有前提,爱有条件,爱有所图,爱有所求,以利言爱,看似爱生,实则爱己;教育的错爱为"教育者忽视甚至违背作为教育本体'人'的发展规律,在教育过程中施予学生的关爱"。当下教育的最大弊端是功利主义,对生长的自身价值视而不见,提出各种无视孩子当下的教育目的,"教育为未来作准备"是至今仍风靡教育界的一种观念。我们追寻的理应是:无论今天和明天,现在和未来,都要让孩子过一种充满生命意蕴的生活。教育中,"他"是我们的学生。教师要尊重学生的生命、尊重学生的情感,与学生建立平等的师生关系。

就爱与责任教育的具体措施而言,我们开展了学生"最喜爱的教师"评选活动;学军中学老校长任继长先生和我分别获得了第一、二届杭州市杰出人才奖,每人都获得了20万元奖金,我们把这笔钱捐给学校成立"奖教基金"设立爱心奖、责任奖、育才奖,以此促进师生情感,激励先进教师;开展了作业量调查与作业批改抽查活动,以此对教师的教学过程进行监督和调整。我们开展了"分享教育中的感动"征文比赛,以此提炼来自教师精神层面的、直抵内心的"情感因子",作为学校管理者的行动指南,在全校传递一种贴近生活同时又体现真善美的精神文化。

其二,注重精神追求导向的引领。人类世代交替,生生不息。每一个时代都有其面临的挑战和特别需要解决的问题,因而每一代人都有其独特的使命和特别需要的气质与品格。这种独特的气质与品格,就是所谓的"时代精神"。我们每个人都需要有自我牺牲精神,正确认识我们所处的社会发展阶段,正确认识教育在社会转型时期的作用,正确理解社会分配中的一些不公平现象,正确处理好内心的坚守与放弃的抉择。从民族振兴、人类进步的高度尊重教育这一份事业。也许一个人的力量微不足道,但千百万教师的齐心协力,就能凝聚起推动教育事业发展的强大动力。

我们强化精神追求导向的具体措施有:建立教师个人书库;出版校报校刊,奖励教师著书立说,留下教师的文字痕迹;利用国旗下讲话,留下教师的声音痕迹;教师节学校开展精神宣誓……另外还注重对学校传统精神的尊重与提升、对中层班子的战斗力激发等。我们注重对教师世界观、人生观、价值观的完善,希望教师树立这样的世界观,即每个人在历史长河中仅为流星一现,因此要把自身的发展立足点置于为民族、为人类的高度上;教师的价值观应该是不做金钱的奴隶,虽然不至于视金钱如粪土,但至少做到能不为功利迷失了自己;人生观的引领上,我们充分利用教师节等机会,发动学生、家长、校友,广泛开展尊师活动,送鲜花,开主题班会,在学生中开展"说说我们的老师"等征文活动,点燃教师心中的"那团火";在教师中树典型,立标杆,开展"我最喜欢的教师"评选活动,让教师体会到自身的社会价值。另一方面,注重激发教师的成就感,让大家以当教师为荣。人的成就感主要体现在精神与物质两个方面,而教师的工作性质,着眼于学生的精神成长,决定着教师必须更多地追求精神上的满足,以精神上的成就感来弥补物质上的不足。

育才编

　　教育应遵道而行。教育之道,就在于学生的身心发展规律和教育教学规律。学校教育应结合每个学生的个性发展,在相应的年龄阶段,帮助学生提升应该形成的品德,丰富应该学会的知识,强健应该发展的体魄,提高应该掌握的技能,健全应该完善的人格,品味应该享受的快乐。切不可通过"克扣"这品德、体魄、技能、人格、快乐上的生长来换取知识上的增长。

29.

我的教育主张

从教 33 年来,伴随着学生的成长,有很多的快乐,也有很多的无奈,甚至刺痛。快乐在学生们能以出色的高考成绩离开我的视线;纠结在学生离校时,知识、身体、精神这三者之间的成长不够协调。漫步校园时我所接触到的一双双眼睛里,总还是少了一些灵性与自信,有的还显得木讷,甚至充满忧郁,每当与这样的双眸对视,我的心就会被深深地刺痛。因为喜欢教育,爱好琢磨,总觉得我们的教育不应该是这样的,不应该"为考而教",只关注"知识增长",为此,我提出如下四点主张。

一、从"为考而教"到"为人而教"

教育起源于上一代对下一代谋生技巧的传承。在自然界,遍地的树木花草都能自然生长。小甲鱼钻出蛋壳之后,四肢划水扑腾而去,已经具备了捕食生存的能力。也许人自然生存能力较弱,因此后天养育与教育的任务特别重。

人的生活超越了动物性层次之后,人类群体生命的延续,需要人类的通力合作,个体生命的维持,已经从依赖自然变成依赖社会群体,人类的文化现象也就由此而产生。现代人生命的诞生大多要在妇产医院进行,就充分说明了这一点。教育的首要任务就是要让孩子明白生活的道理,教育不能只琢磨"教什么"和"怎么教",忽略甚至异化了"为什么而教"。

学校教育,"人"是目的。教育因人而起,就应围绕人的发展来进行。人的发展是一个遗传与习得、内因与外因、认知与情感、生理与心理盘根交错的动态过程;学生的成长是在学校、家长、社会等多维作用交互下的复杂过程;所以,任何个体发展的条件、水平、特点、性向都是不一样的。而当下的学校教育功利主义泛滥,总是围绕"人"之外的"物"的追求来展开。为考而教,往往只有"考生",没有"人",只有分数,没有素质。一切围绕考纲,机械重复地强化,夜以继日地操练,孤注一掷地拼搏,制约了学生的发展,也局限了教师自身的视野。这背离了教育的初衷,远离了教育的本真要义。在一所重点中学的课堂上,校长自己在上课,一名挂读生举手站起来回答问题,没有回答清楚,这位校长不耐烦地说:"好了好了,你反正也不在这里参加高考的,还啰嗦什么呀!"可见,在某些老师眼里挂读生就连考生也不是了,更别提对他们以"人"相待。

我总认为,考试是需要的,因为在考试以外,也实在想不出一个更好的办法来让老师教得明白,学生学得明白。但考试只能作为"教师的教"与"学生的学"的一种检测手段,仅此而已。学校考试的目的不能延伸。一旦延伸,各种功利性手段便接踵而至,教育的种种罪孽也由此而生。

美国推行《不让一个孩子掉队》的法案,强调"增强对学生业绩的责任制。提高成绩的州、地区和学校将获得奖励,失败将受到处罚"。很快,标准化考试在各州横行,教师也一味地为考而教。"法案"的推行弊大于利已是不争的事实。美国有关教育学者认为:"所有的孩子都应该接受高质量的教育,但教育不应把教室变成考试的地狱。"自由、民主、人本的价值观,在功利的分数面前也那么不堪一击。考试的威力之大,一览无遗。

考试本身没有错,只是在以考试为手段的时候,要高度重视考试的消极作用,正视人类丑陋的功利性一面。把考试当成评价的法宝,评价学生,评价教师,评价学校,以分取人,分分计较,还与物质的奖惩挂钩,考试就成了谋取利益的工具。总之,一种考试一旦与评价挂钩,与利益相连,就会见"物"不见"人",甚至使人走火入魔,丧心病狂。我不能说考试是教育的万恶之源,但考试的确容易扭曲人性。我可以说社会通过考试的确选拔出了一些人才,但也的确因为考试糟蹋了大量的人才。

"为人而教"就是为了人的生长而教,为了人的发展而教,这应该成为教育的首要追求,起码是主观为人的发展,客观为考试。主观为考试的教育总是考什么教什么,一定是目中无"人"的教育,是功利的、强制的、奴役的。一些教师的口头禅就是"考试不考,绝对不搞。"为了人的生长发展而教的前提是对学生主体性的尊重,是对学生潜能的发现与唤醒,培养学生成为具有独立思想意志的人。学生的所思、所说、所做,不仅仅是教师的头脑、口、手的延伸。让学生基于自身的理解，能够独立思考，培养批判性思维，有对各种信息进行甄别、选择、处理的能力。

退而求其次，倘若考试不可避免，应设法考察学生的思维品质、思维能力。不要崇尚"细节决定成败"，考得太细致，教得更细致，学得超细致。如果一个孩子因为没有记住一个公式的某一种变式运用而少了十几分，也许因此失去了上好大学的机会。如果我们由此断定这个孩子的未来发展一定不及那些把公式背得滚瓜烂熟的孩子，这是多么的荒唐。考试只能对人进行大致的划分，不能全赖考试进行划分，否则，就会发现十分不靠谱。"一考定终身"总让人惶恐不安。考得太具体，教育没希望。

学生的学力包括基础性学力、发展性学力和创造性学力，而眼下通过考试选拔的往往是基础性学力占上风的人。考基础就是考态度，考耐心。这可以在一定程度上解释为什么女生成绩整体上优于男生，也可以说明为什么我们的PISA考试整体排名全球第一，但创新能力这方面的排名则是倒数第五。

具有批判性思维、善于思考、善于创新的人，往往求异求新，不愿在简单重复上花费太多的时间，在当下的考试中必然处于下风，被众多所谓的"好学校"淘汰。如果我们强调能力本位，应该考察相对宽泛的知识能力，少考一点科学实证，多考一点哲学思辨；少需要一点标准化操作，多强调一点定性分析。在制造业领域，我们已经从中端的电视机、洗衣机、冰箱向高端的飞机、航母发展，教育应该为国家经济社会的发展服务，经济社会发展的前提是人的发展，是教育的发展。标准化考试只能培养标准化的操作工人，以往，我们都是用操作工人赚的外汇去买欧美高端产品，未来，我们将用欧美培养的高端人才来制造国产的高端产品。我们的高端产业终将与欧美脱不了干系。人的发展应该落实到综合素质的发展提升，聚焦于学生的终身健康——健美的身体、健康的心理和健全的人格；终身的学习——包括基础性学力、发展性学力和创造性学力；终身发展——具有自主、自为、自律的意识与修养。"为考而教"必然导致学生的"为考而学"，所有的知识、方法都是敲开大学之门的工具，学时填鸭式地力求掌握得越多越好，考完则忘得越快越好。我曾亲眼目睹了一些学生高考后将课本、练习册纷纷从走廊上向外飞下，他们喊道："再也不想看到你们了"。更有甚者高考一结束，就纵身跳入校园内的湖中，庆祝自己的"自由解放"。

杜威提出"教育即生长"的命题，"生长是生活的特征，所以教育就是生长。在它自身以外，没有别的目的"，这言简意赅地道出了教育的本真要义。教育要使每个人的天性和与生俱来的能力得到健康生长,而不是把外在的东西强加给学生。

教师这个职业是因为学生而存在的,教师的价值决定于他所教的学生,这也正是教师这个职业的伟大之所在。一个教师的真正价值不在于学生眼下的考试成绩,而在于他所教学生的综合素质的发展,在于他所教的学生在离开他之后还能走多远,在于他所教的学生是否从他身上获取了使自己终身快乐幸福的能力。

二、从"有教无类"到"有类无等"

"有教无类"是从受教者的公平机会说的,孔子既招收子贡这样的富家子弟,也收颜回这样的穷家孩子。"有教无类",用现在的话说,就是每个人都有接受教育的权利。

依据加德纳的多元智能理论,每个人都拥有八种主要智能,而不同的人在各项智能上的强弱表现是不一致的。人可以按照最强项的智能被归类,有的擅长逻辑,有的擅长形象,有的擅长动手。后天的教育培养,使每个人都从事他最擅长的工作,没有高低贵贱之分,只有分工不同。成功的教育,就是让父母生予孩子的智能潜力得到最大化的发挥。既不是超越实际智能以外的所谓"让三流的生源考出一流的成绩",也不是不顾孩子的智能倾向,用统一的要求去"一刀切"、"齐步走"。

教育应该"有教无类",教育也应该"有教有类",这里的"有类",是从过程方法说的,就是在保障每个人都能接受教育的基础上,根据不同学生的智能类别、认知水平和学习能力,开展有针对性的教学,扬长容短,激发学生的学习兴趣,树立学生的学习信心,促进学生有个性地发展。学校教育,只有在起点公平的基础上达致过程公平,才能真正从形式公平走向实质公平,从"有书读"到"读好书"。

从夸美纽斯的《大教学论》推出班级授课制以来,教学的效率得以大大提升,但学生个性化不足的问题也日益显现。不同智能类别的学生坐在同一间教室里学习一样的内容,智能倾向被严重扭曲,"拔苗助长"和"吃不饱"的现象比比皆是。更为严重的是,在不同的学校里,太不一样的学生,公平地依据一样的考纲要求,用一样的教材,学着一样的课程,参加一样的考试。

在学校教育中,教师们经常被告知,教好一个"差学生",远比培养一个"好学生"重要,其依据也许就是一个社会中一个坏人造成的危害,远大于一个好人作出的贡献。这就是告诉教师,在面临把一个差生教好和把一个好生培养成拔尖人才这样两者择其一的情况的时候,首先应该选择改造差生。我总认为,所谓"差生的危害"和"好生的贡献"这两者没有什么可比性,作为教师也不太会面临这样的两难选择。但作为一种思维方式,被强化的结果,是学校教育中"转化差生"的研究远多于培养创新人才的研究。更何况转化差生有利于提高平均分,被美誉为"面向全体",而关注好学生总有为了应试之嫌。

近一个多世纪以来,中国人经历了长期的贫穷,而一个从贫穷中走出来的人会珍爱钱财,但也容易从珍爱钱财到偏爱钱财,再到攫取钱财,直到毁于钱财。与此相仿,教育公平是社会公平的基石,我们经历了太多的不公平,在珍惜公平中,也容易从执着公平、偏爱公平到失去公平,直至毁于公平。

当下教育中,还有"寒门难出贵子"等一系列社会资源分配不公的问题需要解决,但在教育内部,更为重要的是我们被"公平"捆住了手脚,过于关注"有教无类"而忽视了应该大步推进的"有教有类",取消重点中学,取消重点班,该分层分类的不敢分,大、中、小各层级学校各自为政,没有为创新人才培养打通应该打通的"绿色通道"。

从这个意义上讲,在改革开放30多年之后,在沿海地区基本解决了教育的机会公平问题之后,江浙沪一带,应该致力于创新人才培养的试点。创新人才的培养应重在教学内容、形式的改变,重在培养机制、培养手段的改变,而不仅是考招方法的改革。

人们常说聪明是天生的,一项最新研究为此提供了具体的科学证据。英国爱丁堡大学等机构的研究人员说,他们对英国和挪威的3 500多人进行了基因和智商测试。分析显示,对于知识性的智商而言,人与人之间的差异约40%与基因有关;而对于解决问题能力方面的智商而言,人与人之间的差异约51%与基因有关。

人有智愚之分,世所公认。每个人都应该接受他所适合的教育。考试成绩是显性的,孩子的智商、家庭教育的影响是隐性的。在我们的社会舆论中,孩子考试成功以后,总是把学校的功劳夸得太大,而学生一旦没有考好,学校应该承担的责任太重,这也无形中强化了学校对极度应试的坚守。其实一个孩子的学习成功,家长、孩子、学校大致各三分之一的功劳。

中国经历了太长时间的封建社会,一些影响延续至今。"封建"的最大特点就是抹杀人性,等级森严,官本位意识较强。在一个分等的社会里,不同等级的人掌握着不同的社会资源,每个人都会千方百计地往上一个等级攀爬,鸠占鹊巢也就不可避免。"等"的强化,就是"类"的弱化,社会的公平性和教育的科学性都严重受挫。

在计划经济时代,每个人干多干少、干好干坏都一个样,生产的财富是集体的。改革开放以后,我们步入了"市场化"时代,市场的特征是利益最大化,相对于下层的社会经济活动的市场化,上层权力的功能变化不大,这就极易产生权钱交易的腐败现象。这也进一步加剧了人们对"等"的追求。

考试是人人都能接受的公正公平的象征。在倡导法治的今天,考试的作用被进一步强化。但我总认为,考试是分等的工具,不是分类的工具,因而欧美人没有把它看得那么重。考试对于一个人的自主思考、创新精神而言,伤害是很大的。分等不分类的社会大背景下,人的创造性是很难发展出来的。

在我们封建意识相对较重的社会现实面前,教育者应该站出来引领社会,积极倡导教育的"有类无等"。

人与人之间是不可比的,年龄、智商、知识基础、家庭条件,都不是合适的参照物,教育应该让学生保持"最大化差异,最小化差距",差异是建立在"类"的基础上的,差距容易与"等"相联系。教育应倡导每个人的纵向比较,而不是人与人的横向比较。每个个体今天比昨天做得好,明天比今天更好,就是进步。

有教无类,可以保障起点公平,有类无等,可以保障过程公平,分类用人,可以保障结果公平。教育应倡导以类看人,以类取人,以类用人。由此可以淡化社会的等级观念,减轻家长对孩子的过分期望,促进社会的和谐进步。

三、从"知识增长"到"精神成长"

当今世界,科技发展日新月异,社会在快速变化。而我们的教育总是远离社会现实,大多教室没有放一份报纸,认为报纸、杂志会使学生分心。好像我们教完之后就要把学生送到另一个星球上去生存一样。

编入教科书的素材总是昨天的,总是相对陈旧的。创新成果、最新知识,需要学生去及时学习,需要教师来及时补充。教育应传承前人的智慧结晶,但不能总是让一群鲜活的年轻人天天围着古老的公式转。

教育首先是让学生精神成长,其次才是科学求知。当下教育无疑把主要精力,乃至全部精力都用在了"其次"上。精神的核心是自主意识的觉醒,是"我"之为人的思考、探索和实践。而这些又源于学生对生活意义的思考,对生活道理的探求。精神教育就是要通过引导学生对生活意义的思考来提高其精神的发展。

学生的精神成长,是相对于身体的成长和知识的获得而言的,是学生在理智、道德和审美等领域的发展,具体表现为求真、向善和尚美三个领域的变化,最终体现于学生对生命意义和价值的理解、感受、向往和追求。"千教万教教人求真,千学万学学做真人"。如果"真"是合规律性的,那么"善"是合目的性的,而"美"则是合规律性和合目的性的统一。促进学生的精神成长,说到底就是提升学生追求真善美的意识与能力。人类发展的历史表明,追求真、善、美乃是人类与生俱来的一种内在力量。在我们共同赖以生存的地球上,正是依靠着这种力量,人类才能从利益性群体不断向共生类群体发展,这就是教育的出发点和归宿所在。

中国传统文化中的道德哲学,为世人所推崇。1988年1月,75位诺贝尔奖获得者在巴黎发表宣言:"如果人类要在21世纪生存下去,必须回到2500年前去吸取孔子的智慧。"诚然,19世纪中叶以前,我们的教育基本上都集中于教育学生如何做人,而当下,我们无疑从一个极端走向了另一个极端。

教育关乎国民素质,百年大计,教育为本,国民素质最重要的是什么?学校教育应该从何着手?学生学知识与学做人应该哪个为先?这些都值得我们教育工作者深思。当我们不知道德育的内容在哪里的时候,当我们纠结于怎样教学生做人的时候,当我们总觉得精神成长不如分数增长来得实在的时候,去看看桥梁、大楼的建筑质量,不要只看到新建了多少,想想那些已经坍塌的和还在勉强支撑的;去看看地铁站的卫生、马路上的秩序,不要只看到表面的整齐,想想如果保洁员、交警都撤走的话,会是怎样一副光景;去看看我们一日三餐都要入口的食材的质量,不要只看到今天自己餐桌上放着的是什么,还要想想坊间饮料有色素、荤菜有激素、蔬菜有毒素的流传,我们的百姓还怎么张嘴。改革开放30多年了,经济总量全球第二,我们竟然还不能做到衣食无忧,这难道还不值得我们深思!

作为教育者,有时也难免会陷入深深的矛盾之中。倘若教给学生一些社会上最现实的东西,说一些"关系就是力量"的话,说一些如何圆通、狡黠地应对这个已然"病"了的社会,那么,孩子们走上社会似乎可以相对快速地适应,似乎可以少走弯路。但这样做,实在于心不忍。我想,教育总得要关注孩子的精神成长,倡导孩子求真、向善、尚美,引导孩子认识大千世界真相,理解万事万物真义,探索客观世界真理,体验人间真情,辨析世态真伪,可是,倘若这样太过较真地做,孩子们走出校门后会不会在面对社会上一些是非颠倒、真假难辨的现实时步履艰难呢？

世界上有那么多民族，先进的科技、强大的武器，都是必要的，但都是暂时的。真正能够长盛不衰傲立群雄的，一定是民族精神，不管我们是否承认，日耳曼民族、大和民族能够在战争废墟上迅速重新崛起，说明了民族精神的强大。作为教育人，我们应以培养一代代有骨气的后代为己任，能够让世人一提起中华民族，就想到"勤劳"、"勇敢"、"原则"、"秩序"、"责任"、"守法"这些词汇。社会主义核心价值观的 24 个字，不仅仅是文明城市检查时能够人人会背诵的话语，更是要真正深入到我们民族的骨子里，融化在血液中。

四、从"全才培养"到"人才培养"

审视一下我们的教材、我们的课堂，总是过于精细，过于求全，是朝着把每个人都培养成"全才"的目标设计的。目的是趁着年轻好学，尽量多学一点，多懂一点，将来有利于转型。问题是多学一点，究竟是学多少？多懂一点，究竟是懂多少？标准是什么，只能用考试来衡量。而教育一旦诉诸考试，就会横向到边，纵向到底，这"边"就是考纲的知识范围，这"底"就是深度上的要求，说是有"底"，其实无"底"。为了在考试中取得好成绩，教师信奉"宁可枉做三千，不可漏掉一变"。还有为了让学生求得熟练准确的狂操狂练。学生读了三年书，只是做了三年练习。

我们的学科分割相对细致，教师又注重教学科，不注重教智慧，学生的学习任务十分繁重。仅一个上午就有五节课，每隔 40 分钟换一种思维方式进行学习，每门学科下课前都要布置作业。教师有一通病，好像学生只是学他所教的那一门学科的，布置作业、下发练习总是"出手"较重。作为学生，晚上只能一门一门学科地应对作业，收获却不多。

那么多门学科，都要学得横向到边，纵向到底，想起来都感到可怕。极度的应试、残酷的排名摧毁了很多学生的自信。我们的学生就这样日复一日地应付着，坚持着，"被设计"，"被学习"，学生围着教师转，教师围着考纲转。在这种扭曲的心态、扭曲的教学方式下，学生哪里还可能有自己的思考空间！

我总认为，当下这种教师主导一切、封闭灌输式的教育方式，是为不自觉的学生设计的。把不自觉的人抓住了，却把自觉的人抓"死"了，平均分是提升了，却让学生在疲于应付中什么创新的冲动也都没有了,这又可以解释为什么在 PISA 考试中我们平均分全球第一,而创新能力表现不佳的困惑。目标是培养"全才",反而出不了真正的人才。教育应倡导学生德智体美全面发展,应关注通识教育,但教育不能对每个孩子都进行"全才"培养。

人才的关键在于"人",在于教育者目中有"人",在于人的主体性的回归。人的精神成长根植于人的主体性。人的主体性就是人所体现的那种永远不满足于既在的生存境遇而去不断创造新的生命价值,以获得一个更新的精神自我的意识和行为的特征。一个人只有当他意识到自己的存在,并且不断地超越这种存在的时候,他才更像一个真正的"人"在生活。主体性是个人对主体权利、尊严和人格的维护,是一道人格的基本防线,不被奴役,没有奴性。人才的培养不能只是按照教育者的意愿来进行。在整个教育活动中,学生什么都必须听教师的,一味强化师生关系中学生的从属性、依附性,容易造成学生个性的泯灭。培养人才就成了制造"奴才"。

自由的思想、独立的思考、深切的反省、勇敢的质疑,这些都是人才培养中需要特别关注的。托尼·瓦格纳在《教育大未来》中认为:"当孩子可以进行抽象思考的时候,就应该立即教他如何批判性思考,如果孩子们 10 年来一直都以同一种方式思考,上了大学以后再教他们新的思考方式就非常困难了。学校应该让孩子们保持好奇心,而不是教他们怎么通过考试。他们需要学习如何提问。"

应该教会学生反思,这种反思不仅仅是让学生检讨自己是否集中精力在学习上,更要让学生思考问题的来龙去脉,思考社会发展中遇到的种种问题。世界在快速变化中,学校教育不能围绕考纲捧着那些昨天的知识以不变应万变。这样培养出来的学生,只能适应一成不变的那部分世界,而无法在快速发展的前沿领域与人一较高下,其创新精神与实践能力更是无从谈起。

都说美国在学习中国教育中的基础厚实,中国也在学习美国教育中的能力为本。在历史的长河中,一种教育能够生存下来,一定有它的优势所在。但在社会转型的关键点上,我们的教育不能总是落后于时代的发展,我们应该考虑在重视基础与自主发展之间保持均衡,我们应该反思出不了大师级人才的原因究竟在哪里。

30.

识得、习得与悟得

在教育管理实践中,经常听到一些教师抱怨,课堂上讲过的题目,练习、作业中做过的题目,到了考试的时候,学生还是错了。这究竟是教学过程的哪个环节出了问题呢? 在大力倡导转换育人模式、大声疾呼培养学生的创新精神和实践能力的今天,我们有必要对学生的学习过程进行深层的剖析。

一、什么是学习

学习作为一种既古老而又永恒的现象普遍存在于自然界与人类社会中,是个体保存自我和提升自我的需要。人们在日常生活中常使用"学习"一词,多指的是学习的狭义概念,将学习的外延缩至尤指在校学生的学习活动,即个体在生活过程中通过获得直接或间接经验(知识)而产生的行为或思想上的相对持久的变化。由此可见,学习强调的是学习者的主体地位,也即学习活动是学习者能动并且主动为之的行为。李政道博士讲过:"一个人要教他,要在他想学的时候去教。在他不想学的时候,你去教他是不行的。"既然学习是能动并且主动的行为,则学习者能动水平的高低、主动参与的程度都将影响到其对直接或间接经验的吸收和内化。

任何学习,总是从感觉器官接受刺激开始。感觉器官接受到刺激以后,大脑就立即开始对其中的部分刺激进行加工。能够被选择进入下一步大脑操作的刺激,是那些受到注意的信息。能够引起个体注意的,是那些对个体来讲比较重要的信息。而对信息重要与否的判断,又与个体的心理状态、过去的知识经验、动机以及刺激本身的一些性质等因素有关。被感知和注意到的信息将进入记忆系统的第二个部分——短时记忆或工作记忆。这一部分是储存人们正在思考的信息的记忆系统，它只能将有限容量的信息保持约几秒钟。如果能对这部分的信息进行进一步加工，如反复地思考或复述该信息，或者把该信息与大脑中原有的信息联系起来等等，这些信息就可能进入长时记忆系统当中，得到永久的保存。否则，就会被遗弃。这是任何学习都要经历的过程。

因此，认识学习的本质，充分考虑学习过程的重要环节及影响学习过程的重要因素，有助于我们进一步引导学生获得满意的学习效果。

二、衡量学习质量优劣的标准

人是一种未特定化的生物，与动物相比，人的本能是比较弱的，这就决定着学习对人来说是一件非常重要的事情。但同为学习，效果却千差万别。作为教育者，当然希望引导学生进行高质量的学习。我以为，能够被誉为高质量的学习，需要具备速、固、活三条标准。

速，指学习的快慢程度。在信息爆炸的时代，人总是希望能在较短的时间内接受较多的知识，掌握更多的技能。而学习的快慢，不但与学习者个体有关，更与教学的组织方式有关。

固，指学习的巩固程度。它包括两个方面，一是学习的内容能在长时记忆系统中被存储起来，出现遗忘的情况比较少；二是指在提取时比较快速，较少地受到抑制的干扰。习惯，就是高度巩固的、成自动化的系列程序或模式。如何养成良好的学习习惯是一个值得重视的话题。

活，指学习的灵活程度。学习的灵活程度常常与迁移有关。学校不可能将全部知识技能都教给学生，学生也不可能穷尽所有不同情境的学习。学生必须具备迁移的能力，方可灵活运用所学的知识技能来解决新问题，或是在新情境中快速地进行学习，即"举一反三"的能力。此外，灵活性的最高水平是创造性发挥，或是创造性思维的培养。

三、学习的三重境界

学习是一个循序渐进、由浅入深、深入浅出的过程,除了连续性特征,还具有鲜明的层次性和阶段性特征。根据速、固、活这三条优质学习标准,根据个体的能动水平、对知识掌握状态及觉悟程度的不同,我将"学习"由浅入深分为三重境界,并归纳提炼出如下逻辑关系:

听与看——接受——识得——知识层面——知识——知;
练与用——模仿——习得——技能层面——技能——术;
思与觉——内化——悟得——价值层面——智慧——道。

(一) 识得——知识的接收

识得是指个体通过视觉、听觉、触觉等多种感觉通道,接收外界信息,并在大脑中留下相应痕迹的过程或者状态。在这一过程中,知识仅仅作为一种刺激而被接受,被存储,以便在以后出现时能够被回忆。通过识得,改变的是知识层面,是一种"知"。

随着人类社会的发展,各领域的知识信息数量激增,进而导致了以追赶速度为目的的讲授方法成为课堂的主要教学方法甚至是唯一方法。这种讲授以单向性的灌输为主要特征,教师在限定的时间内将准备好的知识点"播放"给学生,学生在短时间内动用感觉器官眼、耳,通过看、听接收教育者传播出的知识,储存于大脑。从某种意义上而言,学生的这种"耳闻目睹"式的学习只是将自身视为一个容器,承接外界来的信息。就像海绵,看似都吸收了,然而挤一挤,又原封不动地流出来了[1]。这种学得其实是一种简单的获得,力求最大化的维持外来知识的"原始风貌",而未生成或整合成为自己知识体系中的一部分。学生在考试时,搜肠刮肚只求原样再现老师或书本中的知识点。对于浅显的或主要用于识记的陈述性知识,只是止步于识得阶段,但当需要分析思考问题时便难免遇到瓶颈。例如,当提问鸦片战争爆发于何年时,学生大多能脱口而出,然而追问为何会爆发鸦片战争时,学生便不敢开口,坐待老师公布答案并将其

---

[1] 柯勒律说过的第一类读者。

记下。学生对知识的接受往往是知其然而不知其所以然。在课堂与作业讲究"大容量、快节奏、高密度"的应试氛围下,学生没有消化吸收的时间,只能较多地采用浅层次的、生吞活剥的识记性学习。

识得是任何学习的基础,是学习的初级阶段,此阶段学生往往将精力集中于获得知识数量的多寡上,而不求甚解。由于学生的学习主要以接受间接知识为主,这样的知识相对学生的直接知识而言是外来附加的而非自发生成的,外在化的知识不免令学习者感到抽象、迷茫、难以操作。正如王国维先生谈及的第一种治学境界"昨夜西风凋碧树,独上高楼,望断天涯路"。成年之后,在部分情况下,识得可以作为学习的终结形式,例如对一些并不重要的信息的简单了解。对于一个对娱乐界不感兴趣的人来说,听到某位歌星的花边新闻,不过是听过就罢。媒体狂轰滥炸的结果,可能也就是使他记住了这位歌星的名字,知道有这么一个人。这就是识得。在这种情况下,识得这种最浅层次的学习完全够了。但对大多数的学习而言,识得仅仅只是开始,远远不能结束。教育中出现的一大问题就是把识得作为学习的主要方式,甚至唯一方式。这是非常严重的错误,是把学生作为一个存储器对待,是把人低级化和低能化。识得的知识其实仍以一种客体的形式与学生主体之间保持着或近或远的距离。客体是主体认识和实践的对象,如何将知识运用于实际,如何深化对知识的认识,则需迈入更高层次的学习。

(二)习得——知识的训练

习得是指通过大量的练习和应用以后,使得某种操作或者技能变得非常熟练,甚至达到自动化水平的过程。习得常常从模仿开始,改变的是技能层面,是"术"。

现代汉语词典中对"习"作动词的解释,为"学习、复习、练习";"对某事物常常接触而熟悉"的意思。在词性释义上"习得"一词多带有反复经历或练习的意味。由此可见,学习的习得阶段主要是通过反复的做与练达到熟练掌握知识和运用知识的目的。行为主义心理学家桑代克以动物做实验得出学习要经过反复的练习而完成的结论。大脑中已有的可变的联结,若加以应用,就会变强,若久不应用,就会变弱,强调了练习对于学习的重要性。然而人类的学习较之于动物会更加复杂,人类的练习律中不仅包含对知识的习得,还贯穿着对于方法的习得和应用。"操千曲而后晓声,观千剑而后识器",练习无数的乐曲和阅览无数的剑器后,才能知晓音乐和识别剑器。

习得就是在练习中对事物逐渐熟悉,从中找出方法,并运用这些方法继续指导自己,从而达到熟练的练习行为。习得的前期总是伴随着练习,学习者可能通过练习掌握方法，亦可能从他人那里学得方法。当方法由他人向学习者传播时，方法本身成为间接知识，也成为了学习者识得、习得的对象。"我亦无他，唯手熟尔"，北宋欧阳修所著《卖油翁》的故事表明大量的练习可以巩固我们学得的知识和技能，掌握了方法才能达到熟能生巧的程度。

由于教师总是担心学生听了都懂，一出手就错，于是就要求学生对照教师讲的例题上的方法反复进行模仿训练，课堂上教师讲的时间大为减少，留更多的时间给学生操练，所谓的"精讲多练"便由此而产生。学习成了不断进行模仿的过程。学生在课堂上练，在课外作业中练，唯恐不够熟练，除作业以外又发下一张张练习卷再练，"题海战术"由此而生。甚至有学生把没有弄清楚的地方去问老师，老师的回答也是"你做了之后就知道了"。教师还要统计方法模仿的成功率来确定学生的掌握情况，统计学生的完成速度来确定学生的熟练程度。教育窄化为了"术"的演练。

极度的应试，总是采用"题海战术"和"疲劳战术"，学生的学习停留在识得与习得阶段。在参加教育部中学校长培训中心"全国优秀中学校长高级研究班"期间，我参与了一次"学校诊断"的活动。我走进的是一所寄宿制学校，课表中排定的一天课程是上午5节，下午4节；晚自习一共3节课，其中前两节各40分钟为正课，后一节100分钟的课为学生完成作业时间。从领导、教师、学生座谈会反映的情况看，大量的课程并没有达到预想的效果。学生认为自己每天都在忙于应付，不是上课就是作业，身心俱疲，怨声载道，学习效果低下。我们在某班听上午第一节课时，就有八位学生因犯困而站在教室的两旁听课。

在解决练习领域内的问题时，习得往往很有效果，知识与个体之间也建立了一定的联结。然而这种联结是可变的，当不练习时，时间有可能又将知识和个体隔开。学生在学校里习得的知识还难以运用到对生活的指导，也难以像知识创造者那样产生创新，"活"的标准很难达到。正如画匠与画家的差别。前者只是熟练掌握绘画技术的人，主要是模仿前人的作品，抑或重复前人或今人的技法，很难看到自己独特的艺术风格。而画家不仅有技术，更能将自己的思想和风格在画作中体现，实现创作创新。知识应成为学习者自身建构的一部分，学习者应将所学得和习得的知识内化，并且形成牢固稳定的联结。这需要个体自身基于已有经验对知识有所领悟。

（三）悟得——知识的内化

教的秘诀在于"度"，学的真谛在于"悟"。悟得是指学习者通过思与觉，内化所学内容成为自己智慧的一部分，从而使自己的价值层面得到改变的过程。知识是外在于人的，是一种可以量化的信息，只有在"悟"的过程中，让知识进入人的认知本体，悟有所得，才能称为素养。悟得的是一种意义理解，是一种规律性的认识，是一种智慧，是"道"。

悟得阶段最显著的特点是个体赋予所学内容鲜活的意义。人类大脑是一个意义的建构者。从看到、听到、尝到或感觉到事物的那一瞬间开始，就在进行着一系列的判断：它是什么？它如何与已有的东西相联系？它是应该保留在头脑中的还是应该摒弃？整个过程可能是有意识的，也可能是无意识的，或者兼而有之。那些保留下来的，都是对个体具有意义的部分，个体的独特经验也由此发生。人与机器的最大差别也在于此：不是人比机器运算得更快，而是在相同的时间内，在相同容量的情况下，人能比机器完成更多的、更为复杂的操作[1]。从这一角度而言，悟得才真正接近学习的本质。而现在学习的最大问题常常就在于缺少"悟得"阶段，在识得、习得阶段就戛然而止。

《说文解字》将"悟"释为"觉也"。现代汉语词典将"悟"解释为了解、领会、觉醒。两者解释都含有从蒙昧到清醒这样一种过程。这种过程正如柏拉图在《理想国》"洞穴喻"一卷里所描述的人从昏暗虚幻的洞穴走出，见到光明、真实的太阳，是一个由不知道到看似了解到最后真正领悟的过程。如果说，"识"是一种接受，"习"是一种训练，那么，悟是一种思想的生成，生成了自我与所学知识之间的密切内在联结，知识不是外在化的无意义语词，而是成了自我思想的一部分。教育以"文""化"人的内在机制就在于意义理解与精神生成。如果说知识可以识得，方法可以习得，那么知识背后蕴含的思想、情感、价值等，只有通过自身的思考方能悟得。真正的学习不在于做了多少，而在于心灵的真正参与，在于想明白了什么，想明白了再做就避免了行动的盲目性。我校倡导课堂与课外必须给学生留出"悟"的时间。题目做完后，一定要让学生有一个思与觉的内化过程——题目中的条件还可以作哪些改变？同样的条件下，结论还可能有哪些变化？所采用的方法的本质是什么？哪一类问题适合于这种方法？还可以有别的方法来解决它吗？我为什么没有想到这个方法？思维障碍在哪里？每周在校内网上公布学生各科作业完成时间，进行作业量监控。学校悬挂在教学楼的对联就有"教必有方，无序乃惑，深入浅出在于度；学须得法，不思则罔，柳暗花明源自悟"和

---

[1] 约·冯·诺意曼.计算机与人脑[M].北京：商务印书馆.2009:41.

"志向高远,志气高昂,志趣高雅,书山探幽志为梯;勤奋求知,勤勉习术,勤谨悟道,学海行舟勤作帆"。

悟是一种高级的认知活动,当个体接受外来知识时,学生通过思与想将知识与已有经验、知识建立有意义联结,让知识成为自身思想的一部分。如果学生没有思与想的过程,知识只是被接受储存,学习则只停留于识得阶段。当学生在今后的学习中遇到相似的问题,并与储存的知识相联系并思考时,悟得才有可能发生。由此可见,悟得具有即时性和延时性两个特征。即时性是学生在听到或看到知识时,通过思考,即能对所学知识有所领会。而延时性是指传递给学生的知识,学生并不能马上转化为自己的思想,而只是储存在大脑中,需一段时间经验的积累和思考才能悟得。悟得阶段的学习与学生识得和习得的知识、经验密不可分,是在识得、习得的知识的基础上通过思考得出的自己的理解。有了自己的思考和理解,学生才称得上是有思想的人。

"悟"的是"道","道"是何物?"为学日益,为道日损"①。此"道"即彼"道"。人识得大量的知识,习得大量的技能,但随着时间的流逝,留的留,忘的忘,最终留下的是人生的积淀。这种积淀即是"道",是由无数知识转化而来的、蕴含丰富生活意义的价值判断。"损之又损,以至于无为"②。所学知识不断被消化、吸收以后,最后就能达到道法自然的"无为"境界。这就是学习的最高境界——把书读薄。

学习的三个阶段并不是彼此割裂的,而是在连续性中呈现阶段性特征。从最初的望文生义、死记硬背,进而到熟练掌握、变通运用,最终深入浅出、知行合一。可以说学习的三个阶段并不是割裂的,而是一个相互促进的循环体。学得深、习得熟,才能悟得透。同时悟得透彻,才能学得明白,习得规范。当然学习的最终阶段并不终止于悟得。悟得阶段的知识已内化为学习者思想的一部分,同时形成的思想必将指导个体的行为和实践。通过实践,个体又能再次从中获得认识上的加深,继而用于对实践的指导,以及对旧经验的改造。

要解决教育的问题,就要解决学习的问题。学习的最大问题,就是忽视学习本身

---

① 老子著.魏亚整理.道德经[M]沈阳:万卷出版公司.2010:161.
② 同上.

的复杂性、过程性和意义性而简单化为直奔目的的接受性、操练性,这是功利性极强的学习。要扭转这一情况,一条根本的途径就是增强"学"和"思"的结合,以实现从"识得"到"习得"再到"悟得"的境界。这也是《纲要》中明确指出的创新人才培养模式的首要原则。

31.

鱼·渔·喻：教学的三重境界

在教育过程中，教师是相对于学生而存在的。学生的"学"，总少不了教师的"教"。为什么而教？教什么？怎么教？"师者，所以传道授业解惑也"大致道出了教师的职责使命所在。随着时代的发展，传道授业解惑的内容自然有许多的变化，也更为丰富，然其精髓仍表现为树立学生正确的人生观、世界观和价值观；向学生传授学业知识，教授技能方法；解决学生在学习、生活，乃至人生道路上遇到的困惑。随着现今知识信息数量的剧增及升学指挥棒的调控，教师在教学中往往重授业而轻传道，重知识而轻思维方式的培养。这明显偏离了教育的本真要义。如何"教"才能让学生学有成效并得到综合素质的提高，一直以来都是教育者们关注的焦点。我认为，教师的"教"有三重境界：教知识、教方法、教思想。

一、授之以鱼——三流的教师教知识

我们经常看到一成不变的课堂模式，就是：概念，定义，定理，例题，学生模仿练习，布置作业。即使是复习课也是这样，花上十分钟左右时间先进行概念复习。其遵循的逻辑就是如果词汇没有弄清楚，就无法理解完整的句子。由此，把存在广泛联系的概念教成了识记性知识，把程序性的知识教成了陈述性的知识，鲜活的课堂变得呆板枯燥。

当代社会正从工业社会向信息社会、智能社会转型，科技日新月异的发展促进了知识信息数量的与日俱增。这充实了教师的教学内涵，也带来了新的挑战。由于应试

的导向和自身成长经历的局限,一些教师在课堂上总是尽可能多地进行知识点的罗列,学生则像复印机一样忙碌地誊抄笔记。这种填鸭式的教学模式仅仅将学生摆在教学的从属地位,老师说,学生听,锻炼的只是学生的识记能力,培养出来的只不过是亦步亦趋的追随者。比如,有些教师在课堂上常常将书本的概念反复讲解,却很少作迁移和应用。或通过大量的习题让学生熟悉某类问题。这种教学就好比牵着学生的鼻子在田里耕耘,学生的主动精神无从发挥。教师往哪边牵,学生就往哪边走,就概念论概念,就知识论知识,没有作进一步的横向引申和意义理解,即使有方法也是作为知识而呈现的方法,学生学得既苦又累。一旦离开了教师的鞭策和指引,学生就寸步难行了。"今之教者,呻其占毕,多其讯,言及于数,进而不顾其安,使人不由其诚,教人不尽其材,其施之也悖,其求之也佛(拂)。"(《学记》)谈及的正是教师照本宣科一味赶进度,不能使学生安下心来学习并有所领悟,这样的教学方法是违背教学原则的。

学生的学习是建立在一定的知识基础之上的,包括必要的符号、概念、命题的学习。正如如果不知道何为加减乘除,自然不能深入学习数列运算。知识总是外在于人的,是工具,是可以量化的信息。教师需要讲授知识,然而不应仅仅停留于讲授知识。要讲清楚知识的生活、科学、思想意义。囿于知识层面的教学限制了教学的广度和深度,学生所了解的仅为课堂内教师所讲述的,学生思维能力的发展必然受到制约。强调以"知识为本"的教师常常要求学生花费大量时间多读多背,靠机械的重复来加深学生的印象,把知识传授当作教育的最终目的,割裂了育人与教书的关系。其结果是导致人的单向①发展愈演愈烈,人的全面发展受到桎梏。要让学生学会学习,关键还是要让学生掌握方法,教师应从"授之以鱼"向"授之以渔"转化。

二、授之以渔——二流的教师教方法

新课程强调以教学方式的转变促进学习方式的转变,教师从重知识讲授向方法指导转变,学生从接受学习到学会学习转变。然而我们在教学中经常可以看到这样的学

---

① 注:赫伯特·马尔库塞在其《单向度的人》一书中通过对政治、生活、思想、文化、语言等领域的分析、批判,指出发达工业社会是如何成功地压制了人们内心中的否定性、批判性、超越性的向度,使这个社会成为单向度的社会,而生活于其中的人成了单向度的人,这种人丧失了自由和创造力,不再想象或追求与现实生活不同的另一种生活。

生，每天早出晚归到教室里学习，上课也很认真听讲，然而效率却很低，作业的完成情况不容乐观，考试成绩也不尽理想。为何？这些学生往往只注意了对知识的学习，而忽视了对联结这些知识的方法的学习。因而在教学中比教授知识更高一层次的是"授之以渔"——教会学生获得知识的本领。

在课堂上，我们有幸看到一些教师，一上来就抛出问题，在问题解决、方法应用的过程中，让学生回顾知识，用方法把知识串联起来，给予知识载体，使知识有附着点而不再孤立存在，以帮助学生构建良好的认知结构，这就符合认知规律了。遗憾的是，不少教师以应试为导向，通过习题的不断演练来强化方法的习得，使教学局限在方法技能层面上。我们经常看到这样的课堂：教师把一个问题往黑板上一放，三言两语得出解题的方法，然后让学生按照老师讲的方法进行操练，再配以大量的变式训练，强调的是所谓的"精讲多练"，教师则走动察看学生的操练情况。问题讲完了，学生也会做了，但学生依然没有明白为什么要使用这个方法，问题的突破口在哪里。靠这种"题海战术"，学生练得再多，其学习能力仍然没有真正增强。我们经常会发现这样的学生，听老师讲都懂，方法公式等也能背得出，但问题稍有变化，质同形异，自己操练起来就觉得困难重重了。这就好比把钓鱼的本领教给学生了，学生拿着工具和习得的方法去钓鱼，却不一定能够有所收获。为何？教师忽略了让学生悟得方法的实践应用的使用条件，以及如何在不同条件下的灵活运用。因为这些方法都是老师直接传授给学生的，对学生来说还是外在的，而非自己悟得的，没有进入他的认知本体。教师清楚这些方法使用的条件，而学生则不然。学生学会的最多只是一种模仿能力，而非创造能力。子曰："举一隅不以三隅反，则不复也。"（《论语·述而》）如果学生不能举一反三，就不要再往下进行了。教师的讲解就事论事，流于形式和表面，不作源头上的本质揭示是学生没有掌握方法的原因所在。学生自然也不可能达到举一反三、触类旁通的境界。

波利亚说过："课堂上教师不能帽子里突然跑出一只兔子来。"否则学生就会因为找不到内在联系而陷入死记硬背。波利亚还说过："贯穿在任何科学发现过程中的思维过程，主要是合情推理。"可见，科学发明、发现、创造，不是科学家做梦做出来的，也不是拍拍脑袋就想出来的，而是建立在合情推理的基础之上的。任何问题总是大致呈现为三大要素，情景（条件）——方法——结论。只有从"已知条件"和"问题情境"的分析，到得出方法的思维过程，体现出一种相对的确定性和必然性，学生才不会感到突然和害怕。我们的课堂，总是聚焦于应试，总是把大量的时间花在"方法——结论"这一环节上。我以为,一味的公式变形、方法操练,与大棚蔬菜、45 天的速成鸡没有什么两样,反映出人们的急功近利。

一般来说,人的能力可分为本能、技能、智能。大量的、机械的、重复的解题方法训练,固然有一定的应试功效,但其负面的作用是使学生一直停留于技能水平,甚至使得技能退化为本能。把已知的方法"炒熟"固然重要,但会占据大量时间,会造成学生思维定势,会造成学生的依赖性。大量的技能训练,还会致使学生厌恶学习。学生遇到问题往往首先就想,老师有没有讲过,如果老师讲过了,接下来基本就是一个回忆过程。如果老师没有讲过,则基本上是做不出来的。因为每天穷于应付的学生很少具备变通能力。这样的学生,在知识、方法的掌握与变化上,是教师在相关领域的真子集,不能指望他有超越教师指导以外的发挥,更妄谈什么创新精神与创新能力?

即使从"应试"的角度讲,到高中为止,任何一门学科,总是方法有限,题目无限,无限在哪里?就无限在不同的"包装"。我总在想,高考命题不可能大量采用所谓的"成题",因为那样的话,谁做到过谁就占优势,会使高考的客观公平性受到质疑,而且还会强化教学中的"题海战术"。为了保持客观性,高考命题的最高境界是全部试题都现场制作,但这又比较困难,一方面时间来不及,另一方面试题的准确性难以保证,有些错误是"防不胜防"的。接下来所能做的就是对"成题"进行改编,就是围绕基本的思想方法,换一种"包装",以一个相对新颖的面貌出现。而我所碰到的一些教研员告诉我,当下学生在中考、高考中有一个通病,就是"怕新不怕难"。难一点不怕,只要老师讲到过,最怕的就是新,从来没有看到过的题目。我们的教学目标理应由技能培养上升到智能培养,从让学生单纯掌握知识、方法提升为深刻体悟学科思想。

三、授之以喻——一流的教师教思想

一个问题呈现出来,文科类的问题,会提供一个相关的背景、情境。理科类的问题,会给出已知条件,甚至还有隐含条件。这里的问题在于,教师依据对问题背景、情境的分析,依据对已知条件和隐含条件的分析,结合需要回答的问题,灵光一现,就想到了用什么方法来解决,而学生没有这"灵光一现"的过程。教师的功力,就在于把自己是怎么想到用这个方法来解决问题的思维过程用语言呈现给学生,即授之以喻。大千世界,变化无常,但有其基本规律。教师要培养学生的,就是这种发现规律、运用规律、创新规律的能力。反映在教学上,就是"题目无限,方法有限",尽管方法也是在不断发展的。变化的是什么?变化的主要是"包装"。学生缺乏的就是迅速剥去描述性包装外壳的能力。具备了这样的能力,才能有举一反三、触类旁通的发挥,才能对千变万化的自然、社会现象有自己的归纳与观点。我以为,这其实也就是在教学科思想,也许这应该是教学中最为重要的环节。课堂应该暴露知识的形成过程,暴露解决问题的思维过程。方法的来源与应用,即创新思维与实践能力,往往比方法本身更为重要。很遗憾,有些老师自身的解题能力很强,肚子里有货,但茶壶里煮饺子——有嘴倒不出。我曾经在一堂数学课结束以后当即去找任课教师,表示刚才课堂上有一道题目,在分析了已知条件后,为什么想到用这个方法,而不是别的方法,可能不少学生也没有听清楚,问老师能否现在给我解释一下。教师回答得支支吾吾,说不出一个"合情推理"的所以然来。最后告诉我:"反正我读高中的时候,我的老师就是这样教我的。"一句话,把责任都推给了当年他的数学老师。

即使题目做完以后,也还是要让学生有一个思与觉的内化过程。条件还可以作哪些改变?结论还可能有哪些变化?方法的本质是什么?哪一类问题适合于这种方法?还可以有别的方法来解决它吗?我为什么没有想到这个方法?思维障碍在哪里?让学生新获得的知识与方法找到思想上的依附点,形成良好的认知结构。

随着终身教育思潮在全世界范围内的传播,让孩子学会学习、富有创造力,成为时代发展对教师提出的一个新的要求。学生能够在未来的生活中不断地学习新知识,需要以掌握一定的学习方法为前提。而要让传授的方法为学生所内化、所建构,则需要教师提高教学境界,从培养技能到促进智能的提升,从讲授知识或传授方法到培养思想、观点,实现学生思维能力上的飞跃。

知识、方法与思想是互为表里、密切相关的。知识是方法和思想的基础,方法和思想反过来又促进知识的深化及向能力的转化。方法是实施思想的技术手段,思想则是对应方法的精神实质和理论根据。教学内容是知识、方法、思想的有机结合。思想是理性的认识,正确的思想更是揭示了概念、原理、规律的本质。学生通过思想的学习才能去粗取精,辨伪存真,抓住内涵,拓宽外延。在思想的指导下驾驭方法、掌握知识,才能让学生的智能得到发展。知识、方法容易被测量,呈"显性",因而在应试教育中不少教师始终围绕着这两者展开教学活动。而思想是隐性的,得通过一定的渠道将其展现出来,这个过程需要教师用语言或其他的教学媒介来引导。

当教师把问题提出时,通过启发诱导,指引学生分析问题背景和已知条件,使他们从背景和已知条件中选择方法用于解题。"故君子之教,喻也。道而弗牵,强而弗抑,开而弗达。"(《学记》)教师将这个思维过程用一定的教学媒介展示给学生,启发学生,而非直接告诉答案,让学生明白知识、方法背后所蕴藏的思想。只有搞清楚为什么要选用这个方法,寻找源头,揭示本质,才能发展学生的思维,才能使学生获得真正的意义理解,才能真正培养学生的创新精神和创造能力。教育过程中学生对文化的理解,是学生通过内在的思维与体验达到对文化内涵意义的认同和认同基础上独具个性特点的自主建构与发挥,生成具有个体特性的文化意义的过程,是以自己独特方式对获得的具有个性特征的文化意义加以呈现与运用的过程,是提升自己内在精神质量的过程。大千世界中的很多问题都是原生态的,远不像书上的知识点和题目那样经过高度抽象和概括。如何透过现象看本质,需要我们运用我们的思想去发现、辨别、概括,乃至创造。可以说思想是沟通知识和能力的桥梁。教师爱生,则为之计深远,真正要培养学生的能力是需落脚到教授思想这一层次上的。为增长学生的智慧而教,应该成为每一位教师教学工作的核心目标。

32.

教育应始于"童蒙求我"

《周易》第四卦"蒙卦"有载:"匪我求童蒙,童蒙求我。"这是对教育的本质揭示。源于师生交往的教育,不能开始于"我求童蒙",而必须开始于"童蒙求我"。学生学而不厌,教师诲人不倦,才能志趣相映、彼此互动。

一、倡导"自主当家"

学生的学习状态大致可以分为三类,我把它归纳为"三个当家"——自主当家,老师当家,无人当家。我以为,判断一个学生学习上的"家"是否自己当着,只要问三个依次相连的问题就可。第一,对于在学的各门课程,自己觉得哪些学科强一些,哪些学科弱一点?第二,自己感觉弱一点的学科,主要弱在哪些章节或部分?第三,对相对薄弱的章节、还没有完全掌握的内容,自己打算怎样进行弥补?如果这三个问题,都能结合自己的学习状况回答出来,对这样的学生,教师是可以放心的。这类学生学习上自己当着自己的家,善于进行自我反思和调控,他们走进教室坐下来后就知道要做什么和怎么做。思想上成熟懂事,有责任感。学习目标明确,有着强烈的实现自我、超越自我的责任意识。这样的学生他们能抓紧一切可以利用的时间进行有效学习,清楚地知道自己性格上的优点和缺陷,明白自己在学科知识与能力掌握上的优势和软肋,并且能在与老师、同学的交流交往中自觉扬长补短,以使自己更快更好地成长成熟。

遗憾的是,在应试教育的大背景下,由于受到长期的灌输式外控外压,当下有八成左右的学生还处在一种被动应付的学习状态。怎么看都是老师追着、压着、求着学生学习。"老师当家"的学生,什么都由老师安排好,然后按部就班地去做。老师叫他看就看,老师叫他听就听,老师叫他做就做,老师叫他考就考。什么都听老师的。如果有人问他:"学得怎么样?"他很可能回答:"不知道,老师应该知道的,我什么都听老师的呀。"这类学生一旦失去了外在环境的要求,就不知如何安排自己,就会随意放松甚至放纵自己。

这类学生在学习上的表现之一就是"任务观点"。对于老师布置的作业、练习,只求完成,不求真懂。比如寒假前夕,老师都会安排一定的寒假作业。到了元宵节前,我常会碰到一些家长(小学、初中、高中的都有)对我说,自己的孩子如何的不自觉。"一放假,我就提醒孩子要先苦后甜,年内多做掉一些,正月里可以和我们一起走走亲戚。就是不听话,一放假就玩,到现在就只能天天在家赶作业了。"我就只能说:"要开学了,能赶多少算多少吧!"这里姑且不论教师是否应该布置那么多的寒假作业,就家长、学生对完成作业的态度而言,在我看来,"先苦后甜"和开学前"赶作业"这两类学生在性质上是一样的,都是抱了一种"任务观点"。如果一定要分个高低,也许开学前匆忙"赶作业"的还更好一点,因为做完了作业就开学,起码脑子里对知识的印象更"新鲜"一点。

一位孩子在读小学的同事告诉我:"有一次下午放学去接孩子的时候,孩子一冲出教室拉着我的手就说:'妈妈快走!妈妈快走!'我问孩子:'你今天在学校闯祸了?'孩子说:'没有啊!妈妈快走吧!'我说:'你今天究竟怎么啦?'孩子回答:'今天老师忘了布置作业了,等会儿他想起来就麻烦了。'"我们的孩子,从小学开始就把作业当成了厌烦的任务。爱因斯坦对学生的三种学习推动力有过精辟的评论:基于恐惧心的恐吓教育,如惩罚等等;基于好胜心的同伴评比竞赛,期望得到表扬和肯定;基于好奇心、兴趣爱好的教育。他明确指出:"启发并且加强青年人的这些心理力量,我看这该是学校的最重要的任务。只有这样的心理基础,才能引导出一种愉快的愿望,去追求人的最高财富——知识和艺术技能。"爱因斯坦贬斥了前两种,赞赏了第三种,并认为如果学生学习动力来自于好奇心,那么"学校规定的课业就会被他们当作礼物来领受。我知道有些儿童就对在学校时间比对假期还要喜爱。"

孔子说人有这么几种:生而知之者、学而知之者、困而学之者、困而不学者。1632年,捷克教育家夸美纽斯的《大教学论》提出了班级授课制的概念,班级授课制的最大优势,在于提高了教育效率,提供了同伴互助的机会。但也存在着使学生个性化不足的问题。一个班级,有五十个不同的生命、五十种不同的个性、五十种不同的家庭背景、五十种不同的生活体验、五十种不同的承载能力、五十种不同的求知渴望、五十种不同的认知水平、五十种不同的学习效果。而教师讲的总是一种节奏、一种方式。当今教育中倡导把时间还给学生,对于"自主当家"的学生来说,"还"得其所。但对于那些学习上不能自主的学生来说就形成了"无人当家"的局面。

根据我的长期观察,就考试而言,"自主当家"的学生,没有一个是考不好的;"无人当家"的学生,没有一个是考得好的;而对于"老师当家"的学生来说,要看老师的水平如何以及学生跟着老师指挥棒时的紧密程度如何,但有两点是可以肯定的,一是这类学生所获得的知识的集合,是教他的老师所掌握的知识的真子集,他们在考试中不可能有超越老师在课堂所授予知识的"额外"发挥;二是他们在进入大学之后,会有一个学习上的痛苦的适应过程。

联合国教科文组织在《学会生存》一书中说:"未来的学校必须把教育的对象变成自己教育自己的主体,受教育的人必须成为教育他自己的人,别人的教育必须成为这个人自己的教育。"对于学生来说,"我"要学,才有可能达成教育目的;要"我"学,则远离了教育的本质。人的自我教育才是唯一有效的教育。如何让学生做到在学习上"自主当家"?应该从责任感培养做起,从良好的生活习惯的教育做起,从让学生认识自我和反思自我做起,从让学生用"心"学习做起。

二、倡导用心学习

在智商条件差不多的情况下,不同学生的学业成绩总是差距很大,这究竟是什么原因造成的?在我看来,主要取决于他是用"脑"学习还是用"心"学习。

世界上有两种做事待人的境界,一种是用"心",一种是用"脑"。"心"是心灵,是灵魂,是你整个身心的价值导向。用心学习,必是心向往之。心所向往的,往往是你乐意去做的,乐意去做的,就会投入很大的精力并伴以无限的激情,还会有百折不挠的勇气。用"脑"学习则不同。"脑"是思维的工具,决定工具好差的,可能是智商的高低、惯常的"维护"与锤炼。但工具再好也只是工具,必须要为心服务,为某种或多种价值导向所利用。心一散,价值导向一多,脑这个工具就"钝"了,不好使了。故用"心"和用"脑"这两种境界会带来两种截然不同的人生。用心的人,专注、高效、简洁、有力,这类人往往快乐而成功;而只是用脑的人,有杂念、效率低、复杂、力量分散,这类人往往既不开心又难以成功。用心的人,显得坦然而易被人接受,朋友多,人际关系好;而凡事都用脑的人,显得不真诚,往往不被接纳,真心朋友少,人际关系不好。

大凡用心学习的人,都有自己的人生目标和规划,志向高远,知道自己想要什么,能够为了自己的目标倾注全部心力。他们的学习动力是内驱的、自主的。学习上仔细、认真,能够保持长时间的专注投入,像大山一样沉稳。用心倾听,用心体验,用心感悟。从佛教禅学的角度看,生命之内仅有三样东西:心、念、觉。觉为心之性,念为心之用。用心感悟,强调的是心的觉用,是一种觉醒、觉悟;用脑思考,偏重于心的念用,有念即有虑,难免杂念丛生。

用心学习的人,能坦然面对自己所存在的问题,甚至不耻下问,看重的是自己真正的所获所得。他首先为自己而活着,学习上能够自主当家,不太计较自己的学习状态给别人留下的印象,他们知道自己学习上各学科的长短所在,知道薄弱学科的薄弱环节在哪里,知道该如何去进行弥补,学习上总是很有条理,坐下来就知道自己要做什么和怎么做。不会因为一场考试而患得患失。马斯洛曾说:"心若改变,你的态度跟着改变;态度改变,你的习惯跟着改变;习惯改变,你的性格跟着改变;性格改变,你的人生跟着改变。"在马斯洛看来,心会改变人生。

与之相对应,那些无法用"心"学习而停留于用"脑"学习的人,尽管有着机智灵活、思路开阔的优点,但往往只是为学习而学习,没有什么明确的人生追求。因为没有内在的驱动,他们的学习常常只能依靠外力来驱动,常常只是停留在依靠聪明学习,没有基于自己所存在的问题、融入自己的心力去学习,总是太过在意别人的看法,心里杂念比较多,效率比较低,精力容易分散。计较眼前的得失,盘算于局部,没有学习上的全局意识,容易将学习当作任务,总是强调方法、技巧,耍小聪明,斗机灵劲,比反应快。肆意挥霍父母生予的智商,而没有发挥出自己的主观能动性。他们往往为别人而活,不知道自己真正想要的是什么,对父母总说"我不会让你们失望"而没有考虑自己对自己的交代。功利意识比较浓,争强好胜,患得患失,胜骄败馁。学习成绩总是呈波浪形趋势,一次考得好些了,不是心态平静地及时总结经验,在新的起点上找出差距,而是陶醉在成功的喜悦兴奋之中,希望得到他人的赞美肯定。总是喜欢在同学面前表现自己的聪明,不希望人家认为自己的成绩是因为刻苦用功才取得的,前进了一步后,在跨出第二步之前,总要先后退半步。

如何从用"脑"学习上升到用"心"学习？关键在于要赋予知识丰富的生活意义。我们所学习的知识，只是科学世界的一部分。科学世界是指科学家们将类似的生活经验主题化、符号化为一些普遍的观念，由此组成的一个符号世界或观念世界。科学世界以客观抽象的实证主义求证世界万物，它能回答是什么，怎么做，但不能回答为什么。"为什么"涉及对事物意义的思索，这要回归到生活世界，要从生活世界中寻找生命的意义和价值。今天的学习既是为了自己的生活和前途，更是为国家、为民族、为人类。如果为个人家庭可言放弃，那么为天下苍生则必须坚持。青年时代的使命，是以惊喜和谦卑之心，努力让自己单薄的生命接通人类。把自己的命运与家国天下的发展联系起来，这样的生命才会有厚度和深度。也唯有每一个个体得到充分发展，才能造就民主、多元、开放的自由社会。

用心问题，通常关联态度问题、自主问题；用脑问题，通常关联方法问题、效率问题。汉字中有"念"、"恋"、"忠"、"忍"、"息"等，词语中有"思想"、"意志"、"感恩"等，成语中有"心想事成"、"心明眼亮"、"心领神会"、"得心应手"、"漫不经心"等，所有这些，都说明了无论为学、为事、为人，都要用心为之。即使当下做不到，也要尽力去追求，所谓"虽不能至而心向往之"。用脑交友，容易以利言情，貌合神离；用心交流，可以以心换心，自然坦诚，所谓"沟通从心开始"。用脑作文，是写给别人看的，讲究的是词汇机巧，无病呻吟，哗众取宠；用心作文，是说给自己听的，表达的是真情实感，有感而发，言由心生。用脑处世，小人心戚戚，计谋权变，往往"聪明反被聪明误"；用心处世，君子坦荡荡，豁达真诚，"莫愁前路无知己，天下谁人不识君"。

三、倡导先学后教

每一位教师都在追求高效的教法，而学法取决于教法，因而教法必须立足于学法，教育者必须研究学习的规律、学习的方法。有关研究学法的书籍文章很多，可至今找不到一本适合每个学生的学习方法论方面的书籍，这是因为学有法，而学无定法。对于学生而言，最好的方法存在于学生对自己已有学习方法分析比较基础上的总结提炼，存在于学生对不同方法的适应、总结和调整基础上的自行归纳。

当然，尽管方法因人而异，也还是有一些基本方法被实践证明是行之有效的。我以为，预习是十分重要的。学生在上课之前能够先预习一下，看不懂的地方就是听课时的侧重点。知识常常是有逻辑性的，如果不进行预习，上课时如果有一个知识点没有跟上老师的步骤，下面的就不知所以然了，如此恶性循环，就会开始厌烦。同时，在没有老师点拨下的预习是一种十足的蕴含预习者思考的富有个性见解的思维过程，这种思考或许不是绝对正确，但它毕竟在头脑中形成了一定的认知，这种新的认知往往在与以往知识的比较中、与教师课堂讲解的碰撞下产生一种新的感悟，有豁然开朗的感觉，对知识的掌握将更加牢固，记忆更加深刻。而且，良好的预习习惯不仅表现为对某一学科知识在听课之前已经"胸中有壑"，更是一种自学能力的良好培养，长此以往，自学能力将得到潜移默化的提高，为以后的学习甚至终身学习打下良好的基础。

　　知识是外在于人的，只有通过课堂上教师的点拨与学生间的碰撞，让自己悟有所得，让知识进入认知本体，才能称为"素养"。悟得的是一种意义理解，是一种规律性的认识，是一种智慧，是"道"。知识传授的识得过程与基本的习得过程课前完成了，课堂上知识内化的习得与悟得过程就会呈现出高效率。教师就可以从知识的传播者、课堂的管理者，转变为学习的指导者、促进者，学生也可以从被动的接受者转变为主动的研究者。

　　在我们大力倡导课改的背景下，真正走进我们的基础教育课堂，现状还是较为传统，不少教师还是以不变应万变。凯洛夫提出"五步法"：组织教学——复习旧课——讲授新课——复习巩固——布置作业。课堂上教师传授知识，猛灌猛填；课后学生猛练猛写。在建立在学生预习基础上的教学中，教师在课堂上可以围绕教学目标直奔主题，展示知识的发生、发展、应用、相互关系，多运用归纳思维，少一点演绎思维，尽量让学生归纳整理，教师再进行点拨与延伸。

　　大量的实践证明，建立在学生预习基础上的先学后教是行之有效的。这里的问题在于，学生凭什么要去预习，要去学习全新的东西？怎么学？学到什么程度？2013年12月3日，英国《金融时报》：中国教育必须抛弃死记硬背模式。"就算外国人起初可能被上海学生在国际学生评价项目（PISA）考试中的优异表现所震惊，进一步考察后他们对上海的教育模式就没那么感兴趣了。"教育的功能是唤醒人的自觉。我主持的浙江省教科院重点课题《内驱型教学推动力建设》，意在倡导学生在学习上立足于无师自通的预习，立足于观点碰撞的听课，立足于真正理解的巩固，立足于全面掌握的纠错。尽管每个学生都希望自己成绩好、分数高，但这只有在主动自觉的建构中才能达成。被动应付中，由于反复操练，也能留下一些印象，但总是事倍而功半，甚至不能称为是真正的"学习"。

33.
探索男女生学习差异

男女生学习差异问题由来已久,是一个世界性的问题。美国有关部门近二十年来所收集的统计数字表明:美国男孩子的表现越来越差,在有些方面甚至直线下降。美国社会已出现了"男孩危机论"。哈佛大学心理学家威廉·波拉克在《真正的男孩》一书中认为:在美国,现代的男孩"胆小和孤独",在成就和自信方面都"大大落后"于女孩。几乎在社会的所有层面,女孩都优于男孩。在欧洲也同样存在着比较严重的男女生差异现象,非洲还有男女生学习差异相关实验干预项目的研究。我国孙晓云教授在《拯救男孩》一书中也强调"男孩危机"已是一个客观存在的事实。

在国内,一度认为,女生平均分会高于男生,但尖子生还是男生多。可是近年来的统计显示,全国各省市区高考状元中女生数量多于男生。在我们学军中学,由于大部分学生报考理科,尽管以逻辑思维作为主要参照指标,从中考与高考的成绩来看,也是女生略胜于男生,而语文和英语两科,女生的优势更是明显。

一、男女生学习差异的影响因素

关于男女生学习差异问题,我曾在嘉兴戴梦得酒店举行的"创新教育国际研讨会"上,与英国皇家督学的教育评价专家、哈佛大学校监以及加州教育局长一起进行过深度的专题研讨。究竟是什么造成了男女生的学习差异?主要有以下因素:

(一)内在因素

1. 心智发展速度与水平方面有差异。儿童发展心理学一般认为,从胎儿期起,男孩在生理和心理发育上均落后于女孩,直到青少年晚期男孩才能真正追赶上女孩。无论在动作发展、身体发育还是大脑和神经系统的发育上,女孩都要早于男孩。有研究认为,7岁的男生,接受能力相当于不到6岁的女生,甚至平均要相差1.46岁。女孩较多地受到母亲生儿育女、操持家庭的责任感熏陶,因而在同一年龄层中,显得比男孩懂事、成熟、文静、有责任感,控制情绪的能力比男孩强。在学习上,阅读速度比男孩快,更善于合作。

2. 学习态度上有差异。女孩普遍有安静、沉稳的心理特征。女孩对外交往少,更用功。平时的做操出勤、课上听讲的认真程度,女生都明显高于男生,就连课间,女生都更愿意选择安静地待在座位上,而男生大多喜欢外出玩耍。

3. 习惯方面有差异。主要表现在学习习惯方面:女孩耐心、专注,善于表达情感,回答问题更充分、细腻,更善于举例来说明、论证,课堂上善于记笔记,课后有东西看,便于巩固提高。男孩不容易集中精力,容易忽视老师的要求,作业应付了事。行为习惯方面:男孩好动好玩,玩的方面花的时间比女孩多得多,又常常是动得起而静不下。受父亲的影响较多,男孩比女孩更崇尚力量,容易过于自信,把老师高一、高二时的忠告当作是对自己的藐视,进而形成叛逆反抗情绪,甚至发生过激行为,往往一开始就落后,想要追赶时,几度失败,就变得极度不自信,最终导致厌学。

4. 思维方式上有差异。有学者通过对男女生早期发展和男女生大脑优势功能的研究表明:早在3—4岁时,男女孩发展取向上已有一定的差别:男孩更爱探究,这就促使男孩朝着理性探索方向发展。男孩更擅长于逻辑思维和空间思维,具有把握较复杂的数量关系和空间关系的能力,回答问题崇尚简短、犀利。而女孩则擅长于形象、感性、表达、记忆和人际关系的处理。女孩具有较强的阅读理解、词汇积累和口头表达等能力,这些特点与现在的应试要求更为吻合。

(二) 外在因素

1. 从家庭层面来看,在我们传统观念里,男孩需要承担家族传承的责任,如今,家族对男孩成龙、成才的期望值依旧普遍高于女孩。男孩受到的宠爱更多,独立自主能力、意志能力和自我效能感都被降低和弱化。因此,便出现了一个怪现象——被赋予重望的男孩在家长无法代劳的学业上表现出极度缺乏自制力,偷懒、逃避,甚至叛逆。问题在于父母对孩子的爱的分寸把握与孩子对父母之爱的理解的不到位,从而造成了娇宠成害,爱溢反溺。

2. 从社会层面来看，现代科技的发展，对男生的诱惑与影响更大。手机、网络游戏、视屏、纸质媒体，既花去了男生的大量时间，又对其身心造成了较大影响。这也是近年来国际上对男女生学习分化问题特别关注的主要原因。男孩从小生活在一个相对女性化的环境中，缺少男性榜样，比如在幼儿园和小学，缺少男教师的榜样，社会上是一些男不男女不女的娱乐明星"榜样"，这种母教溺爱、祖教偏离的社会环境对于性别形成过程中的男孩是有危害作用的。

3. 从教学层面来看，因为男孩有好动、好胜的特点，但现有的教育模式在课堂讨论、问题探究的设计方面并不多，往往吸引不了男生的注意力，基础较差的学生总是缺少成就感，燃不起希望，行为习惯较差的学生得不到特殊的关照。尤其缺乏对男生以下方面的有意识培养：比如理科题解答要注意步骤完整；文科题解答时尽可能多地融入细腻的情感，尽可能多写；注意记笔记等。另外，对照目前的考试模式，在一些复习课程内容设置上，程序性知识的复习偏少，而翻炒陈述性的知识点较多，可男生往往爱好逻辑思维，不屑于死记硬背知识点，而擅长识记的女生则在这一方面相对更占优势。

4. 从学校教育层面来看，学校往往缺乏对男生正确自我期望的引导。缺乏对其学习习惯、生活习惯的矫正与培养。对男生普遍会产生的两个极端的情况，即对从入学时的过于自信，到高三时过于自卑的情况，关注不够。

5. 从学校评价层面来看，受制于"成绩好就什么都好，成绩不好，怎么看都不顺眼"的应试思维方式，坐在后排的高个子男生常常被贴上"坏孩子"的标签，更为严重的是很多男生也因此这么自我定义。此外，男生往往重逻辑、重理解，女生往往重形象、情感、记忆，在当前的很多考试中，一般陈述性知识较多，只需要简答的问题较少，这明显对女生有利。

二、对策与思考

基于以上男女生学习差异的客观存在，在外部环境不可能有较大改变的情况下，在高考依旧的现实面前，我提出以下对策和思考：

（一）让男生多参与运动与活动。强壮体魄，显示男生的成就感和责任感。男人的第一魅力是责任感。保家卫国、见义勇为总是需要男子汉冲锋在先。信手拈来、漫无边际的所谓"爱好"，应该适度地放弃，只有放得下，才能拿得起。儿女情长，难免英雄气短。作为农耕文明的后代,我们总是少一点男子汉所必须有的西方狩猎文明的血性。只有当下确立起自我责任感、学习责任感,将来才能更好地履行家庭责任感和社会责任感。女生都看不起那些扭扭捏捏、反复无常、改不了坏习惯、缺少阳刚之气、没有一点责任感的男生。我校一位退休教师的孙子在本校就读,我让她有什么要求尽管和我们说,她说,没有别的要求,只希望他成为一名有责任感的男子汉。

（二）调控学习方式,养成好的学习习惯。这是做人的需要,也是高考的需要。男生要动得起静得下,无论课内课外,学习时,都要安静、沉稳,非宁静无以致远,没有"致远"的深层次思考,就做不了大题难题。倡导男生课堂上要持续专注,专心细致,记下要点,要融入自己的情感进行思考感悟。不满足于浅尝辄止、听懂就好,该记的要记住,该背的要背出来。如果眼高手低,虽然看似都懂,一回答就错,一出手就漏洞百出。无论是课堂还是作业、考试,回答问题时,一定要充分、细腻、流畅,步骤完整,适当增加文字量。知识是外在于人的,真正有效的学习不在于听到了什么,做了多少,而在于想清楚了什么,感悟到了什么。

（三）教学上分"性（别）"教学和分班教学。当下的学校教育以统一的内容、统一的方式、统一的标准来要求所有男孩和女孩,这不是真正意义上的平等。如果某些男生或女生在学科知识或学习能力等方面有所欠缺,教师就应该有针对性地对他（她）们进行教学训练,以弥补欠缺的知识,增强不足的技能,使男女生学科知识或学习能力在各自原有的基础上得到提升。教师可以结合"翻转课堂",在教学设计上要关注问题化、探究式、挑战性的内容,以激发男生的课堂学习兴趣。近年来,西方一些国家,如德国某些学校所做的分班试验就能很好地解决男女生差异问题。

（四）改革现行的评价体制。由于目前高考成绩依然是衡量中学阶段学习效果的唯一载体。然而,学业成绩好并不代表将来就一定能取得成就。有关研究表明"高考状元"毕业的职业成就远低于社会预期。传统的"一考定终身"的唯学业成绩评价体系已不符合时代和教育发展的要求。应加快考试招生制度、评价内容和方法、考试技术服务领域等层面的改革,规范对高中学生的综合素质评价,要与学业能力水平相结合,朝多元综合方向发展,最终实现男女相对平等、和谐、自由而充分的发展。

人类学家告诉我们,几乎在历史上所有繁荣的文化中,对男孩和女孩都是分别进行教育的。但在现代世界,却基本上都是实行男女生混合编班,这就需要男生女生各自克服自身学习上存在的问题,以期取得自我潜能的最大化发挥。

34.

高中创新人才培养之殇

为什么我们的教育总是培养不出杰出的人才？当年的"钱学森之问",时至今日仍然是关乎中国教育事业发展的一道艰深命题,需要整个教育界乃至社会各界共同破解。从中考的成绩看,我所在学校中的绝大部分学生是来自同龄人中的前5％的资优生。窥一斑而知全豹,从他们的发展中可以看出一些我国高中教育的发展取向,作为一名高中校长,我以为创新人才的培养,在高中阶段面临着以下一些问题。

一、课堂教学问题

1632年,捷克教育家夸美纽斯在《大教学论》中提出班级授课制以来,教学的效率大大提升,与此同时,其弊端也日益显现出来。一个班级,五十个不同的生命,五十种不同的个性、他们的家庭背景、生活体验、承载能力、求知渴望、学科基础、认知水平、学习效果都是不一样的。而教师讲的总是一种节奏、一种方式。一个班级的平均分主要是依靠减少"差生"来提升,为了提高平均分,教师在课堂上总是面向"中间"、兼顾"两头",甚至更多地关注"差生"。资优生就在这日复一日的"陪练"中消磨着斗志,浪费着智商。这种看似公平的教育,其实隐藏着极大的不公平。在PISA考试中,尽管我们的学生平均分第一,但在创意和想象力方面,排名仅为倒数第五。我们为"应试教育"付出了高昂的代价。

尽管我们的学生在国际各学科的"奥赛"上常常攻城略地,摘金夺银,但在应用能力上却远远不及美、英、加、韩等国家。更为严重的是,即使拿了奖,学生也不想再从事相关学科的研究工作。某省举行全国高中数学联赛颁奖大会,在后台,担任颁奖嘉宾的省厅领导对27位一等奖获得者说:"你们是全省数学领域的佼佼者,希望你们将来能够在数学领域有更深入的研究,力争出几个数学界的杰出人才。"但事实上,这些学生都对数学感到厌倦,其中的一位获奖者说:"我再也不想看到数学了"。原因就在于我们的课堂消磨了学生的太多求知乐趣。

学军中学今年高三学生楼俊麟,通过笔试和面试后,被英国牛津大学预录取,根据楼俊麟的回忆,面试老师现场编了两道数学题让他做,"他们不关心题目最终答案,而是关心我在每个步骤中所思考的内容。"楼俊麟说,每写出一个点,面试老师都会问他此时心里的想法。可见,与套用公式、得出结论相比,他们更为关注的是"为什么要选用这个公式?",亦即更注重考生的思维品质。

相比之下,在我们的课堂上,教师总是带着知识走向学生,一切都在教师的预设和掌控之中,教学过程显得十分功利,把更多的注意力放在公式的变式、拆解训练上,依据所谓"精讲多练"原则,更多强调操练到位,培养所谓的"解题高手"。经常看到的情况是,教师把一个精彩的问题往黑板上一放,总是三言两语就告诉学生解决问题的方法,然后就让学生开始做题,教师自己则在教室里来回走动,以发现学生解题过程中的问题。我想,课堂应该暴露知识的形成过程,暴露得出方法的思维过程。

波利亚说过,贯穿在任何科学发现过程中的思维过程,都必须是合情推理的。从"已知条件"和"问题情境"的分析,到得出方法的思维过程,体现出一种相对的确定性和必然性,学生才不会感到突然和害怕,否则,学生就容易陷入死记硬背的套路。定理和公式本身的来源与应用,常常比定理和公式本身更为重要。

所以我们这样的课堂,太多的"被设计"、"被学习"、"被兴趣",往往促成了学生的思维定势,造成了学生的心理依赖,导致了学生的学习厌倦。在我看来,一味的公式变形、方法操练,只能培养"操作工人",长此以往,学生的学习热情消退了,探索欲望消损了,创新冲动消磨了,梦想憧憬消失了。培养大师级人才,更是无从谈起。

如今我们倡导"教育公平",应强调"面向全体",追求"全面发展"。但我们在推行"有教无类"的时候,是否也应该考虑到"因材施教"?我们在关注"学习有困难"和"品行有问题"的学生的时候,是否也应该考虑资优生的发展?我们在考虑"全面发展"的时候,是否也应该考虑特色发展、有差异的成长?我们在强调教育公平的时候,是否也应该考虑"公平"的全面含义?有教无类是为了保障起点公平;因材施教可以促进过程公平；人尽其才能够达成结果公平。很多时候，表象显示的是学生负担过重，深层的根源在于太多、太严重的大工业生产方式——标准化。"以分取人，分分计较"扼杀了人的个性，抑制了学生的优质发展。

二、教师素质问题

　　素质教育需要高素质的教师，培养创新人才更需要有着过硬的专业素养和较强的创新意识的师资。但是长期以来，教师的社会地位偏低是一个不争的事实。轻视教育的直接后果，就是社会瞧不起教师这个行业，高中毕业生中成绩稍微好一点的都不愿选读师范院校，从而导致了师范生源素质的降低，以及师范院校的降分招生。在我看来，改革开放以来，对教育的最大伤害，乃是来源于师范院校的降分招生政策。我还听教育部督导办的一位领导说过，一些师范院校降10分招生，西部有的地方甚至降30—50分。上世纪80年代末，我曾撰文大声疾呼，教师作为灵魂的工程师，需要揣摩人的心理建构、培育人的精神发展，千万不能降低要求。并预测，等到降分招生政策培养的教师理应成为基础教育的中流砥柱却无法担此重任时，中国基础教育将会十分困难，无奈人微言轻。当下，教育的这一困难局面已经到来。

　　素质教育需由高素质的教师来实施。遗憾的是，在大力倡导素质教育的今天，还是有相当数量的教师，只会单纯的应试，有的甚至连应试也不会。当下的教师队伍中，能够育人与教书同时担当的有多少？除了自己专业知识以外，志趣高雅、兴趣广泛、多才多艺的有多少？在省内外的课堂上，很多时候，学生的回答，要比老师的准备丰富得多，也深刻得多。遇到这样的场景，教师往往无力驾驭，只能草草收场，有的教师甚至还责怪学生跑题，没有依循教师的设计走。这样的课堂是窒息的，这样的教育是悲哀的。还怎么培养大师级人才？

　　我校需要招聘一名物理教师，依据教育局的规定，在众多的报名者中，先由教育局组织考试，考试前三名由学校通过上课、面试择优录用。在面试环节发现，三位教师中有两位当年高考时没有上一类线，还有一位也超一类线没有几分。无奈之下，只能作罢。再次招聘，由于教育局的考试中有两位同分的第三名，参与学校面试的有四位，结果发现，四人中有三人当年的高考没有上一类线，我真不知道该怎么选择，或者说我还有选择的余地吗？不是我们太过在意一类线，而是我校每年高考都有近95%的考生能够上一类线,在高等教育普及化推行了那么多年的今天,一个自己当年考不上一类线的教师,如何在我校的课堂上站得住脚?

在美国,高中教师的要求是比较高的,很多都有硕士学位,博士学位的也不少,有哈佛大学的博士生在非常偏僻的山区小学任教。无论拥有何种学位,都要读两年教师执照课程,要考进去才能读,读完还得考出来。这样才能取得教师资格证书。

芬兰教育是全球的榜样,东西方都在向它学习。近年来,我国每年都有大量的团队前往考察、参观。我以为,创造芬兰教育奇迹的很重要(也许是最重要)的一条,就在于教师是社会上最受欢迎的职业。在芬兰,所有教师都必须拥有硕士学位,这样就确保了教师整体的高素质水平,并跟进竞争激烈的教师职后培训,16名申请者竞争一个教师培训的名额,从而保证了教师素质的不断提高,也保证了教育的高质量,形成了教育上的良性循环。这样的措施体现着国家和政府对教育的重视,也给予社会重视教育的信号,更让教师群体增强职业荣誉感,增加职业热情和投入。

我国六所顶级师范院校招收免费师范生,我曾怀着美好的愿望——政府终于看到了师范生源素质偏低的问题,考虑以"免费"来吸引优秀生源。但两次应师范大学之邀参加免费师范生的面试工作后,让原来所存有的美好愿望化为了泡影。报考的大部分学生,既不是因为贫困,也不是因为对教师工作的热爱,而是因为在正式的高考中只要过了一类线就可以录取。我敢断言,师范生素质在实行"免费师范生"政策后会更糟。

教育是心智碰撞的生命运动。资优生需要资优的教师来培养。发表在美国《科学》杂志上的一项基于对806对双胞胎的对比研究表明:"差老师可能对好学生造成不良影响,而且能使全班学生都降到一般水平。"前有师范专业降分招生,后有这般的"免费师范生",我们的师资水平如何提升? 我曾就此问题讨教一位国内教育界的顶级学者,担忧一些降分师范生走进教室时台上的教师在心智水平上不及台下的学生的情况,这样的教育岂不是要误人子弟? 学者无奈地叹息道:"这是一场民族的灾难!"

如果说我们的政府是在为教育说话,为企业办事,那也是有失公允的。应该说,我们的政府在教育方面并非全无作为,各地拔地而起的新校园,让人很受鼓舞。我校的几位欧美友好学校校长第一次走进我校大门时,都会感叹一番:"这是我所见过的最漂亮的中学校园!"但正如梅贻琦先生1931年到清华大学就职时所言:"所谓大学者,非谓有大楼之谓也,有大师之谓也",我和几位校长在斯坦福大学的教室里看到,头发花白的老教授一边操弄着老旧的投影仪,一边侃侃而谈,学生听得非常入神。我想对于中学来说也一样，尊师重教的社会氛围、一流的教师，远比设施设备重要，政府的目光应该要更犀利、更长远些。

三、课程设置问题

我们当下的高中课程，看起来是朝着把每个人都培养成科学家的方向努力的。一方面，很多孩子学的这些除了对付考试，几乎是没有什么作用的。我们的孩子从初中到高中，从数到形，再到数形结合，要花大量的时间来学习一元二次方程，但人这辈子用到一元二次方程的机会非常少。另一方面，我们的好学生在高中阶段真正接触科技前沿的东西并不多，我们的教材还是过于陈旧。微积分是文艺复兴和科技革命以来最伟大的创造，牛顿靠微积分成就了牛顿力学，大部分科学上的成就也都需用到微积分，而我们的高中教材中涉及得并不多。

近年来，我校每年出国的学生保持在110人左右，高中阶段就出国的不在少数。他们大多前往美国就读。通过对这部分学生的访谈了解到，他们出国的一个重要原因就是因为国内学校课程过于单一，想学的东西学不到；社会实践时间太少，视野狭窄；活动偏少，压抑个性。

在美国，由于高中实行学分制，因而可以开出大量的选修课程。我们当下的高中也都实行学分制，但由于高考以压倒性的强势地位制约着学校、教师与学生的选择，学分制的实际意义不大。我们的开放式教学，往往是"形"放而"神"不放，一些学生甚至选修课上还在抓紧时间完成其他学科的作业。

中国是一个人口大国，高等教育普及率一路走高，这在世界教育史上是令人骄傲的成就。倘若我们陶醉于此，止步不前，借助于人多势众，认为只要把量做大，总会有一些人才脱颖而出占得世界鳌头，那就大错特错了。在信息化、智能化的今天，改革开放之初靠人海战术已然无以为继，创新呼唤着人的主体性的回归。各普通高中间的生源大不一样，但大家都在学一样的教材，参加一样的考试，眼看着资优生一天天消磨着时间，我着实痛心疾首。高中教育的取向，必须从求稳定向着求发展转移，从"一刀切、齐步走、标准化"的"千校一面，万人同语"，向着"分层次、有差异"的个性化办学转移，从起步阶段的求学机会上的公正公平，向着每个学生的潜能获得充分自由发挥的高层次的公正公平转移。

21世纪是课程改革的世纪。世界各国都在思考培养什么样的人以适应新世纪的挑战,并纷纷出台旨在改变人才培养模式、提高人才培养质量的课程改革政策,其中高中阶段的改革是重中之重。

哈佛大学认知心理学家加德纳提出了多元智能理论,他定义智能是人在特定情景中解决问题并有所创造的能力。他认为我们每个人都应该拥有八种主要智能,不同的人会有不同的智能组合,人是千差万别的,学生的发展应被赋予丰富的选择、自由的成长,满足学生发展的学校与课程也应该是各不相同的。

1957年,苏联卫星成功发射惊动了美国朝野。以哈佛大学校长、著名教育家柯南特撰写的《今日美国中学》为指引,美国建立和完善了分层分类、学科加速的课程体系,从而奠定了美国高中教育和人才竞争的基础,从而造就了美国在航天事业上的巨大成就、在诺贝尔奖上的出色表现、在英特尔科技大奖赛上的霸主地位。美国开创了在中学阶段建立辅导员制度的先河,每所中学配置的辅导人员为数众多,内部分流分层的巨型综合中学和大量特色学校共荣共存。

在我访问过的美国八所高中中,有重点高中,甚至有"全国重点高中",它们按照入学成绩高低来录取学生。在每一所重点高中,美国是按照学生的程度来分班的,有专门给能力最高的学生读的"荣誉"班(Honorsclass),给天才学生读的"大学预修班"(APclass),有全球承认的"国际班"(IBclass),等等。而我们现在都在取消"重点中学",在校内不能分设"重点班"。

丘成桐教授曾言:"大范围来讲,虽然我们现在的教育在'量'上是不错,每年差不多有1000万高中毕业生,高考也比较公平。但是我们并没有意识到要从这里面培养出一小群适合做领导的、做创新性工作的人来。""中国现在的教育就像从大锅里盛出一点饭,比较平均地分给所有人,我觉得,应该有体系地培养有创新能力的年轻人,让他们投入到伟大的科技事业中去。"

四、学程衔接问题

资优学生的共同特点是反应敏捷,接受新事物能力强,好奇又好胜。他们具有丰厚的学习潜能和要求完美的倾向。但反观我们当下教育,初中阶段上两年新课,另外一年用于复习;高中阶段,在所谓的"减负"删除了一些必修内容后,大致都是一年半上新课，一年半用来复习。在一个人接受新事物能力超强的初高中黄金年龄阶段，对新内容的学习戛然而止，停下来围绕考纲"炒冷饭"，满足学生好奇心的新内容没有了，学生一切以高考为中心，每天沉浸在题海之中，课堂教学只有方法，没有思想；只有"术"的巩固，没有"道"的求索。师生合力制作一块进入大学的"敲门砖"，还有什么创新的冲动可言！诚如国际著名数学家丘成桐教授所言，中国学生把什么都当成敲门砖，永远出不了大师级人才。

在资优生相对集中的优质高中，每年都会有一批学生提前获得国内顶尖大学的保送、预录取和加分资格，他们还可以帮助学校去拿几块"牌牌"，在招生季节，当初三的学生与家长来校咨询时，还可以由他们来"现身说法"，看起来这些孩子对高中有很好的"利用价值"。但我们更看重的是他们自身的未来发展，更忧心的是国家民族的未来。按照现行的政策规定，能够取得国内顶尖大学保送资格的学生，都是进入了某一学科全国前50名的国家集训队的学生，他们在相关学科上的特长发展超常，急于需要进一步的指导与挖掘，而中学教师对此已经"心有余而力不足"了，理应由相应的高校来接手培养。

遗憾的是，国内顶尖大学往往只顾抢占"人头"，而没有及时跟进相应的培养计划与措施。人是有惰性的，在贾馥茗教授看来，人生来就有"好逸恶劳"和"避苦求乐"的倾向，而且"天生的避苦求乐倾向强过衍生的意志"。在基本拿到了顶尖大学的入场券后，资优生的求知求索动力也会明显下降，如果这样的孩子也仅仅满足于在中学打发剩余的时间，这是十分令人痛心的。

世界上有很多国家和地区都极为重视资优学生的培养，并提供相关的法律保障。美国1978年通过了《天才儿童教育法》；韩国1999年通过了《英才教育振兴法》；我国台湾地区1984年颁布的《特殊教育法》中有"资优教育"专章；一些国家还成立了专门的领导机构，如美国国会建立资优及特殊才能的联邦办公室；韩国成立"英才教育研究中心"等等。

我国《国家中长期教育改革和发展规划纲要》第13条已经首次明确提出高中阶段教育发展任务："推进培养模式多样化，满足不同潜质学生的发展需要，探索发现和培养创新人才的途径。"第67条就"拔尖创新人才培养改革试点"进一步指出："探索贯穿各级各类教育的创新人才培养途径；鼓励高等学校联合培养拔尖创新人才；支持有条件的高中与大学、科研院所合作开展创新人才培养研究和试验，建立创新人才培养基地。"但是,打通高中与大学的创新人才培养模式始终没有形成。

我所在的学校,已经连续五年有学生在高一阶段就取得了国内顶尖大学的保送资格。其中有一位学生叫金策,2013年10月,他获得了第八届世界数独锦标赛冠军。数独是一种需要运用纸笔进行演算的逻辑游戏,在决赛中,金策战胜了上届取得冠军的日本选手。难能可贵的是,与众多的国内外数独选手相比,金策没有请过教练,也没有参加国家集训队,完全靠自学成才。2013年11月,才上了两个多月高中的金策,参加了全国高中数学联赛,在与高二、高三学生的较量中,获得了浙江赛区的第70名。在2013年第十九届全国信息学奥林匹克联赛中,金策以满分成绩夺冠。今年5月5日,在第八届亚洲和太平洋地区信息学奥林匹克竞赛中,金策同学再次以满分成绩获得金牌。今年7月底,他又在深圳外国语学校举行的全国信息学总决赛中获得第一名。令人难以想象的是,虽然他忙于准备和参与各类竞赛,但在学校的各科综合考试其成绩始终保持年级前三的位置。我们可以想象,像金策这样的学生,在高中课堂上,必然会存在"吃不饱"的现象,很多课堂,对他来说是浪费时间。像这样的稀有人才,应该尽早地由大学接管,学生可以留在中学,但相关高校应该大致选定方向,采用导师制培养政策,布置相应的学习探究任务,适时检查。或者开设大学先修课程,大学与高中联合培养,实行高中与大学的学分互认。江苏省天一中学沈茂德校长曾经感叹:"我们不缺潜在的拔尖创新人才,但缺乏拔尖创新人才培养的气候与土壤。"

五、社会协同问题

美国的大学、科研机构、医院、政府机构、商业机构,都有专门的部门负责协调高中生的课外社会实践和科研活动。因此,美国的高中生可以到大学上课,拿大学的学分;可以到科研机构,跟科学家一起做研究;可以到各级政府机构去当官员的助理、议员的秘书、民选官员的竞选团队义工;在教育董事会——州或者县市教育局的决策机构里面,也有学生委员,可以参与公立教育的最高决策。

我所在的学校,倡导"以学论教",校本课程的开发基于学生的需求,适合我校学生知识、智力水准。针对四类选修课程的安排,我们首先让学生填表,对知识拓展、兴趣爱好、职业技能及社会服务这四类课程,进行学生选课意向的调查,然后再考虑选修课程的开设。通过统计分析研究,在职业技能类课程方面,我校学生倾向于律师、银行家、医生、工程师、建筑师等工作；在知识拓展课程方面，我校学生喜欢化学实验、英语听说、学科竞赛、文学写作、纳米知识、学科前沿、小语种教育等课程；在兴趣特长方面，我校学生喜欢篮球、摄影、话剧、动漫、音乐欣赏等课程；在社会实践课程方面，我们有许多学生乐意参加志愿者活动和各类探究活动等。

学生的需求是我校选修课程设置的主要依据。但在实践操作上，要开设出学生所喜欢的选修课程，凭一校之力还是有一定的困难。而我们的社会协同机制尚未完全建立起来，时间问题、经费问题、安全问题等等都难以解决，从而，选修课程没能很好地发挥作用。

《谁赢得高中，谁就赢得人才》一书的作者，教育部人文与社会科学重点研究基地华东师范大学课程与教学研究所所长崔允漷教授认为："高中，既引领九年义务教育阶段的国民素养教育，又决定高校与社会的人才质量，处于承上启下的独特地位，以致国际上有一种共识：谁赢得高中，谁就赢得人才。"

美国第二任总统亚当斯认为："任何社会最终都将由精英统治。"拔尖创新人才是国家、民族、世界、人类的共同财富。我们的资优生教育、大师级人才培养，应该从全社会真正意义上的尊师重教做起，从课程设置和高考制度的改革着手。轻视教育，就是轻视自己的后代，轻视我们的民族；怠慢教育，往往要怠慢几代人，甚至影响几个世纪。

35.
从高分"五步法"到创新人才培养

根据我对一些学校狠抓教学质量过程的观察与归纳,发现学生从接触新知识到最后能够准确地做出答案,大致要经历"懵—懂—会—熟—通—准"这样六个节点、五个步骤。这六个节点也能较好地反映出学生掌握知识的不同程度。顺应这六个节点,可以大致地把学生所经历的学习过程分成"懵—懂"、"懂—会"、"会—熟"、"熟—通"、"通—准"这五个步骤。当然顺序不一定完全如此,可能会有跳跃,但基本步骤大致就这五步,不妨称之为高分"五步法"。不同的学生常常在不同的节点上停顿下来,成绩也就定格在相应的节点上。

一、"五步法"解读

"懵、懂、会、熟、通、准"这几个字,是我们在谈论学生对知识的掌握情况时经常用到的。虽然通俗,但毕竟不是很规范,需要从认知心理学的角度对"五步法"进行解读。

(一) 懵—懂

"懵懂"两字,常常连用,表示头脑不清楚或不能明辨事物。分开来用,"懵"表示昏昧无知,"懂"表示了解、明白。

通常所说的"懂",常常涉及两种认知维度,一种是记忆,一种是理解。记忆是对知识进行回忆,需要从长时记忆系统中提取相关知识。当学生在看到题目的时候有种熟悉感,就是因为记忆这种功能帮助他从长时记忆系统中找到或提取出与题目所呈现的材料相一致的知识。

理解，实质上是建构意义。当学生对所呈现的信息赋予意义时，理解就发生了。理解发生在学生将要学习的"新"知识与原有的知识建立联系时，即输入的知识被整合进原有图式和认知框架中的时候。因为概念是这些图式和认知框架的建筑砖块，所以概念性知识为理解提供了基础[①]。

　　如果学生对新的知识真正理解了，那么就能够完成对这些新知识进行解释、举例、分类、概要、推论、比较和说明等多个认知过程。通过这些认知过程，学生把新知识纳入到原有的知识系统中，即发生了同化。通过同化，学生原有的知识储备扩大了，原有图式也扩充了。

　　可见，"懂"可能是记忆。记住了，就可以回忆。"懂"也可能包含理解，能够对所呈现的信息赋予意义，并实现解释、举例、分类、概要等认知过程。但在"懂"这个阶段，各知识之间还没有产生联系，是孤立的。因此，如果学习在这个阶段就戛然而止的话，很容易出问题。比如遇到同类问题，自己还是不会做。觉得自己听懂了，但是一动手就发觉做不下去，做不出来。一些自恃聪明的男生往往在此停下，懂而不会。

（二）懂—会

　　如果把"懂"界定为记忆和理解的话，那么"会"则到了运用维度，发生了迁移。我们平常所谓的"会"做了，其实是指能在题目给定的情景中执行或使用某种方法、某种程序。核心是学会了情景和程序的匹配，不足是熟练程度不够。

　　从"懂"到"会"，主要靠的是模仿。知道方法与应用方法还是不一样的，需要模仿操练，是一种"习得"过程。在此停下来，考试时，感觉好像做过，能勉强回忆，但总是感觉时间来不及。原因主要在于还不够熟练，没有到达自动化的程度。常常有学生在考试后感叹，"只要给我时间，我就能做出来"，估计就是处于这种情况。

（三）会—熟

　　在习得的基础上进一步训练可以达到熟能生巧，即实现从"会"到"熟"的飞跃。"熟"，乃熟练，意指"熟知并做来顺手"。可见，到熟练这一层次，操作已经完全自动化。这是用大量的条件反射式的训练换来的。好处是学生拥有快速解决已知问题的能力，不足是遇到质同形异的问题学生就会感觉困难，对新颖问题更是束手无策。

[①] L. W. 安德森等编著. 学习、教学和评估的分类学[M]. 皮连生，主译. 上海：华东师范大学出版社，2007：63.

高考要求学生把熟练的东西准确地反映到考卷上，把时间留给新颖问题的探究上。而从应试的角度讲，考题为了保持客观性，为了考察学生对问题本质的把握能力，总是会显得相对新颖。学生如果就在此处停下来，要想高分，还是很困难。

（四）懂—通

知识通过"懂"、"会"、"熟"这几个阶段以后，知识与知识之间的联接越来越紧密。但这些联接的紧密度更多的是在纵向维度上，在横向维度上的关系就比较弱，故知识、方法通常处于孤立状态。如此，众多的"点"就很难形成网络，最多是一条条线，对学生的知识框架搭建非常不利。要形成网络，还需要达到第四重境界——通。

"通"，达也。本义是没有阻塞，可以通过，四通八达。要达到"通"这重境界，需要动用分析这一认知过程。通过分析，学生将材料，包括各知识点，分解成它的组成部分，并确定部分之间如何相联系以及部分和总体之间的关系，具体的认知操作有区分、组织和归属等等。

学生通过分析这一认知过程以后，能知道"为什么"，对知识方法有更本质的理解。分析是一种深层次学习。学生在分析问题时，会主动思考每一步的变化，悟有所得，并能够举一反三，融会贯通。但若是在此停下来，虽然学生将具有熟练解决综合问题的能力，但容易粗心大意，拿不到全分，原因在于思维的精确度还不够，即还不够"准"。

（五）通—准

"准"，要达到箭靶的中心，要求精确。通过分析，学生已经建构了四通八达的知识网络。当题目中的信息输入到学生的认知系统以后，通过发达的网络联接，多个相关的节点或是图式可能被唤醒，但真正能够解决问题的，可能是其中的某个或某几个。如果从信息输入开始，就能够快速地从网状知识框架中提取最为有效的解决方法，这就是"准"，犹如思维这把"箭"，直指问题的靶心。

从"通"到"准"，需要涉及一个非常重要的认知过程——评价。评价是指依据标准作出判断。最常用的标准是质量、有效性、效率和一致性，需要根据具体学科、具体问题情境而定。评价主要有核查和评判两种方式。当学生在检测某一个结论是否符合其前提条件、呈现材料的各部分是否自相矛盾时，核查就出现了。

从"通"到"准"，需要精益求精、追求完美的精神。如果学生的专注度不够，精神意志对持久性不能支撑，就难以求得正确结论。通常学生的"不准"是因为知识性疏漏和马虎性错误。

二、"五步法"的吸收与批判

从上面的分析可以看到,高分"五步法"对应了学习中的各种认知过程,具有一定的合理性,对不会应试的人会有很大的帮助。为什么考试拿最高分的往往不是最聪明的人?原因就在于有些学生每一步的突破,可能都不是最快的,但一步步都走到底,是做得最好的。朝着一定目标走去是"志",一鼓作气走到底中途绝不停止是"气",两者合起来就是志气。一切事业的成败都取决于此。教师的责任不仅在于重要的思想方法和题型都讲了,还要知道所教学生对知识方法的掌握处在哪个节点上,有意识地引导学生一步步走到底。

当然,高分"五步法"虽然具有很多学习新知识所必须的认知操作,但在各环节中都有极度应试的痕迹,不可忽视。过度地依赖高分"五步法",只会培养更多的高分考生,而无益于拔尖创新人才的培养。

一些学校的领导与教师都不那么完整地提出过"五步法"。有些学校一心想着高考成绩,在经验介绍中,别的基本不管,虽然没有"五步法"的直接表述,但如果他们愿意讲真话,那么剥去华丽的辞藻之后,留下的大致也都依循着"五步法"的原理。而且往往将"五步法"能够大幅度提高质量的一面用到了极致,负面的作用只字未提,也许连想都没有想过,这不得不让人倍感忧虑。这就好像一个一心想着复仇的人,得天下拳法秘笈而学之,走火入魔几乎是不可避免的。

(一)懵—懂

在这一环节,教师要从学生的现有基础出发,在师生的沟通、对话中深入浅出地揭示出新信息、新知识的本质。同时,要注意学生的个体差异。学生的理解能力是参差不齐的,感悟过程是长短不一的。

在这一环节,教师经常犯的错误是过度传授,把本该需要学生通过思考才悟出来的思想一股脑儿地倾倒出来,剥夺了学生理解的机会,学习过程沦为纯粹的识记。教师只教一门学科,作了大量研究,进行了大量思考,在课堂上常常不由自主地会根据自己的认知水平进行单向讲解。这种情况下,"教"和"学"发生分离,教学失败了。成功的教学需要"教"来带动"学",关键就是教师不能代替学生思考,重要的是呈现研究的角度与过程。

教师课堂讲得清楚是前提,更重要的是会启发学生思考(悟的时间、情景、载体),发现新知识与原有知识之间的联系,并能使输入的知识整合到原有的图式和认知框架当中。说到底,是要让"懵—懂"这一环节侧重于理解的发生,而不是止步于识记的完成。因为只有在理解的基础上才有可能发生迁移。

(二) 懂—会

在这一环节,要懂得原理与运用方法之间还有一定的距离。有的教师借助原理,一道题就可以让学生掌握方法,学生留下深刻的印象。有的教师三道题讲下来,学生还是不会。主要问题往往在于方法的得出过于突然,学生陷入死记硬背的套路,而没有达致对原理的本质把握。说到底还是因为学生理解不够导致概念不清。"做了题之后你就会清楚",实际上只是加重了学生的负担。作为教师,必须清楚你所教的学生是模仿式的"会",还是理解式的"悟"出来的"会"。

这一环节的重点还是要落实在理解上。教师可以通过让学生进行各种认知操作来帮助学生进行理解。常用的认知操作有解释、举例、分类、概要、推论、比较和说明等。解释是要求学生把信息从一种表征形式转化为另一种表征形式,即换一种表达方式,常用的替代语是翻译、释义、描述、澄清等。举例和分类是两个过程相反的操作。举例从一般概念或原理开始要求学生找出具体的事例或例子,分类是从具体事例或例子开始要求学生发现一般概念或原理。分类也常用类目化和归属等来替代。概要要求学生用一句话表达呈现的信息或抽象出一般的主题。推论则涉及在一系列例子或事例中发现模式,要求学生能够抽象出一组例子或事件的概念或原理。比较涉及查明两个以上的课题、事件、观念、问题或情境之间的相似性。说明也即建模,是指学生能建构和运用一个系统的因果模型。用于评估学生说明能力的常用形式是推理任务、检修故障、重新设计和预测能力等[①]。

理解是学习发生的关键环节。理解的过程是学生对新输入的知识建构意义的过程。唯有通过这一过程,新输入的知识方能与学生原有的知识发生联系,从而被整合进原有图式和认知框架中。教师要设计一系列的任务,让学生进行充分的认知操作,以产生深层次的理解。

---

① L. W. 安德森等编著.学习、教学和评估的分类学[M].皮连生,主译.上海:华东师范大学出版社,2007:67.

(三) 会—熟

这一环节的目的是要让学生达到熟能生巧。如果学生的"会"是模仿式的,这个环节的训练必不可少;如果学生的"会"是"悟得"的,这个环节相对轻松,没有必要用大量的训练来强化。

在这一环节还需要注意防止"一刀切"和"厌学"问题的发生。从会到熟,固然需要训练到位,但一味地进行大题量训练,往往适用于抓住不那么自觉的学生,对自觉的学生而言,收效不明显。这往往只对提高平均分有利,却会制约尖子生自主整理的时空。因此,训练不但要把握度,而且还要考虑学生的差异性,要因"生"而异。重要的是让学生学会学习。

青少年学生接受新事物能力相对较强,他们对新事物充满好奇心。为了在考试中万无一失,在这个阶段过多地停下来"炒冷饭",往往导致学生的学习兴趣大减,甚至厌学。这种时候,需要教师挖掘变式,同一问题,从不同的角度提出来,增强问题的挑战性,也有利于增强学生的学习兴趣。

(四) 懂—通

这一环节的目的是要打破知识的孤立状态,搭建知识与知识之间的联接,以形成知识网络。

为帮助学生建立知识间的横向联系,有经验的教师经常会设置这些问题:条件还可以作哪些改变?结论还可能有哪些变化?方法的本质是什么?哪一类问题适合于这种方法?还可以有别的方法来解决它吗?我为什么没有想到这个方法?思维的障碍在哪里?

把大量零散的、孤立的知识联系起来,根据一定的规律分门别类形成网络,这一过程需要抽象、归纳、综合的能力。需要了解哪些事件具有共同特征?说明了什么原理?哪些现象具有共同特点?说明了什么规律?这一过程是教师最难把握的,每个学生感悟到的东西也是不一样的。只有学生对思想方法有了规律性的认识,遇到"质同形异"、"形同质异"的问题时才不会感到害怕。

只有教师的"通",才有学生的"通"。"通"的前提是"思"而有"觉",为了完成任务而大量做题,未必能"通"。

(五) 通—准

这一环节,是要帮助学生在四通八达的知识网络中精准地提取出解题所需要的信息,要求快速、到位。

为此,教师要在课堂上重视解题思路的分析、得出方法的思维过程的呈现。要指导学生哪些步骤、哪些关键字词需要在答题卷上呈现。而且要有求得最后结论的严谨性训练,防止学生眼高手低。

三、超越与创新

钱学森先生在溘然长逝之际,除了航天事业上的辉煌成就外,还留下了"中国教育为什么培养不出杰出人才"的"钱学森之问"。作为一名资深的教育工作者,我不得不承认,类似用高分"五步法"这些举措来提高升学质量,要担很大的责任,大量的优质教育资源都被整合其中,用以让学生获取好成绩而在高考中独占鳌头。

当下的中国社会,批判应试教育这么多年,但始终没有突破应试的窠臼。"高分"已经与有限的优质资源相捆绑,成为最大的、最吸引人的利益而被追逐。谁能够获得高分,谁就能够拥有更优、更多的资源,高分已经与资本等同,而资本逐利是本性。

培养创新人才,即培养学生的创造力。创造力的发展受制于多种因素。台湾有学者认为,影响创造力发展的因素包括四个生态系统:小系统、中系统、外系统、大系统。小系统是指个人特质,中系统是指家庭及学校环境,外系统是指工作的组织环境,大系统是指社会文化及价值引导[①]。

结合中国的现状,要发展学生的创造力,最需要完善大系统的社会文化及价值引导和中系统的学校环境。因为外系统的工作组织环境被大环境的社会文化所捆绑,而学校教育相对于个人和家庭来说,无疑应该是更专业的。如果学校尚无法提供创造力方面的专业教育,如何还能指望非专业的、处于零散状态的个体和家庭来提供专业的创造力培养?所以,在创造力培养方面,现阶段最需要做的工作是两大类:创造价值多元的社会文化和在高分"五步法"的基础上开拓更多开放、即兴的学校教育。

(一) 构建价值多元的社会文化

关于拔尖创新人才培养的问题,许多人都把矛盾指向教育,把问题归结为是教育的落后造成的。在我看来则不然,教育本身有一定的责任,但根本性的问题在于我们

---

① 转引自刘华杰,崔岐恩. 我们的教育有利于创造力的培养吗[J]. 教育发展研究,2010(6).

的行政工作存在一些不足。

　　创造的本质是自由。创造力是将创造的潜能转化为现实并产生原创性和独特性成果的能力。创造力的两个最核心要素是新颖性和有用性。有用性是目标指向，指向问题解决；新颖性是特征指向，指向独一无二的特征。只有自由的灵魂才能创造出独一无二的、具有开创性的事物。而自由必定与开放、价值多元相联系。1956年4月，党中央在讨论十大关系的过程中，把"百花齐放、百家争鸣"的方针确定为繁荣和发展社会主义科学和文化事业的重要指导方针不是没有根据的。

　　可惜后来的许多做法都与此背道而驰，行政的权力越来越大，几乎垄断了所有社会资源的支配权。在这种情况之下，官商勾结、官黑勾结不可完全避免。普通老百姓的生存空间被挤占得越来越小。整个社会越来越成为一个以权力为中心、以赢利为目的的名利场。人民的公仆成为上级的"家臣"，成为下级的绝对权威者以及普通老百姓的主人。公权力成为官员谋取私权利的工具。在这样的环境之下，我们连公民都培养不起来，有的只是臣民和私民，或者是暴民和愚民。康德提出，要把"享有自由、平等和独立"作为公民的要件，而且这三项权利是"三位一体"的，缺少其中任何一项的人都不是公民：奴隶不能称为公民，低人一等的不是公民，依附于他人的不是公民。一个连公民都培养不出来，都不能容忍的社会，怎么还能奢求它去培养拔尖创新人才呢？谁能想象一个奴隶、一个臣民能成为一个伟大的发明者、创造者？文艺复兴时期，那些创造了传世不朽名作的伟人，哪一个是奴隶？哪一个不具有自由之身和独立之人格？

　　行政垄断资源的分配，虽然可以集中力量办大事，可以在维持社会稳定等方面起着非常关键的作用，但是也很容易产生一个非常糟糕的后果。就是通过卡着物质的手，牢牢地把精神禁锢起来。控制了一个人的精神也就控制了一个人的思想和行为。通过控制物质（资源）来控制精神，通过控制精神来控制思想和行为。所以，谁拥有控制资源的力量，谁就有可能拥有控制他人的机会。一些地方的"塌方"式腐败，不就是例证吗？许多地方都出现放权增能的现象。放权为什么增能？无非就是放权了，行政的不当干预少了，老百姓的自由度提高了，积极性被调动起来了，创造性也就被激发出来了。因此，创造和自由是一对孪生姐妹。在现阶段乃至今后的很长一段时间内，如何在保持社会稳定的前提下逐步减少行政的控制权、干涉权，都将是我们整个社会必须要解决的大问题。不解决这一问题，"钱学森之问"的解决也必将遥遥无期。

　　很长一段时间以来，网络上有三类人群都非常受关注，分别是公务员、教师和医生。只要是涉及这三类人群的消息，普遍能受到大家的更多关注。当然，许多时候这群人是遭致一片骂声。可见这三类人群现在在老百姓心里的形象扭曲了。这是非常可怕的。教师和医生，是为民服务的，是为大家提供专业帮助的人，理应受到大家的尊重，而不是像现在这样遭到质疑和鄙视。为什么这样？遭到质疑的和鄙视的应该是功利性和掠夺性。在许多老百姓看来，教师、医生和公务员差不多，不再是把为民服务、为百姓做实事放首位，而是利用手中的权力，做着盈利的勾当。可见，在行政的强大力量之下，教师和医生行业也被某些公务员"污染"掉了，都失去了公信力和专业的尊严。所以行政过度干涉的另一个结果是丧失了许多领域的专业独立性。

各个领域的专业独立性是因为在这些领域，需要遵循一些基本的规律和规则，不是人为可以随便干预的。相反，人的行事必须要按照这些规律和规则来。但可惜的是，在行政独大的情况下，在一些专业领域，领头的不是专业人士，而是行政级别高的人，即外行来领导内行。而且外行还可以通过手中的权力，支使一大批内行的人做一些专业的事情，然后攫取最后的成果，成为自己升官发财的又一资本。

新加坡国立大学东亚研究所所长郑永年先生在《如何重建中国社会道德体系》一文中提到："政府需要构建一个有利于道德产生和发展的结构，那就是经济、社会和政治三者之间的平衡。任何社会具有三种力量，即经济力量（钱），政治力量（权力）和社会力量（人口）。这三者的相对平衡有助于社会道德的产生和发展；反之，一旦这三者之间失去平衡，道德就会面临解体。"他还指出："从这个角度来看，中国的各级政府没有在资本和社会之间做好平衡的角色。中国社会对资本和政治力量的高度不信任、敌视，甚至暴力化，就是权钱结合的必然结果。在这样的情况下，道德就荡然无存。"[1]

可见，政治力量过于强大，很容易与经济力量捆绑，两者一起挤压或打压社会力量，最后的结果是产生大量的政治寡头和各种利益集团，共同攫取改革的成果，而普通民众的生活依然非常艰难，绝大多数人依然只能满足于生存，而谈不上什么品质生活。

可喜的是新一届政府已经深刻地意识到了这一问题，也已经开始着手解决。比如提出了要法制而不是人治，要通过制度建设来把权力关进笼子里。那么什么时候轮到教育相对独立？作为司法独立的本质的权力独立，是公民的合法权利不容染指。教育独立的本质应是思想独立，是人格独立。教育独立，意味着在教育界，要让那些真正懂

---

[1] 郑永年. 如何重建中国社会道德体系[J]. 记者观察，2012(4).

教育的人来管理教育,而不仅仅只是从事教育。教育独立也意味着教育不再是行政的附庸,而是行政服务的对象。

什么时候,一个人能成为教师,远远比成为一个教育局职员更加令人叹服、令人羡慕,教育独立就不远了。什么时候更多的人愿意去追求做一位思想家、教育家、工程师等等,而不愿意挤破脑袋去做一名公务员,社会的价值多元就可以确立起来了。那个时候,估计离解决"钱学森之问"也不远了。

(二)开拓开放、即兴的学校教育

尽管众多的创造力研究发现,个人特质和家庭学校环境均是影响创造力发展的主要因素,但是要尤其重视学校教育中的创新能力培养问题。因为大部分学生从幼儿园到大学会接受15年左右的教育,在这人生学习的黄金15年间,学校教育无论是对个人还是家庭、社会、国家,乃至整个人类都有非常关键的影响。那么学校教育到底是促进还是遏制创新人才的培养,对照当下中国的教育,情况应该是相当不乐观。

如何办一种既满足当下应试需求,又能促进创新人才培养的教育?也许方法还是有的,那就是要优化高分"五步法",创建出一套包含许多课堂元素的结构,如精心设计的"脚手架"等,并开拓开放的教学环境,使课堂能有更多即兴的拓展。简言之,要在课堂预设环节中设计出一套类似于高分"五步法"的结构化程序,而在课堂生成环节中要设置更多开放、即兴的教学活动。

知名创造力研究专家基思·索耶博士在他的《创造性教学中的结构与即兴》(*Structure and Improvisation in Creative Teaching*)一书中提出了一种"教学悖论"现象——创造性学习需要某种程度上的开放、弹性与即兴,然而,当学习被一些适当的结构所引导时会更有效率。这些结构可以称之为"脚手架"。具体来说,这其中包括"教师悖论"、"学习悖论"和"课程悖论"。教师既要掌握大量的课程计划、课堂常规与教学结构,又需要能对课堂上某一时刻出现的独特问题做出灵活的即兴应对。有效的创造性课堂会为学生提供引导他们学习的"脚手架"。优秀的课程计划是必须的,然而,最有效的课程需要支持即兴学习[1]。

可见,促进创造力培养的课堂教学,需要解决两个方面的问题,即课堂的结构化问题和课堂的开放性问题。

---

[1] 程佳铭,任友群,李馨. 创造力教育:从授受主义到有结构的即兴教学[J]. 中国电化教育,2012(1).

在课堂的结构化问题中,重点是要搭好"脚手架"。在搭建"脚手架"时,不妨根据"懵—懂—会—熟—通—准"五个环节来进行教学设计。当然,只是这五个环节还是不够的。从上面的分析可以看到,"五步法"中的最高境界"准",也只不过是应用到了运用、分析和评价等操作。这些操作能够保证学生针对问题情境,快速而有效地从自己的知识网络中调取出相关信息,进行解决问题。但这五个环节都没有涉及"创造"这种认知过程。

创造涉及整合元素以形成内在一致的整体。创造这个目标,是要求学生把先前见过的模糊的、不清晰的元素或部分重新组合成一个模式结构,比如一篇论文、一个作品、一个方案或者是一个产品等等。创造过程可以分为三个阶段:问题表征,此时学生力图理解任务,并产生可能的解答即假设;解题计划,此时学生考察各种可能性,并设计、开发出一套解题规划;解题执行,即学生执行解决给定问题的计划以满足某种规定[1]。从创造的过程可知,创造不同于理解、运用和分析的地方在于创造需要学生建构原创性的东西。在创造中,学生必须利用各种元素将许多信息源综合成一个与他们的原有知识相关的新颖的结构或模式。而理解、运用和分析等过程只涉及加工一组给定的元素,它们是给定的整体中的一部分,即只是让学生去试图理解一个较大结构的部分。

创造力研究已经发现,每个人都具有创造力潜能,每个人的创造力潜能在正确的教育以及适当的环境中可以得到提高。为实现学生的创造潜能,教师非常有必要在备课的时候多增加一些培养创造力的目标,而不是为了获得更高的分数而局限于高分"五步法"的做法。"懵—懂—会—熟—通—准"五个环节说到底也只是在围绕着事实性知识和程序性知识打转,而创造力并不是大量繁复的实事与程序记忆所能支撑的。

可惜的是,在实际教学中很少有教师会认为教学是一项创造性的活动。大多数的教师习惯于授受主义的教学方式,习惯于思考如何能够牢牢地控制住课堂,而不是去尝试开放式课堂。但是不仅是创造力开发,所有的最优秀的课程都需要支持即兴学习。课堂中的高峰体验,从来都不会出现在教师高度控制的环节,而是出现于师生、生生的对话、互动中,即"涌现"中。很多创造性的结果的涌现都来源于协作,而非某一参

---

[1] L. W. 安德森等编著. 学习、教学和评估的分类学[M]. 皮连生,主译. 上海:华东师范大学出版社,2007:74.

与者的个人意志或个人行为。

  一节受到高度控制的课堂，常常是教师负责了全部的话语，没有互动，没有互动也就不可能有即兴或涌现，也就不可能有创造。在中国，这样的课堂太多了。教师必须要放开对课堂的控制，要在一个设计良好的学习环境中引导即兴的涌现。就算在精心设计"脚手架"的时候，也需要根据不同的知识内容、技能，以及更深层的概念理解而即兴变化。

  从目前的教育现状看，许多教师都在不同程度地围绕着高分"五步法"进行教学。因为高分"五步法"在应试方面还是比较有效的，但对学生终生的发展、创造性潜能的发挥是不利的。教师需要因材施教，对那些不会应试的学生要帮助其利用"五步法"增加应试的技巧，获得学业上的进步。但更多的时候，要超越"五步法"，一方面要在"五步法"的基础上增加更多指向创造的教学目标，精心搭建"脚手架"，确立课堂的结构化环节；另一方面，要增加开放的环节，通过师生的协作来促进课堂拓展部分的即兴的涌现，以实现在追求高效课堂的基础上增强对学生创造力的培养。

36. 轻负高质课堂的探索

在大力倡导"轻负担,高质量"的今天,学业竞争依然激烈,学生大多埋头苦读,匆匆前行,不知窗外日月沧桑变化。众多勤勉之师也是埋首书本和试卷中,匆匆进出课堂,练了讲,讲了练。出现错误,再讲一讲,再练一练。猛然停下却发现总是在重复昨天的事,惶惶然不知何故,但仍然继续发下练习,再讲再巩固。殊不知,这正犯了"概念不清,操练弥补"的教学大忌。在课堂上,教师怎么讲、学生怎么练、练多少的主动权都在教的一方,我以为,教学中教师应注重以下环节。

一、备课是动态生成的关键

纵然知识本身的识得,大多数学生都可以无师自通地完成,但思想方法的悟得,需要教师带领学生在探究的过程中完成,而这又有赖于学生对知识的来龙去脉的认识,对知识与知识之间的相互关系的厘清:哪些事件具有共同特征?说明了什么原理?哪些现象具有共同特点?说明了什么规律?唯此,学生的读书才能获得"从厚到薄"的过程,不断提升抽象、归纳、综合的能力。因此,教师的讲解尤为重要。讲解正确、科学,能使学生更好地理解、接受新知识,教师的讲解符合科学性、逻辑性、启发性原则,突出重点,才能简明生动地把知识传授给学生。

现实中一些老师忽略了精心备课这一环节,往往只有知识点而没有重点、难点、盲点、兴奋点,只有知识的简单罗列,而没有符合知识和学生接受特征的逻辑。备课内容不能局限于单纯的概念,还应包括这些概念所包含的背景、学生的认知程度在整个知识体系中所占的分量与作用、课标对该部分的要求、掌握知识的关键点等等。教师对教科书上的基础知识的理解应该达到融会贯通的程度,这样才能在上课时不是把注意力放在自己是否表达清楚上,而是放在学生身上。只有课前做好了充分的准备,对课堂上发生的任何状况、学生可能出现的各种反应才能自如应对,甚至可以根据情况对课堂进程进行及时调控,追求即兴的、动态生成的课堂教学。

通俗地讲,教师是靠"嘴"吃饭的。精心准备的教案能在课堂上完美呈现,要求教师要有精到的讲解。课堂上教师不能只是单向的灌输而没有循循善诱的启发和点拨,只有使概念在学生心中变得清晰、全面,能完整理解,才能让学生心中有数,才能最大限度地调动学生的学习积极性和主动性,才能让学生应对概念的各种变式、换了面目的各种问题,才能在未来形形色色的大千世界里把握事物变化发展的内在规律。

二、讲解是思维过程的外显

讲解是用语言使思维过程外显的方式,教师在课堂上要呈现得出方法的思维过程,并让学生参与到这一思维过程中来,从问题情境中剥离出问题的本质并寻求解决问题的方法,把所有已知的材料综合、抽象、归纳起来加以运用,再有理有据地一步一步朝着结论推进。要清晰、准确、完整地展示这一思维轨迹,没有生动具体形象的语言是不行的。一些教师个人素质很高,对题目的理解很透彻,解题能力很强,但苦于表达能力欠缺,讲解不清不楚,不能把自己完美的思维过程呈现给学生,导致了不能在课堂上组织有效的教学。

学生的思维能力毕竟有限,层次较浅,一切由学生自主是不可能的,如何引导他们由浅入深地展开思考,需要教师在问题的设计和语言的运用上下功夫,使学生积极思考、乐于表达。不仅是言语上的讲解,还有图形的利用、多媒体的辅助,甚至教师的神情、肢体语言等都可以成为讲解的语言。让教师这一主导作用发挥到极致,帮助学生缩短获取知识的周期。只有教师的有效教学才能达成学生的有效学习,有了教师的突破才能有学生的突破。

要想把更多时间留给学生自主学习,教师讲解时就应用精炼的语言,简洁、精辟、准确,该详细讲解的详细讲解,可用问题引导的用问题引导,可让学生讲的让学生讲。生动活泼的语言能激起学生的兴趣,吸引学生注意力,激发学生思维的积极性和主动性。教师不可在讲到高兴处便随意发挥，信马由缰，偏离主题，也不可因为要急着去做练习而匆匆一带而过，该有推导过程的题目只给出了公式，该细细品味的却浅尝辄止，目的只是为了去巩固学生其实并未理解的知识和方法，这样的讲解是功利的，学生领会不了学科思想。

教师在讲解时要保持积极的精神状态，并以此去感染学生积极向上。学生的情绪是容易受到影响的，如果连老师都觉得课堂沉闷，无聊无趣，讲课有气无力，那更无法激起学生的兴趣。学生们只会觉得大倒胃口，昏昏欲睡，学习效率低下。面对生命，教学应该有激情和真情，但一味地为迎合学生，为使他们高兴而口不择言，则会失去课堂的严肃性和对知识的尊重，偏离课堂主题，变成无效教学。一个时刻保持旺盛精力的老师带给学生的不仅仅是知识上的掌握，更是精神境界的升华。

三、理解是轻负高质的前提

课堂是教学的主阵地，课堂教学很大程度上决定了教学的有效性。一些教师却看轻了这课堂的40分钟，而把目光聚集于时间相对充裕的课外。于是，课堂上匆匆而过，概念尚未讲清，学生还不知道知识的来龙去脉，就急不可待地开始练习例题。对大部分高中生来说，这样做并非难事，课堂练习似乎也顺顺利利地完成了，于是教师就感觉甚好地布置课后作业，用反复的训练来强化课堂上学生"依样画葫芦"的能力。长期的模仿演练让学生只停留在技能操作层面，而对知识乃至学科思维本身，在很大程度上是知其然而不知其所以然的。

通过这种方式获得的知识，学生是不可能主动拿出来用的，因为他没办法把画"葫芦"转化成画"西瓜"，更别提要画"水仙花"了，只能做到本能的方法套用。同时，大量的课后作业的反复操练、刺激一定会花去学生大量的时间和精力，这种用工夫磨出成绩来、靠时间孵出成绩来的教学方法，久而久之，会导致学生对新事物不敏感，思维闭塞，智能钝化。

如今提倡自主学习，让学生成为学习的主人，我将之称为学习上的"自主当家"。似乎此时再谈"讲解"颇为不合时宜。其实不然，实施自主学习，决不意味着可以丢弃教师讲解，相反，恰恰给讲解提出了更高的要求。否则教学活动中要有教师干什么？学习方式各不相同，教学方式也无求一致，但知识的规律、学习的规律、教育的规律，并不会因为教与学的方式的改变而发生质的变化。知识的由浅入深、学习的循序渐进、教育的因势利导从来都不会否定"讲解"的作用。

教师的讲解是为了学生的理解，是实现教学"轻负高质"的前提，作为教师，切忌课堂上讲不清，解不明，课外猛压作业，试图通过练习来强化对概念的理解。教师的通病就是以为学生只是学他所教的一门学科的，课堂上匆匆忙忙地讲，学生在课堂或者课后浑浑噩噩地练。这样的教学，一定是事倍而功半的。在这种教学方式下，在考试中，经常出现课堂讲过的、练习做过的，甚至考试考过的，学生照样还是再次出错。

当然，练习、作业是对课堂讲解的巩固和强化，学生课后练什么，也需要教师的精心选择。现在的学生学业负担重，经常被沉重的作业压得喘不过气来，于是社会不断呼吁要为学生减负。虽然不提倡"题海战术"，但不做题又是不可能的，为了熟练掌握知识点，使概念内化为自己的东西，悟有所得，必须要有一定的题量作基础。熟能生巧，反复的练习也是课后巩固的有效手段。课堂上教师再怎么妙语生花，没有真正的课后巩固也是不完整的、不实际的。所以教师要控制作业量，提倡轻负担下的高质量，有针对性地布置练习，在学生的可接受性和目标达成之间寻找到平衡点。

长期以来，"精讲精练"是备受推崇的教学方法，在新课标中也同样适用，但精讲并不意味着少讲或不讲，"精"要体现在精心的备课、精到的讲解、精炼的语言、精神的感染和精选的练习，唯其如此，才能使学生真正掌握并领会学科思想。

37.

以理服人 以趣促情

一个人精神成长的重要维度,就是对真善美的不懈追求。在教育教学中,求真就是要崇尚真理,上达天理,下合人理。然而,"理"总是相对刚性的,理的贯彻,需要柔性的"趣"来调和。如此,才能够打造理趣相生、以理服人、以趣促情的智慧课堂,架构起科学精神与人文关怀相统一的完整教育。

一、理的重要性

何谓"理",按照现代汉语词典的解释,就是客观事物本身的次序,包括事物的规律、是非得失的标准等。我们教学上的"以理服人",就是通过讲明道理、摆明事理,让学生懂得掌握学习之"道"。具体而言,就是要通贯事物本真之义,说清事情或论点的根据;就是讲科学、讲真实、讲诚信;就是遵道而行,循理而进;就是不牵强、不做作、不欺诈,从而让学生明白事物发生、发展的固有规律和基本原理,善于辨析事物的是非曲直。"理"的更高层面的意义在于规范了人类的基本生活秩序,是人与人、人与社会、人与自然关系中的基本准则,是构建人类法律法规的最基本要素,而这需要我们课堂教学中"以理服人",尽早培养学生识理、明理的思考习惯。

学校是讲"理"的地方。教育者首先需要的是以理服人,并以此引领学生,让我们的学生明白为人处世的基本道理,用真理铸就骨骼,让求真讲理的作风深入学生的血脉。《大学》曰:"古之欲明明德于天下者,先治其国。欲治其国者,先齐其家。欲齐其家者,先修其身。欲修其身者,先正其心。欲正其心者,先诚其意。欲诚其意者,先致其知。致知在格物。"这里，既有对君子"格物致知"、"诚意正心"、"修身、齐家、治国、平天下"的标准要求，又执果索因，前后逻辑严谨，依理推论，步步为营。孔子历来强调的是先成人而后成才，陶行知先生有言："千教万教，教人求真；千学万学，学做真人。"一个人不识字尚且还可以做人，但不讲理、不明事理就不能做人了。"瘦肉精"、"毒奶粉"以及接连发生的拆迁自焚事件，都提醒我们这个社会，当务之急是要学会"讲道理"。通常情况下，对"理"的回避，就是对"法"的淡漠。学会做人比求取知识更为重要。

学习是认知结构的组织和重新组织，是把有内在逻辑联系的教材与学生原有认知结构关联起来，新旧知识发生相互作用，让新材料在学生头脑中获得新的意义。这充分说明，课堂教学中，教师的讲解顺逻辑、循规律是非常重要的。对于"理"的把握，教师通常会出现以下三个方面的问题。

其一是不讲"理"。教师的讲授不能从学生已有的认知结构出发，不能从学生理解问题的先后顺序步步推进，不能很好地体现"理"的属性，违背学生认知规律，课堂"跳跃性"大，学生很难把前后所讲的内容有机地"关联"起来。在课堂上只有"陈述性"知识的呈现，而无知识点之间的逻辑关联，导致学生无从获得提高思维能力的"程序性"知识，所认识的事物都是孤立的，只能是死记硬背知识点。

其二是讲不清"理"。有的教师囿于自己在应试环境下成长的认知水平，讲不清概念，于是就指望学生通过做题来巩固知识，由此造成学生心中无"理"的状态，陷入盲目操练。或者教师对"理"的把握不够熟练，无法做到融会贯通、游刃有余，从而出现所谓的课堂上"念教案"、"读课件"现象。于是，"理"的呈现或是凌乱糊涂的，或是僵化机械的。

其三是为理而"理"。从教学内容来讲，"理"是相对严谨的，一些教师或者性格使然，或者过于追求课堂效率，一个环节紧跟一个环节，不容许有丝毫的"旁逸斜出"，只考虑学科教学任务的落实，而不顾及学生的接受能力和认知规律。这样的教师，往往脸部肌肉僵硬，表情严肃，缺乏应有的教学机智，不能对学生的即时反映作出即时应变。这样的课堂，往往枯燥呆板，沉闷乏味，规范有余而活力不足，了无意趣。学生享受不到课堂的乐趣，教师自己也教得很痛苦。几堂课下来，学生就胃口全无，兴趣大减。

讲何理，如何讲，要达到怎样的"以理服人"，确乎是教学中需要重视的一个关键。

二、趣的必要性

"理"是严谨的,但教学是心智碰撞的生命运动,教学活动的参与者是年轻的、富有新奇心的创造者,而不是纯物质的知识装载容器,课堂要有"理"的阐发,更要有情的激荡与感染。这就有赖于课堂上"趣"的适时生发。情趣指志趣、志向或情调趣味,教学中的"趣",更多指向教师的课堂智慧和风格,适时的或风趣幽默,或旁征博引,或深入浅出,或雅俗皆备,凡其言行,能见其寓教于乐、乐中获知、乐中启智的高雅情趣。难以想象一位严谨有余、单一刻板的教师,其课堂会是生动活泼的,他的学生能从中获得情感的滋养和想象力的培养。从年轻人的身心特点考虑,课堂上适度的"趣"是非常必要的。在我看来,课堂上"趣"的有效运用,起码有以下好处。

其一是有利于激发学生的学习热情。一堂好课,是师生双方都能从中收获真理和乐趣的课。而一堂严谨的课,未必能达到这样的效果。晓之以理,动之以情,强之以意,导之以行,坚之以信,才是带领学生学习、消化、吸收新事物的应有过程,才能使知识真正进入学生的认知本体。如果只是强调"晓之以理"的重要性,停留于认知层面,没有"动之以情、强之以意"的跟进,缺少情感的投入,学生就会出现认知与行为的"断痕",并影响其人生信念的确立。学生对新事物的认同、内化,总是要建立在情感接受的基础上,教师饶有兴趣、充满情趣的讲解,有利于造就生动活泼的课堂氛围,集中学生的学习注意力,激发学生的学习热情,激发学生对"理"的向往、美的追求。如"口之于美味、耳之于悦声、目之于美色"一般,才能更好地将"理"赋予学生。如果老师上课过程中,只是刻板地按照知识点的形成逻辑来教学,这样的课堂往往因为缺少生趣而使学生感到乏味,没有学习的兴趣,即使这些内容是无穷的宝藏,学生们也生不起挖掘之心。

其二是有利于学生不同思维模式的培养。课堂上,教师推因及果,执果索因,在条件结论之间进行灵活转换,有利于学生逆向思维的培养;风趣幽默的语言、丰富灵动的表情、诙谐机智的比喻,有利于学生幽默思维的培养;别出心裁的视角转换、眼界开阔的知识拓展,有利于学生发散思维的培养。这样的课堂,能够激发学生的情趣,激起学生的兴趣,激出学生的乐趣。应试教育的弊病,便在于对学生情趣、兴趣、乐趣的剥夺,使得学生越学越厌学。有些时候,学生会遇到一些纠结之事,教师幽默的语言就像突然长出的翅膀,把学生带出进退维谷的地方。这样的幽默因为使学生摆脱了纠结而令人终身难忘。教师是操纵人的命运的职业,好教师是学生偶像,会从语言、举止、思维方式等多方面影响学生,这才是真正意义上的"长大后,我就成了你"。

其三是有利于学生喜欢教科书。网络文化是即时的,远比教科书有趣。而教育总是用昨天的教材培养明天的人才。相对而言,列入教科书的,必定是已经"旧"了的东西。但对教育而言,"旧"的,不意味着是过时的。研经品典,启智取道。关键在于我们教师如何引导学生发现教材所蕴含的巨大能量,把经典背后的动人故事生动地再现出来,把提炼得纯之又纯的定理、公式的来龙去脉还原出来。这种还原与再现,往往需要教师理趣谐合的教学机智。

三、教之秘诀在于度

有几个机智幽默、与人为善的朋友,乃人生之大幸。与这样的人在一起,生活中总是不乏风趣、情趣与乐趣。作为教师,每天和充满好奇心的年轻人在一起,总是生活得充满朝气,我们理应感恩于这样一份有趣的职业,理应把"传道授业解惑"的职责体现得富有新意、饶有趣味。在教学中,要创设一些直观的教学场景,激发学生的学习情趣。设计好导语,诱发学生的学习情趣。把更多的快乐带给我们的学生。当然,以"趣"动情,要放得开、收得拢,行止得体,进退有度。倘若过了头,失之度,就会或沦落为肤浅的哄笑,或因其不当而难堪尴尬,落个没趣。

所以,教之秘诀在于度。"趣"之灵动不可损害了"理"之沉稳,更加不能喧宾夺主。课堂的作用还是以带领学生完成知识的学习、方法的掌握和思想的领悟为主旨。"趣"的运用要有一个"度"的把握。课堂上的"趣"应该围绕着"理"来展开,因"理"而"趣"。倘若一味求"趣",东拉西扯,漫无边际,为"趣"而"趣",就丢了教学的根本。同时,还要注意"趣"求高雅。年轻人总是对什么都充满好奇,图新鲜、求满足。作为教师,切不可为求一时之乐,口无遮拦,随意迎合。

简而言之,既不能"得理不饶人",也不能"求趣而失理"。过于强调课堂教学的趣味,将精力都用在了与学生的哈哈一乐中,一节课下来,过于展示雕虫小技,忽略了对教学主旨的把握,这便成了表面高效实际低效的课堂。这样的错误最容易在年轻教师身上发生,满腔热情却失于肤浅。

"理"刚劲如铁,"趣"柔情似水。"理"是课堂教学的第一层功夫,贵在总揽全局,立足根本;"趣"是课堂教学的第二层功夫,重在用人性化的方式演绎,优化我们的教育行为。两者的有机谐合,才能构造真正的智慧课堂。

38.

做一名研究型教师

在"全国优秀中学校长高级研究班"学习期间,教育部中学校长培训中心主任陈玉琨教授在指导我们作教育思想的主题提炼时说:"好文章不是写出来的,是改出来的。一般来说,写作一天,需要三天时间来修改"。对此,我的粗浅理解是,文章写好时,一定是自己当时的最佳水平的呈现,但也往往会局限于对问题思考的一个相对狭窄的场域中。如果能够再晾几天,就会有很多新的想法冒出来,或者是思考别的问题的时候联想而及,或者是浏览书刊报章时突然悟得,或者是与别人交流时碰撞出新的火花,等等。我以为,不管是以什么样的方式产生出新的观点,做到"三勤":勤于思考、勤于动笔、勤于求教,是很有益处的。

一、勤于思考

对于一个负责任的教师来说,每天都要周而复始地上课、批改、备课,还要准备练习,找学生谈话,看看书报增加新的"营养",参与一些有益身心的活动,等等。但不管有多忙,一定要以对工作追求完美的、精益求精的态度来展开思考。教育教学的每个环节是否做到位了?还可以作怎样的改进?实践证明这样的改进有效吗?基于自己实践的思考提炼才是具有个性化的、最为宝贵的实践智慧。

记得大学刚毕业时,我在桐庐的一所高中任教,同行的邵宗汉老师,课上得好,教学质量也高,是组内教师公认的榜样。他说过的几句话,至今让我印象深刻。一句是"初教三年,天下去得;再教三年,寸步难行"。由于当时自己处于"初教三年"的时间内,没有太多的感触,现在想来,还真是有道理。当然,如果不对每天的工作进行反思,也许每天都"天下去得"。有一次,我在去教室上课的路上,正好碰到邵老师上完课回来。他一身的粉笔灰,左手拿着课本、教案、学生作业本,右手拿着一块黄色三角板的情景,历历在目。看他一脸沉思的模样,我随口问了一句:"邵老师好!感觉怎么样啊?"邵老师说:"我每天都是乘兴而去,惨败而归!"这是一句自我调侃的话,我觉得,"乘兴而去",说明邵老师的每堂课都是准备得很充分的;"惨败而归",说明邵老师对每节课都及时作出客观严肃的反思,追求着完美。

教师是实践者,以教育教学为载体,每天都和学生在一起。因而要从自己的教育教学活动着手思考,从一道题的教学心得入手,从一次与学生的谈话有感入手,在对具体问题的追根溯源中,慢慢扩大自己的思考范围,提升自己的思维品质。一道题的教学是一个具体现象,要思考背后所隐含的教法与学法上的道理;与学生的谈话总是基于某一个具体问题,要思考问题背后所折射的教育学、心理学原理;只有从具体问题的源头背景上思考,才会有广度和深度,也才能使问题真正得到解决。作为一线教师,如果从理论入手,从大问题入手,就是从自己的短处入手。不能做到扬长避短,就很难思考出有见地的东西来。

学从"疑"处生,"我思故我在"。我们总是在教育学生,要善于设疑,敢于质疑,勤于释疑。我想对于教师也一样,有时听别人讲话,看别人的文章,觉得有些地方不够确切,但一时又找不到更为贴切的,要勤于思考,一天、两天,甚至一周没有想出来,都没有关系,重要的是思考的过程,即使没有找到最满意的结果,排除了一大堆不满意的结果的过程,就是收获。在我看来,爱琢磨、勤思考是成为一名研究型教师的前提。

二、勤于动笔

思维的火花往往会在你就寝后的那一瞬间,或者是在你醒来的那一时刻,有时甚至是在你的睡梦中闪亮。当然,每个人的思考与写作习惯会有所不同。我的床头一般都备着笔和纸,当在纠结于某个问题的时候睡下去,总会开灯关灯好几次,但能及时记录下这些思考是很有价值的。

我在写了《数学教学中的知识、方法与思想》以后,就一直思考能否将"知识、方法与思想"的问题一般化，经过一段时间的琢磨之后，记得在一天凌晨醒来，思索一番之后，就在床头报纸的缝隙处写下了"三流的教师教知识，二流的教师教方法，一流的教师教思想"这几句话，而后就写了相关文章。接着，在分析了教的一方的基础上，我又从学的一方来思考。不容否认，我们的学生每天都有大量的时间投入在学习上，尤其是寄宿制学校，学生从来不缺少上课与作业的时间，为什么有的学生还是学不好？为什么总是无法突破？教与学双方究竟在哪些环节上有待改进，如何改进？在深入思考的基础上，我先是提出了"三流的学生背知识，二流的学生记方法，一流的学生重思想"的观点，然后又想到了反映学生学习消化、吸收过程的"识得、习得与悟得"的问题。

勤于动笔要克服一些心理障碍，尤其是克服虚荣心理。作为数学教师，我也常常为如何将自己的思考转化为文字而苦恼，就怕自己的表述词不达意。记得在大学时，我被指定为校报《浙江师院》的数学系记者，开始也总是写不好，但我勤于动笔，坚持写，有时写好了先请班长胡祖光过目修改。当时一个班里的同学之间的年龄极差在10岁以上是很正常的，像胡祖光、陈叔平他们几个，说起来和我是同班同学，实际上做我的老师也是绰绰有余的。

在动笔写作的过程中，也许讲究真实是最为重要的。有时找不到合适的用词，先找个相近的放着再说，慢慢的可能就找到了。在看书、看报、看杂志的时候，要留意别人对一件事是怎么描述的，看看有什么地方是可以借鉴的。当然，借鉴的只是别人比较准确的用词，观点一定要是自己的。有时想动笔写一个话题，我会先"百度"一下，如果别人说过了，就尽量回避。

三、勤于求教

在深入思考的基础上，自己还是难以作出定论的，应该主动求教，这等于是集中了几个人思考，从不同的角度和高度进行思考。在某一个问题上，自己已经反复琢磨过了，尽管同事不一定思考得有自己那么深，但可能会出现全新的思考角度。向专家学者讨教，有益于自己从源头背景上认识问题，找到理论支撑；向同行请教，有益于自己从横向维度上把握问题，拓展实践智慧；向书本、数据库求教，有益于自己了解相关问题的研究现状，看看自己是不是有全新的不同观点。

"《人—孩子—学生》——我的学生观之逻辑起点"一文的思路形成过程正值暑假期间,当时教育部中学校长培训中心的第一、二期全国优秀校长高级研究班学员集中在苏州十中培训。一天晚上十点,陈玉琨主任约我出去吃宵夜,我就抓住机会向专家讨教。我们聊了一个多小时,尤其在逻辑关系上得到导师的肯定以后,写作起来就心里有底了。

有些问题在反复思考、求教之后依然没有结论,可以让我们享受思考与求教的过程,从中获取智慧。我的同事周俊琳推荐给我看一本英国学者兼作家莫里斯的书《人这种动物》,书中认为,人与黑猩猩的遗传结构有98.4%是一样的。莫里斯是生物学家,又是心理学家,他把动物园拍到的猴子、猩猩24小时的行为举止,与人类在家里24小时的行为举止进行对照,结论是两者高度一致。在电视台的《人与自然》、《动物世界》这些栏目里,我们看到,在动物界,凡是肉食类的动物总是性情凶残、脾气暴躁,如狮子、老虎、猎狗、猎豹等等,而草食类的总是性情温和,如大象、长颈鹿、兔子、山羊等等。人是杂食类动物。由此,我就想到,是否可以建议家长,如果孩子过于外向、脾气暴躁,就让孩子多吃素菜;而让胆小内向的孩子,多吃荤菜,甚至在保证卫生、安全的情况下,不要把肉烧得太透。一个偶然的机会,我在离少林寺不远的一座尼姑庵——永泰寺吃素食,看到大门边的墙上写着爱因斯坦说的话:"素食使人温和"。和尚为何选择素食? 一般认为都是出家人慈悲为怀,不杀生。我以为可能主要还是为了保持性情温和,试想,如果每天喝酒吃肉,就是达摩祖师也难以面壁九年。我也曾看到过挪威的一项研究结论,可以用饮食来控制罪犯的性格。

就上述问题,我曾利用我的一个课题召开论证会的机会,向省教科院院长方展画教授、副院长王健敏教授、原浙大教育学院周谷平教授、原杭州市教科所所长施光明先生等求教,大家在一起,谈笑间会产生出很多富有智慧的观点。他们建议我先做一个实证研究,对全校学生进行个性倾向的调查分析,再进行饮食结构的倾向分析,然后两者进行比较。只是几年过去了,我还没有进行这样的统计分析。一次在金华教育学院做讲座,提到这一问题时,有一位校长突然站起来说:"陈校长,我为你找到了一个佐证!"。说的是两个性格迥然不同的人吵架,性格外向的总是咄咄逼人,一步步逼向对方,手指都快碰到对方鼻子了,性格内向的一方先是一步步退守,在退到一定程度退无可退的时候,站住了,也把手指向对方,"你不要再逼过来,我也不是吃素的!",大家都笑了。这位校长举的例子倒也风趣地说明问题了。

对如何做一名思考型教师的反思，应该贯穿于我们整个教书生涯，当然，这种思考，必须以真爱作为基底，遵道而思，遵道而考，遵道而行，必须在汲取东西方教育之长的国际大背景下展开。切不可带有过强的功利色彩，总是琢磨着如何提高学生的考试成绩。唯此，我们才能思考出有生命力的东西来。

后记

改革开放以来,人们的物质生活水准发生了翻天覆地的变化,我们生逢其时。从心底里感谢我们党和政府的正确领导。刚刚过去的正月里,我陪着88岁的老母亲一起走亲戚,坐在我车上,看着窗外的一切,母亲深有感触地说,大半辈子都在为吃穿犯愁,没想到,现在还能过上这般好日子。人总体上是一种精神的存在,教师本质上是一名精神工作者。我总在想,要是我们在精神生活领域,也能有一个翻天覆地的大提升,那该多好。

一直以来,我所崇尚的处世哲学是盛世心念社稷,乱世修炼自身。在当下的教育环境里,作为校长,难免身处两难境地,不做显得不尽责,做着一些功利的事情,似又于心不忍。有时就干脆停下来看一看,想一想,偶有所得就先写下来,本书的部分文章就是在这样的情况下写就的,都是在为一些教育的本原问题而纠结,在求道不得、苦无良策的时候,就从"术"的层面进行思考。现在回过头来看,很多时候还只是把问题提出来,供大家参考。限于水平,差错疏漏之处,还请读者多多包涵。

在我的学习成长过程中,浙江省教育科学研究院举办的"浙派教育家发展共同体"论坛活动和教育部中学校长培训中心举办的"全国优秀中学校长高级研究班"培训活动使我的办学理念有了质的提升。一直以来,原教育部中学校长培训中心主任陈玉琨教授,原浙江省教育厅张绪培副厅长、浙江省教育科学研究院院长方展画教授、副院长王健敏教授,原杭州市教育科学研究所施光明所长,原浙江大学教育学院周谷平教授、刘力教授等,给了我很多的指导。值得一提的是,在我的学习感悟过程中,陈玉琨、贾馥茗、周国平、肖川、王坤庆等教授的专著给了我很多的启发。在本书的整理过程中,还得到了蒋杭英、陈燕霞、汪琦君、赵应、杨凯锋等老师的热心帮助。特此一并表示感谢！

本书是我从教以来所写文章的汇编，一些观点在教育部中学校长培训中心的20余次的讲座中谈到过。一些文章在《中国教育报》《人民教育》《新德育》《浙江教育报》《杭州教育》《教育家》等报纸、杂志发表过。其中的一些例子可能在不同的文章中出现重复，特此说明。

人之将退，其言亦直。我提出了教育有真爱、假爱与错爱之分，我要求自己与教师、学生一定要说真话。在我的一些文章投到杂志社的时候，经常得到这样的回复："你说出了很多校长、教师想说而不敢说的话……"在这本书稿中，我说了自己想说的真话，如果因此而得罪了谁，我在此表达我的歉意，请相信，那不是我的本意，只是一位爱琢磨的书生求真求道的一种执著。